1860, 근대의 시작

1860 근대의 시작

근대의 시작

동학의 길을
걸으며 한국사를
성찰하다

김인호 지음

글항아리

차례

여는 글   006

1부   시천주 주체성

1장 남원과 최제우, 한글 노래 『용담유사』   021
2장 영남 동학의 뿌리: 이돈화의 『동학당』   071
3장 원주와 김지하, 최시형의
     '실천 동학' — 김지하의 『이 가문날에 비구름』   113

2부   동학과 파레시아

4장 정읍과 전봉준, 19세기 혁명의 조건
     — 박태원의 『갑오농민전쟁』과 송기숙의 『녹두장군』   159
5장 우금티, 신동엽의 『금강』, 동학의 부활   215

3부   외면, 숨김, 드러냄

6장 고창과 서정주, 새로 쓰는 '질마재 신화'   267
7장 장흥과 이청준 그리고 천관산의 비밀   309
8장 하동, 박경리의 『토지』와 지리산 동학   347

닫는 글: 준비된 혁명, 부활하는 동학   393
부록: 동학 연표   409

여는 글

　문학의 위기 속에서 문학의 새로운 방향을 모색해보다가 문학과 역사의 관계에 대해 관심을 갖게 되었습니다. 문학과 역사란 우리 삶의 장소에서 벌어지고, 서사화되었다는 점에서 공통점을 갖고 있고, 문학과 역사가 만나는 지점에서 역사적 인물이 되살아날 뿐만 아니라 문학적 상상력으로 더 중요한 의미를 찾아내기도 합니다.
　무엇보다 내가 어떤 역사의 현장에 가보게 될 때 나의 DNA가 반응했습니다. 우리 산하, 우리 역사 속에서 나의 DNA가 자신의 고향을 찾았다고 할까요. 고향을 지나면, 자동차를 타고 지나가더라도 문득 가슴이 두근거리고 먹먹해집니다. 그러니 그 길을 어찌 그냥 지나칠 수 있겠습니까? 나는 그 길을 따라 걸어보기로 했습니다. 또 그 길 위에서 좋은 문학과 역사를 짚어보고 연관시키며 내 삶의 의미를 묻기도 했습니다. 그것들이 기억들을 들춰내고, 역사책을 열게 하고, 시인과 소설가들의 작품을 몇 번이나 되풀이 읽게 한 뒤에, 내 몸 속으로 들어와 나와 역사를 바라보는 '또 다른 나'를 만들었습니다. 나는 관습적 틀을 벗어나 내가 바라본 역사와 문학을 이야기하고 싶어졌습니다.

길 위에서 '나'를 찾습니다. '나를 이루고 있는 것'은 지금-이곳의 내가 아니라, 어느 역사적 현장에 서 있는 내 몸과 역사를 받아들이는 의식, 또 역사와 문학을 섞어 새로운 의미를 찾아내는 '또 다른 나'일 수 있다는 것을 알았습니다. 고향을 돌아보고, 역사에 관심을 갖고, 자신이 살아온 삶을 되돌아볼 때, 현재 경험하는 나를 저 위에서 바라보는 나를 느끼게 됩니다. 나는 어느 순간 이 세상에 내던져진 존재가 아니라, 수백 년 묵은 어떤 전통 속에서, 역사적 인물의 몸부림에 빙의되어 살아가고, 때로는 문학적 상상력으로 그런 굴레를 다시 벗어던지려고 몸부림치다가 현재와 같은 모순덩어리로 만들어진 존재라는 것을 깨닫습니다. 나는 아무리 나 자신을 부정하려고 해도 벗어날 수 없는 언어형식 속에서 나를 만들었습니다. 내가 내 속에서만 살지 않고 나를 조금 멀리 떨어져서 또 다른 나로서 바라보면 그 언어형식 속에서 벗어나 새로운 세상과 사람들의 모습을 발견하기도 합니다.

한국인 속에서 한국인으로 살아온 내 삶의 과정을 돌아보면서 나를 성장시키고 변화시킨 힘이 무엇인지 알아보고 싶어졌습니다. 그래서 우리 산하를 답사하고, 그 지역의 역사와 그곳에서 나온 문학작품을 읽으면서, 그것들이 어떻게 서사화되었는지 살펴보았습니다. 그것은 현재 나를 확인하는 일이면서, 역사 속에서 나의 자리를 찾는 일이기도 했습니다. 그때 전체로서의 나를 발견합니다. 단순히 사회 속에서 내가 만들어졌다는 의미가 아니라 그런 전체적인 흐름 속에서 한순간 반짝이는 나를 발견한다는 것입니다. 사회의 한 흐름으로 존재하는 나는 바다 위에 떠오른 하나의 물방울과 같아서, 내가 바다에 속했다는 것을 알기에 기꺼이 다시 바다에 합해질 수 있습니다. 어떤 점에서는 그것을 알기 위해 역사나 문학을 공부하는 것입니다. 길 위에 나서는 나는 '전체적 나'를 해명하러 떠나는 것일 수 있을 것 같기도 합니다.

푸코의 개념에 '파레시아'라는 말이 있습니다. '자기 고백'을 넘어서 '목숨 걸고 말하는 자기 진실 찾기'라고 할까요. 고대인들은 신들에게 예속되어 신의 목소리를 내며 살다가 어느 순간 자기 목소리를 찾고자 했지요. 소크라테스가 '너 자신을 알라'고 한 말은 사실상 '네 말을 해라' '네가 바로 주체다'라는 뜻과 유사하게 신들에게서 벗어난 인간을 요구한 말입니다. 그게 발전해 거대한 세계 권력자인 알렉산드로스 앞에서 디오니소스가 '목숨 걸고 진실 말하기'를 하는 것이지요. '좀 비켜라, 난 햇볕을 즐겨야겠다.' 그것이야말로 자신이 권력자에게 예속된 것이 아니라 자유로운 인간이라고 발언한, 목숨 건 주체 선언이었지요.

역사는 진실을 말할 수 있는 용기로 주체 선언을 하면서 시작합니다. 새로운 시대, 새로운 나라를 열 때는 더욱 그렇지요. 그런데 조선에서 선비들은 목숨을 내놓고 임금께 상소문을 올리고는 했지요. 어떤 점에서 조선이 세계사에서 파레시아가 가장 활발했던 나라라고 말할 수 있습니다. 조선 500년의 역사가 붕괴될 때 한심한 모습을 보이기도 했지만, 개인적으로 별 이득도 없으면서 목숨 건 상소문을 올린 사람이 얼마나 많았습니까? 일본인 기타 잇키北一輝는 "일본에 합병되기 이전의 조선은 자결自決의 힘이 이미 쇠잔한 80세 노파와 같았고, 병합 이후에는 아직도 자결의 힘이 채 배양되지 못한 10세 소녀 같았다"(1919)고 비아냥대기도 했습니다만, 그건 망국의 시대에 식민사관을 확대시키기 위해 혈안이 된 일본인이 한 발언에 불과하고, 그때에도 최익현과 안중근과 황현과 같은 양반들은 목숨을 걸고 자기 목소리를 냈고, 또 민중은 그들 나름대로 이 땅을 유린한 일본군들과 맞서 싸우기도 했습니다.

19세기 말 동학농민군의 기세는 망국의 시절에도 우리의 주체성을 알린 놀라운 사건입니다. 그렇게 일본군과 싸우겠다고 나선 농민 주체는 어떻게 만들어졌을까요? 그 주체는 가난하고 배우지 못하고 수탈만 당했어도, 망해가는 나라를 걱정하고, 친일파를 공격하고, 변절한 자를 테러했습니다. 그들은 올바른 가치를 위해 용기를 낸 사람들입니다. 내 몸에 하느님을 모신 이들이 그런 새로운 주체인데, 그들은 한결같이 현실에서 이상적 공동체를 세우고자 무모하게 나선 사람들입니다. 최제우나 이필제, 전봉준에게서 나타난 파레시아는 그들을 따르던 농민들에게 전이되어, 우금티고개에서 온몸을 던져 파레시아를 보여줍니다. 그랬으니 그들이 죽은 뒤에도 당대 사람이건, 백년 후의 사람이건, 그 장엄하면서도 처참한 죽음을 잊지 못합니다. 그래서 우금티 전투 뒤로도 독립운동을 하고, 독재자에게 저항하고, 평화통일을 추구했던 것입니다. 우리가 오늘날 누리는 번영은 우리 내부로부터 찾아낸 그런 주체성의 영향 속에서 이루어진 것이지만, 달리 말해 파레시아 정신으로부터 비롯된 것입니다. 물론 우리 시대에도 자기 목소리를 찾고 올바른 진실을 말하는 사람은 별로 많아 보이지 않습니다. 하지만 우리가 그런 전통 속에 있다는 말은 그 속에서 '나'를 찾고, 빛나는 성과를 낼 사람이 많아질 것이라는 말입니다.

동학은 그 자체로 목숨 걸고 말하기입니다. 최제우는 시대와 불화하는 발언을 했기에 처형되었고, 이필제는 최제우와 동학을 받아들이지 못하는 사회와 싸우다가 목숨을 바쳤고, 전봉준은 최제우가 기획한 보국안민과 '다시 개벽'을 위해 목숨을 바쳤습니다. 최시형은 그들과 같은 혁명가는 아닐지라도 동학을 포덕하고, 조직화하고, 마침내 삶의 실천으로 만들면서 세상과 맞설 조건을 만든 사람입니다. 최제우가 터득한 시천주侍天主 주체성은 최시형에게서 소통적 주체로 보완되었고, 이필제를 행동적 주체로 나아가게 했습니다.

이런 주체성을 꽃 피웠기에 동학농민혁명은 우리나라 근대를 알리는 출발점입니다. 거기서 아직 산업화와 관련된 것들을 제시하지 못하고, 과학과 기술에 대한 뚜렷한 인식을 보여주지 못했지만, 김상준이 『붕새의 날개, 문명의 진로』에서 말하듯, 그것은 우리 스스로의 힘으로 찾아낸 '내장內張 근대'입니다. 이는 '안에서 스스로 성장한 문명'이라는 뜻인데, 동학의 이념이 근대의 개념에 딱 맞아떨어지지는 않더라도, 신분 해방과 주체 획득, 민관협치의 집강소 실시 등의 내용은 프랑스대혁명 이후에, 저 멀리 극동에서 벌어진 놀라운 사건이라고 말할 수 있습니다. 우리가 일본이 강제한 '갑오개혁'을 근대 기점이라고 말하는 것은 우스운 일입니다. 동학혁명의 기간에 내놓은 폐정개혁의 조항들을 갑오개혁에서 대부분 받아들였다는 점에서, 집강소 시대의 개시를 근대 기점으로 삼아야 하는 것임은 다시 말할 필요가 없는 문제입니다.

우리는 동학농민혁명을 통해 희망을 쏘았습니다. 그것이 일본의 개입으로 좌절되고 말았지만, 그렇다고 최제우와 최시형, 전봉준으로 이어진 동학의 정신이 사라진 것은 아니었습니다. 우금티 전투에서 동학농민군이 몰살당한 뒤에도 자신을 성찰한 양반들이 의병을 일으켰고, 일제강점기에는 동학교도들이 기독교도와 협력해 3·1운동을 일으켰고, 그 후로는 민중과 양반이 서로 힘을 합해 독립운동을 했습니다. 동학혁명은 프랑스혁명과 러시아혁명 사이에서 우리의 정신적 틀을 완성시킨 사건입니다. 그 사건은 우리의 근대성을 자리 잡게 하고, 그 이후로 부족한 것을 보완하면서 민주주의 국가를 만드는 데 절대적으로 기여했습니다. 4·19혁명, 5·18민주화운동, 6·10항쟁, 촛불항쟁 등은 모두 동학농민혁명을 뿌리로 해서 발생한 사건들입니다.

저는 삼남길을 따라 해남에서 서울로 올라가면서 혹은 지리산둘레길을 돌면서, 경주와 영해, 금강 유역, 원주와 보은의 동학길을 더듬으면서 동학 인물들의 흔적을 찾아다녔습니다. 그때마다 농민군의 함성이 들리는 것 같았고, 그들이 발자국을 남긴 곳에서 새롭게 생긴 문화와 동학에서 비롯된 그 지역만의 고유한 정신을 발견하기도 했습니다.

경주 구미산 용담정에서는 최제우의 사상적 기반과 전복적 힘의 원천을 찾아보고자 했습니다. 검곡의 화전민 터와 영해의 병풍바위 아래서는 최시형의 강인한 삶의 뿌리를 확인했습니다. 남원의 교룡산성에서는 최제우가 농악패의 풍물과 판소리의 애절한 호소를 들으면서 『용담유사』의 한글 노래를 썼는데, 남원이 그에게 어떻게 '다시 개벽'의 모티프를 주었을지 생각해보았습니다. 원주에서는 최제우의 일대기로 쓴 김지하의 『이 가문 날에 비구름』이라는 시집을 읽으면서, 최시형과 장일순으로 이어지는 동학의 연장선상에서 김지하가 어떻게 현대적 활로를 찾았는지 확인해보았습니다. 거기서 1970년대 최고의 저항시인이던 김지하가 사상적 굴절을 하게 되는 양상도 살펴볼 수 있었습니다.

정읍, 고부, 태인, 백산, 원평, 삼례 등지를 돌아보면서 박태원의 『갑오농민전쟁』과 송기숙의 『녹두장군』을 읽었습니다. 공주와 부여를 답사하면서 신동엽의 『금강』을 만났는데, 동학혁명이 4·19혁명에 미친 영향, 즉 동대문에 올라온 소년이 우금티고개를 치고 올라가다가 희생된 농민군의 자식일 것이라는 환영과 만났습니다. 서정주의 『질마재 신화』를 읽으면서는 왜 동학의 핵심 지역에 살던 시인이 바로 집 부근에서 동학장수 손화중이 붙들려 가서 처형되었는데, 『질마재신화』에서 왜 그 이야기만 쏙 빼놓고 노래할까 생각해보았습니다. 이청준의 『비화밀교』를 읽으면서 장흥 석대들에서 벌어진 동학혁명의 최후 전투를 떠올렸고, 군사정권의 억압 속에서도 그 저항의 불씨를 어떻게 보존했는지 확인했습니다. 박경리의 『토지』를 읽으면서 하동과 통영, 원주 등지를 돌아보았는데, 강인한 영남의 여성들이 가문을 지켜내는 모습을 확인하면서, 영남의 힘이 지리산으로 대표되는 동학 세력과 결합해 새로운 문화, 새로운 가문, 새로운 국가를 이뤄내는 장면에 감탄했습니다.

이들 작품을 읽으면서 저는 진실을 찾고 보존하려는 용기와 만났습니다. 최제우의 『용담유사』와 신동엽의 『금강』, 김지하와 김남주의 시에서는 강력한 파레시아를 만납니다. 우리 문학을 이끌어온 힘은 어쩌면 그것이었는지 모릅니다. 노골적으로 체제와 권력에 저항한 작품도 많지만, 박경리는 『토지』에서 지리산이라는 알레고리를 통해 동학을 이야기했고, 이청준의 소설에서도 이데올로기의 억압 속에서 저항의 불씨를 감춘 채 숨겨놓은 파레시아를 보여줍니다. 한편 어느 시인은 자신의 가장 깊은 존재의 내면에서 두레박을 던져 뭔가 길어올린다고 하지만, 자기 주변에서 자기를 이루던 동학을 외면했기에 자신의 존재 자체까지도 잃어버린 모습을 확인하기도 했습니다.

저는 판소리의 해학과 풍자의 이면에도 파레시아가 담겼다고 생각합니다. 농악패와 어우러져 신바람내면서 왕권의 무능을 폭로하고, 양반을 조롱하고, 잘못된 시스템을 폭파하자고 말하는 내용이 『수궁가』『춘향가』『흥보가』에 담겨 있습니다. 그러다가 『심청가』에 이르면 지성이면 감천이라고 심봉사뿐만 아니라 세상 모든 장님의 눈을 뜨게 만드는 장면에서, 백성이 무지에서 깨어나고 살아가는 방법을 다시 확인해주는 파레시아를 만나게 됩니다. 몰락 양반인 청송심씨 심청이나, 반남박씨 박흥보, 기생 출신 성춘향에 이르기까지 자기 스스로 주체가 되어 근대를 연 자들입니다. 그런 기운 속에서 임술민란이 일어났고, 동학농민혁명이 터진 것이지요. 저는 경주, 영해, 원주, 공주, 정읍, 고창, 남원, 장흥, 하동 지역을 돌아다니며 그런 기운을 느꼈습니다. 조선 500년 역사에서 19세기는 비극적 시대이지만 파레시아의 정신이 종합적으로 터진 시대이고 동학농민혁명은 미완으로 끝났지만 그랬기에 더 위대한 사건이 되었습니다. 그래서 그것은 다시 쓰이고 새로운 활로를 찾을 것입니다.

최제우의 한글 가사는 날 것 그대로 19세기를 알게 해주고, 이돈화의 『동학당』과 오지영의 『동학사』는 일제강점기에 동학으로 다시 세우려고 하는 우리의 정신사를 알려줍니다. 한편 장일순과 김지하가 최제우와 최시형을 어떻게 복원하고, 광복 후 북한으로 넘어간 박태원이 『갑오농민전쟁』에서 전봉준과 동학농민혁명을 어떤 시각에서 되살리려고 하고, 송기숙이 5·18을 겪은 뒤에 『녹두장군』에서 무엇을 강조하려고 하는지 확인해보았습니다. 그리고 『금강』의 신동엽이 4·19에서 동학농민혁명의 부활을 찾아내는 놀라운 장면을 확인했고, 박경리가 『토지』에서 지리산 동학을 중심으로 해서 한 가문의 여인들이 가문을 지켜내며 우리의 정체성을 회복하는 과정을 확인하기도 했습니다. 그리고 이청준과 서정주 등 우리나라를 대표하는 작가와 시인들이 그 문제를 어떻게 다루거나 외면했는지 살펴보았습니다. 그들의 작품은 현대문학사에 중요한 비중을 차지할 뿐만 아니라 우리의 정서와 꿈, 정신을 드러낸다고 생각합니다. 그래서 그들의 작품을 분석하는 일은 우리가 앞으로 어떻게 살아갈 것인지를 살펴보는 일이 되기도 합니다.

저는 우리 시대에도 동학이 살아 있다는 것을 확인했습니다. 그러면서 제가 다룬 문학작품들을 통해 원동학原東學의 모습을 조금 더 구체적으로 그려낼 수 있었습니다. 그들이 통일된 시선을 갖지 않았기에 내가 취사선택한 모습이 실재라고 말하기는 곤란하지만, 그래도 반복해서 글을 쓰다보니 그것들을 종합하는 작업을 통해 누구도 바라보지 못한 본질적인 것들을 찾아내기도 했으리라고 생각합니다. 그것이 지금까지의 해석들과 다른 사람들에게 불편함을 줄 수도 있습니다. 하지만 이는 동학을 풍요롭게 하는 일이 될 것이라고 봅니다.

다시 말하건대, 국력이 급격히 무너지던 '슬픈 19세기'에 동학까지 없었다면 어찌 되었겠습니까? 우금티 전투야 기억하고 싶지 않은 비극적인 일이었지만 그 상황에서 그 정도의 무모한 저항이라도 없었으면 어떨 뻔했습니까? 우리의 파레시아 전통이란 허무맹랑한 일들이 되고 말았을 것입니다. 저는 원동학을 종교로 바라보기보다 우리 땅에서 솟아난 삶의 실천 원리로 보았는데, 동학을 통해 우리 땅에서 솟아난 어떤 기운과 같은 것을 붙잡을 수도 있을 것입니다. 제가 다룬 것들은 저마다 현대문학사에서 중요한 작품들이고, 이미 고전의 반열에 들어선 작품들입니다. 그런데 역사의 현장을 직접 답사하면서 읽다보니 작품은 더 생생하게 살아났습니다.

이 글은 동학 역사 기행입니다. 어느 지역의 정신사를 찾아내는 작업입니다. 이 글을 읽은 분들이 그 지역을 답사하면서 동학과 문학을 함께 누릴 수 있게 되기를 소망합니다. 이 책에 실은 사진들은 제가 그 지역을 답사하면서 찍은 것들입니다. 2021년부터 지리산둘레길을 걷고 그 뒤로 남파랑길과 삼남길을 걸었습니다. 그리고 틈이 나는 대로 경주에서 원주에 이르는 영남과 강원도의 오지들을 찾았습니다. 그때의 감각이 묻어나오길 바래봅니다. 항상 함께 여행에 동행해준 친구들과 글항아리 편집진에게 감사의 말씀을 드립니다.

1부
시천주 주체성

남원은 지리산 주변 지기至氣가 강한 곳으로 판소리가 발생한 곳이다. 그곳은 춘향과 흥부의 고향이며, 송흥록과 송만갑 등 소리꾼들이 묻힌 곳이다. 소리꾼들은 구룡계곡에서 소리를 연마해 명창이 되고, 운봉 동편제마을에서 소리를 배우고 가르쳤다. 그 송흥록 생가에 들어와 살며 소리를 연마한 후대 사람 박초월의 마음을 헤아려보았다. 최제우는 그런 기운을 알았기에 교룡산성 은적암에서 자리를 잡고 경전을 집필한다. '시천주侍天主'라는 깨우침으로 하느님을 내 안에 모시고 '무궁한 나'를 이뤄낸 최제우는 교룡산성에서 지리산을 바라보며 큰 포부를 가지고 개혁 의지를 다진다. 그렇게 해서 만들어진 한글 가사들은 판소리의 가락까지 받아들여 우리의 문학작품으로서도 손색이 없다. 30년 뒤에 김개남이라는 동학장수가 그 뜻을 실현하고자 이곳에 찾아와 대도소를 차린다. 산성 입구 홍예문에서 최제우의 정신을 물려받고 싶은 동학장수 김개남의 마음을 헤아려본다. 광한루를 둘러보다가 광한루 주차장 구석에 세워져 있는 동학장수 김개남의 표지석을 만난다. 남원은 지리산의 기운 속에서 판소리의 저항성과 동학의 개벽성을 만나게 한 곳인데 남원 사람들은 중요한 것을 놓치고 있는 게 아닐까.

1장
남원과 최제우, 한글 노래 『용담유사』

1. 남원에 들어서며

남원 주천에서 운봉으로 향하는 게 지리산둘레길 1코스다. 우리는 1년 동안 한 달에 한 번씩 이 길을 걷기로 했다. 한 번에 1박 2일씩 이틀간 2개 코스를 걷는다면 함양, 산청, 하동, 구례에서 남원에 이르는 5개 고을 21개 코스를 10번 정도에 돌 수 있겠다는 계산이 섰다. 남원 태생의 L은 남원이 출발점이라서 자부심을 느끼는 듯했다. 지리산이 자기 고향 것이라도 된 듯이 둘레길 도는 것을 흥겨워했다. 지리산은 삶의 터전이자 깊이를 알 수 없는 신비를 지니고 있었다. 그래서 그 속에 빠져든 자는 빠져 나오기 힘들었다. 태아胎兒적 신비로 들어가는 길이라고 할까. 우리는 L의 제안에 따라 지리산둘레길을 걷기 시작했고, 대장은 O가 맡기로 했다. 그는 백두대간을 완주한 베테랑이다.

"구룡계곡에서 시작하자."

L이 제안했다. 지리산둘레길 1코스를 이탈해 구룡계곡 쪽부터 시작하자는 것이었다. O의 이맛살이 찌푸려졌다. 시작부터 장애물을 만난 것이다. 하지만 구룡계곡의 절경이 그리 대단하다면 거절해야 할 이유가 없었다. 나는 길을 조금 벗어나더라도 본래 길로 돌아갈 수만 있다면 아무런 상관이 없다고 생각했다. 아무러면 어떤가. 그 길이 옛날부터 정해진 것이 아니라면 지리산을 한 바퀴 돌기만 하면 되지, 꼭 정해진 길에 집착할 필요는 없을 것 같았다. 어차피 가끔 길을 잘못 들기도 할 터였고, 그렇더라도 지리산을 밟는다는 사실에는 변함이 없었다. 그래도 O는 시작부터 길을 벗어나면 마무리가 이상해질 수 있다고 지적했다.

"딱 한 번뿐이야."

O는 그렇게 확인하면서 L의 말에 따르기로 했다. 구룡계곡으로 차를 몰았다. 8킬로미터도 가지 않아 본래 코스로 합류한다니 걱정할 일이 아니었다. 길 위에서 역사를 배우고 그곳의 문화와 정신에 대해 생각해보자는 우리의 기획은 제법 그럴듯했다.

"다시 코스 이탈하면, 난 리더 안 할 거야."

다시 O가 못을 박았다.

"가라는 대로만 갈 수 있나? 때로는 만들면서 가는 게 길이지."

L이 군시렁거렸다. 차가 구룡계곡 탐방지원센터 앞에 섰다.

구룡계곡 입구에는 육모정과 춘향묘가 있었다. 길고 높은 계단으로 이어진 그 묘소는 정승급 이상의 묘소처럼 보였다. 차를 그 앞에 세웠으니 아니 가볼 수가 없었다. 남원이 판소리의 고장이라는 사실을 알았지만 이렇게 큰 춘향이 묘가 있다는 사실은 처음 알았다. 춘향이 실존 인물이었던가. 조금 이상했다. 허구의 인물에게 이렇게 큰 묘소까지 바치다니. 아무리 판소리 「춘향가」의 실제 모델이 있었다고 해도 조금 심하다는 생각이 들었다.

우리는 현실 속에 살고 있는가, 허구 속에 살고 있는가. 그건 허구가 현실보다 더 센 권력을 가지고 허구를 현실로 인정하라고 강요하는 형국이었다. 흥보가 운봉에서, 심청이 곡성에서 태

춘향묘

구룡계곡

어났다고 그 자리에 묘소를 만든다면 『토지』의 최참판이나 윤씨 부인, 서희의 묘소도 만들어야 하는 것 아닌가?

하긴, 구룡계곡은 소리꾼의 득음 장소로 유명했다. 그렇다면 그들이 소리를 단련하는 가운데 춘향이도 부활하여 이 계곡을 누비다가 이 묘소 안으로 들어왔을지 모른다. 아니 그러다가 소리꾼들의 영혼도 함께 들어왔을지 모른다. 구룡계곡에는 폭포와 소가 번갈아 나타나며 산길 따라 나뭇가지 사이로 언뜻언뜻 자신의 모습을 비밀스럽게 보이곤 했다. 만복대에서 발원한 물줄기가 폭포를 이루며 흘러내리는데, 양쪽 소에 꼬리를 담근 용 두 마리가 잠시 얼굴을 내밀며 대화를 나누다가 승천하는 모습이랄까, 그래서 '교룡담交龍潭'이라고 불렀다 한다. 10리 남짓한 계곡의 전체 구간에 아홉 개의 폭포가 흘러 구룡계곡이다. 동편제의 대가인 권삼득, 송흥록, 송만갑, 박초월 등이 여기서 소리 연습을 했다. 그렇다면 그들 모두가 용이 되어 승천한 걸까. 옥룡추에는 권삼득의 유적비가 세워져 있고, 불영추에는 호남의 명필 이삼만이 쓴 '용호석문'이라는 글씨가 새겨져 있었다. 또한 서암, 유선대, 지주대, 비폭동, 석문추 등의 풍경은 선녀가 이내 날아 올라갈 것만 같은 풍경이었다.

"소리꾼이 보이지 않아?"

"에고, 이 사람아. 보려고만 하지 말고 들어봐. 들리지 않아?"

L이 즉각 공격하고 나섰다. 그러고보니 어떤 소리가 들리는 듯했다. 우리는 귀와 코를 열고 피부도 열고 나뭇잎 사이로 물보

라가 언뜻 비치는 구룡폭포를 바라보았다. 정말로 누군가 폭포를 향해 서 있었다.

수정봉을 왼쪽에 끼고 덕산저수지를 지나 가장마을에서 지리산둘레길과 합류했다. 이제야 둘레길 제 코스에 들어섰다. 지리산둘레길 시작 지점 7.1킬로미터 팻말이 보였다.

"돌아가서 다시 시작할까?"

O가 말했다. 우리의 리더이니 책임감을 가진 것이다.

"그럴 순 없지. 기왕 시작했으니 앞으로나 잘하세."

L이 달랬다. 가장마을부터 지리산둘레길 팻말이 나타났다. 우리는 안도했고, 그때서부터 표지판을 따라 걸었다.

여행이란 자아가 해방되는 시간이다. L의 말대로 너무 코스에 집착할 필요가 없지만, 무계획적으로 우왕좌왕 헤맨다고 자아가 해방되는 것은 아니다. 21개 코스를 걷자면 준비도 잘하고, 자세를 갖추어야 한다. 걷는 것만이 목적이 아니라면 걷는 길에서 역사와 그곳 사람들의 삶을 떠올리고, 한편에서는 자신의 내면을 들여다보아야 한다. 구룡계곡에서 우리는 남원이 '판소리의 발생지'라는 사실을 알았고, 그것이 19세기 중반에 남원을 찾아온 최제우에게 영향을 미쳤을지 생각했다.

"갇힌 틀에서 탈출한 거야."

최제우는 경주 유림들이 탄압을 반자 당분간 집을 떠나기로 했다. 발길 닿는 대로 걷고 배를 타고 유랑하다가 여수와 구례를

『용담유사』

거쳐 남원에서 멈추었다. 그는 집필을 서둘러야 한다고 생각했다. 언제 죽을지 모른다는 위기감이 있었다. 그는 교룡산성에서 몇 달간 지내면서 『용담유사』와 『동경대전』을 썼다. 그 뒤에 경주로 돌아가 1년 남짓 활동하다가 순교했으니 그가 남원에서 지낸 몇 달은 결코 짧은 기간이 아니었다. 그가 득도한 후 활동한 기간을 2년 반으로 본다면 그게 6개월이라고 해도 소홀히 다룰 수 없다. 게다가 최제우가 순교하고 30년이 지나 호남에서 동학혁명이 일어났고, 한 동학장수는 그가 머문 교룡산성에 대도호소를 세웠다. 역사란 우연 속에서 발생하는 것 같아도 거기에는 반드시 필연적인 무언가가 작용한다.

최제우는 수련하던 어느 날, 하느님을 자신의 내부에서 느꼈다. 바로 그토록 원했던 '무궁한 나'를 깨친 것이다. 그런데 그 하느님이 자신에게 말을 건넸다. 그는 그렇게 깨친 말씀을 기록으로 남겨야 한다고 생각했다. 그런데 경주에서의 탄압은 심상치 않았고 시간은 넉넉하지 않았다. 그는 경주를 떠나 남원에 머물면서 동학에 관한 원리를 정리했고, 「검가」를 부르고 춤추며 신체를 단련했고, 자신이 득도한 내용을 두 권의 책에 담았다. 다시 없는 '무극대도無極大道'를 후세에 남겨야 했다. 그것은 내가 노래한 것이되 하느님이 받쳐준 것이기도 했다. 그는 한글 노래를 만들면서 자유를 느꼈다.

낯선 곳을 걷다가 문득 자기 자신의 기억 속에 빠져드는 수가 있다. 무의지적 기억은 유년시절의 작은 가닥 하나를 만나고서도 그것을 단서로 더 깊은 기억 속으로 들어가며 거기서 뿜어져 나오는 빛을 발견한다. 그리하여 마침내 '잃어버린 나'를 찾아내고, 혹은 그간 놓쳤던 기억의 실타래를 풀면서 내가 가야 할 새로운 길을 발견하기도 한다. 길을 잃고 헤맬 때, 어느 순간 숲속의 빈터, 묘지, 성벽 등에서 길을 잃었다는 사실도 잊은 채, 우두커니 서서 안개 낀 허공을 바라보다가, 갑자기 안개 속에서 튀어나올 것만 같은 무언가를 되찾기도 한다. 자기 영혼을 만난 순간이라고 할까. 자신을 억압하는 틀에서 벗어난 순간이라고 할까. 뱀이 허물을 벗듯이 해방된 '나'. 그런 뒤 저 위에서 자신이 허물을 내려다보는 나. 그게 바로 최제우가 말한 '시천주侍天主의

나'가 아닐까. 하늘이 내려와 내 안에 박히면서 벌어진 일이다. 그렇게 해서 우주와 내가 하나가 되고, 나는 '시천주侍天主 주체'로 거듭나게 된다.

"그럼, 무당이 된 거야?"

L이 물었다. 최제우는 자신이 득도한 내용을, 그 무궁한 나를 정리해 전하지 못하면 한낱 무당에 그칠 수 있다고 생각했다. 그래서 그는 노심초사했고, 누구와도 맞서 싸울 수 있었지만, 그 위기를 슬기롭게 넘기고 책을 쓰고자 했다. 그는 남원의 한의사 서형칠의 도움으로 광한루 일원에서 지내다가 교룡산성 은적암에서 6개월가량 머물렀다. 그는 그 기간에 『동경대전』과 『용담유사』를 완성했는데, 실상 그것은 만해 한용운이 백담사에서 한 달간 머물며 『님의 침묵』이라는 시집을 쓴 것보다 더 위대하다. 특히 『용담유사』는 여덟 편으로 이루어진 한글 가사라는 점에서 국문학사에서도 중요하게 다뤄야 하고, 사상사에서도 동학과 동학혁명과 어떻게 관련되고 작용했는지 분석해야 한다.

최제우는 누구에게나 공평한 세상을 만들고자 했다. 남녀노소, 사농공상, 신분의 차이를 두지 않는 세상을 만들고자 했다. 그가 찾은 무극대도는 평생 공부해야 얻을 수 있는 것이 아니라 49일 수련만 해도, 혹은 21자의 주문만 열심히 외워도 저절로 깨우쳐지는 그런 것이었다. 무엇보다 그것은 태도를 변화시키고 생각하는 틀을 바꿔야 했다. 그런데 최제우가 포덕을 시작한 지

6개월도 되지 않아 그를 따르는 사람들이 급속도로 늘어나자 경주 유림들은 불안해졌다. 500년 성리학의 전통이 위태로워질 수 있다고 생각한 것이다. 본래 그들은 자기 것을 지키는 데에는 결사적이다. 그러자 관에서도 묵과할 수 없었고, 어떤 식으로든지 역모로 몰 구실을 찾았다. 그러다가 '시천주'의 '천주'를 보고 '서학'의 하느님을 흉내냈다고 모함하며 탄압하기 시작했고 최제우는 언제 붙잡혀 들어가 처형될지 모르는 처지가 되었다.

 남원에 자리를 잡은 최제우는 남원의 가락과 지리산의 기운이 좋았다. 그 속에서 「검가」를 부르며 검무를 추면 흥이 돋았다. 그는 제자들에게 우리말로 무극대도에 이르는 방법을 알리고 수행 도중 조심해야 할 것들을 정리했다. 『용담유사』에 담긴 「교훈가」 「도수사」 「권학가」 「몽중소년문답가」 등은 남원에서 썼는데, 이 가사들이야말로 우리말로 전한 '무궁한 나'를 이루는 방법들이다. 그것은 한문이 아니라 누구나 잘 알아들을 수 있는 우리말로 된 노래여서 누구나 따라 읽다보면 뜻을 파악했고 또한 파급 효과가 컸다. 그 내용에는 구시대의 악습을 잘라내고, 서학의 문제점을 질타하고, 『정감록』과 같은 도참서를 극복해야 한다는 내용이 담겨 있었다. 그래야만 '괴질怪疾 운수'에서 벗어나 '다시 개벽'을 이룰 수 있다는 말인데, 그 노래는 동학교도들에게 자신감을 주었고 틀을 깨고 밖으로 나가도록 만들었다.

동편제마을   송흥록 생가

2. 운봉에서 들려오는 흥보의 박타령

남원이란 춘향이의 러브스토리가 만들어진 곳이다. 운봉에서 아영면 아막성 쪽으로 들어가기 전에 먼저 동편제마을을 지나고, 개천 건너 송흥록과 박초월의 생가 자리에 가면 판소리 한 자락을 듣게 된다. 어떤 점에서 박초월은 일부러 스승인 송만갑이 살던 집을 찾아와 눌러앉았는지 모른다. 그래야 더 좋은 소리를 낸다고 생각하며 그 이상의 어떤 마음을 다스렸을 것이다. 거기서 10여 분쯤 황산을 걸어 올라가면 국악의 성지가 나오고 송흥록과 송만갑의 묘소 앞에 서게 된다. 이곳이 바로 판소리의 탯자리다.

송흥록 묘소   송만갑 동상

　판소리란 사람이 많은 곳에서 공연되지만 인적이 없는 곳에서도 잘 어울리는 소리다. 그 소리에 익숙하지 않은 사람도 운봉의 어느 마을에서 들려오는 판소리 한 대목을 듣다보면 저절로 그 소리에 빠져들게 된다. 춘향이 옥중에서 '쑥대머리'를 노래하면, 아 나에게도 저런 아릿한 사랑이 있었지, 저렇게 억울한 일을 당한 적이 있었지, 그래도 끝까지 나쁜 놈에게 버텨본 일이 있었지, 하고 생각하게 된다. 그게 목숨을 걸 만한 일이라고 믿은 춘향이에 대한 믿음 때문이겠지만, 남원 사람들은 소리의 애절함과 신바람 속에서 저절로 춘향을 사랑하게 된다. 춘향은 허구 속에서 걸어나오고 민중은 허구 속에서 힘을 얻는다. 심지어 춘향의 사랑은 성리학의 이상보다 더 고귀하다고 생각하기도 한다.

숙종 시대 영남에 대동법이 시행되고 상평통보가 보급되면서 시장판이 커졌다. 그러면서 생겨난 판소리가 민중들의 서사적 욕구를 충족시켜주었다. 그것은 청중의 반응에 따라 애절함과 신바람을 보태면서 극적 요소를 갖추어나갔다. 소리광대는 고수와 더불어 긴 이야기를 전개할 때, 때로는 민중의 욕구대로 내용을 보완하고, 때로는 그 욕구를 배반하고 지연시키면서, 창자唱者의 장점이나 자신이 하고 싶은 소리를 보태기도 하면서, 더 많은 호응을 이끌어냈다. 창자는 청중에 따라 서스펜스와 서프라이즈를 구사하며 청중을 매료시키며 애간장을 태웠다. 그리하여 완성된 예술 장르로 큰 호응을 받자, 19세기에 들어서서는 그 속에 사회 비판적 내용이 담겼더라도 양반과 정승, 심지어 임금까지 판소리 듣는 것을 좋아했다. 권삼득이나 송흥록은 왕실에 불려갔고, 훗날 신재효와 김연수는 판소리의 언어를 다듬어 정전화했다.

판소리의 성장에 따라 우리의 근대의식도 형성되었다. 그것은 신분타파와 개인의 자유의지를 드러냈는데, 「춘향가」는 신분이 낮은 여인이 지체 높은 자와 사랑을 나누다가 정렬부인이 된다는 이야기로서, 춘향이라는 발랄한 여인은 자기감정에 충실하고 불의에 항거하면서 신분을 뛰어넘는 사랑을 완성한다. 박봉술이 부르는 동편제 가락을 듣다보면 춘향이 그저 온순한 여인이 아니라 이도령과 이별할 때 면경을 내던지고 머리카락을 쥐어뜯을 정도로 격렬하게 자기감정을 표현할 줄 아는 여인이다. 그것은 사랑에 대해 적극적으로 표현할 줄 아는 여인, 사랑을 지키기 위해서라면 무엇이든 할 수 있는 여인의 출현을 의미했다.

조선의 여인들은 병자호란 때 많은 고통을 겪었다. 청국에 포로로 끌려간 이도 많았고, 강화도가 함락될 때 청국 군사의 손길을 피해 조강과 염하에 뛰어내린 고위 관리들의 부인도 많았다. 춘향은 그런 대갓집 여인들을 죽게 한 유교적 시스템에 따라 기생 신분의 여인이 되었지만, 그렇더라도 여인으로서 지켜야 할 가치가 있다는 것을 보여주면서, 거꾸로 그 시스템에 구멍을 낸다. 춘향은 사랑할 때에는 격정적으로 사랑하고, 사또에게 대들 때에는 또 야무지게 대들면서, 대갓집 부인들을 죽게 한 시스템으로 이번에는 기생 출신인 나를 죽게 할 것이냐고 되묻는다. 그것을 본 민중들은 사또에게 대드는 춘향이에게 매료되고, 죽을 때까지 저항하는 춘향이에게 열광하면서, 춘향이 편에 서서 백성에게 부당한 과세를 하고, 무리한 요구를 하는 탐관들을 마땅히 응징해야 한다고 생각한다.

청중은 누구라도 살 만한 세상을 원한다. 그들은 민중을 억압하는 변사또를 징치하고, 욕심 많은 놀부를 골려주고, 위기에 빠진 토끼를 구해줄 때 환호한다. 현실의 인물은 허구 속 인물보다 더 고난을 받기 때문에 소리광대의 노래에 빠져들어 춘향이와 흥부의 고난에 이입되고, 그들과 함께 울며 위로하다가, 마침내 그들과 함께 승리를 누린다. 허구 속 인물도 현실적 인물의 등을 두드리며 때로는 스크럼을 짜고 함께 나서자고 부추긴다. 그러면 어떤 사람은 흥보와 함께 대창을 깎아 들고 뛰어나간다. 춘향과 몽룡이 피치 못할 이별로 천릿길로 멀어졌을 때 진위, 소사, 성환, 천안, 공주, 노성, 경천 사람들은 길거리로 나와 마패 든 이몽룡을 기다리며 춘향을 응원한다. 그래서 경기도 진위, 소사 사람들은 지금까지 그 길을 춘향이길이라고 기억한다. 우리의 민중은 모두 '암행어사 출두야!' 소리치며 변사또를 몰아내고, 춘향을 구할 시간을 함께 기다렸던 것이다.

19세기 중반은 그야말로 최악의 시대였다. 세도세력의 횡포와 삼정 문란도 그렇지만, 3년에 한 차례나 보던 과거시험을 1년에 서너 차례 치르며 돈 갖다 바친 자에게만 군수와 현감과 같은 관직을 주는 시대가 되었다. 그러자 3개월 시한부로 벼슬길에 나간 수령들은 눈알이 새빨개져서 무고한 백성을 끌어다가 곤장을 치고, 투옥하고, 돈을 뜯어냈다. 「춘향가」를 듣는 청중들은 큰 칼 씌워 춘향이를 하옥시킨 변사또를 끌어내라고 소리쳤다. 그렇게 일어난 봉기가 임술년에만 70여 차례였고 호남에서만 38곳에서 탐관을 끌어내렸다. 다만 민란의 주역들이 탐관을 몰아낸 뒤에 해야 할 일이 무엇인지 알지 못해 흐지부지 되고 말았다. 최제우는 광제창생廣濟蒼生과 보국안민輔國安民을 제시한다. 억울한 이를 구제하고, 신분과 관계없이 어우러질 공동체를 만들자는 것이다. 사실 판소리 한마당이 끝나면 백정, 포수, 머슴

흥보 박타령

할 것 없이 모두 무대에 뛰어올라 서로 뒤섞여 춤을 추었는데 주책없는 양반들도 가끔 끼어들고는 했다.

춘향이는 변사또라는 탐관에 저항했고 사랑의 자기 결정권을 선언했다. 신분이야 어떻든 자기 의사대로 사랑을 결정하고 자기 삶을 살겠다는 것이다. 변사또 같은 놈에게는 맞아 죽을지언정 사랑만은 줄 수 없다는 것이다. 「수궁가」에서 토끼(백성)는 어리석은 임금에게 애국을 강요당하기를 한사코 거부하고, 자신의 간(생명)을 지킨다. 「심청가」에서는 가난으로 몸 팔아 인당수에 몸을 던져야 했던 여이이 억울한 운명을 거부하며 되살아나 비참한 현실에 대해 복수한다. 「흥보가」에서는 가난하더라도 양심

껏 살았기에 언젠가 박 터지는 횡재를 하는 사람의 이야기를 통해 약한 자들에게 희망을 주고 그들의 한계를 딛고 설 때 새로운 세계가 온다는 것을 확인시킨다.

흥부골에서 「흥보가」 한 자락을 듣는다. 반남 박씨 두 형제 중, 놀부는 자본주의 물결을 받아들인 자본가 계층이고, 흥보는 천덕꾸러기 노동자 계급이다. 본래 반남 박씨는 조선시대 왕비를 두 명 내고 좌의정을 배출했던 명문가였다지만, 그렇거나 말거나 삼대에 걸쳐 벼슬하지 못하자 쫄딱 망해버린 잔반殘班이다. 흥보는 천민보다 더 가난하게 살아 매품까지 팔아야 할 처지에 몰린다. 그런 현실에서 제비가 물어다준 박씨를 정성들여 심고 판타지의 세계로 들어간다. 조선에서는 좋은 일 많이 하면 복을 받고, 혹은 자식 대에서라도 보답을 받는다고 한다. 어느 가을날, 흥부 부부가 박을 타는데, 그야말로 대박이 터졌다. '박타령'을 잠시 들어보자.

"어기여라 톱질이야. 당겨주소 톱질이야."

박으로 악기를 만들고, 술잔을 만들며, 바가지를 만든다. 배고픈 사람에게는 별 쓸모가 없지만, 표주박이든, 조롱박이든 부서지기 쉬운 재료라서 더 정감이 가는 걸까. 열심히 일하다보면 언젠가 '밥 한 그릇' 나올지 모른다는 기대감 속에서 톱질을 한다.

"시르렁 시르렁 톱질이야. 가난이야 가난이야, 원수년의 가난이야. 잘 살고 못 살기는 묘 쓰기에 매었구나. (…) 에이어로 당그여라. 시르렁 시르렁 시르렁 당그여라." "이보게 마누래!" "예." "톱 소리를 어서 맞소." "톱 소리를 맞자헌들 배가 고파 못 맞겠네." "배가 정 고프거들랑 치매끈을 졸라매소." "시르렁 시르렁 실근 시르렁, 시르렁 시르렁 실근 톱질이야 당그여라. 이 박을 타거들랑 아무것도 나오지를 말고서 밥 한 통만 나오너라. 평생의 포한이로구나. 에이여루 당겨주소. 시르르르르르 시르르르르르 톱질이야 당기여라."

흥보가 톱질을 시작하자 청중은 자신도 모르게 '시르렁 실근' 소리친다. '원수 같은 가난'도 잠시 잊고 톱질의 흥에 빠져 장단을 맞춘다. 하지만 배고픈 것을 떨쳐낼 수 없다. 그것을 안 흥보는 다른 것 다 필요 없으니 '밥 한 통만 나오너라' 하고 소리친다. 그런데 놀라워라. 박 뚜껑이 열리자 온갖 보화가 쏟아진다. '흥보가 좋아라고, 부어내면 다시 그득, 부어내고 다시 보면 다시 하나 그득그득, 얼씨구 절씨구나 지화자 좋을시구!' 청중도 덩달아 신이 난다. 박에서 쌀과 돈꿰미가 쏟아진다. 시장바닥에 모인 사람들이 모두 펄쩍펄쩍 뛴다. 가난한 흥보, 양심 지킨 흥보가 살았다, 보답을 받았다. 이 얼마나 통쾌한 일인가. 이제 살았구나. 개벽이로다. 놀부 같은 자본가, 변사또 같은 고야한 권력자 속에서 살아남았구나.

운봉은 늘 그렇듯, 대박날 것만 같은 조짐이 넘치는 곳이다. 자진모리, 휘모리로 신바람내는 송만갑이나 강도근의 목소리가 들려오는 듯하고, 때로는 그 속에서 신라시대 말 옥보고가 썼다는 거문고 곡이 들려오는 것 같기도 하다. 그리하여 운봉에서 나오는 것들은 모두 격조 높은 음악이 된다. 운봉이 조롱박 형상이라서 그럴까. 이성계가 왜구를 유인해 몰살시킨 황산 기슭에서, 김시습은 왜구들에게 죽은 여인의 혼령을 위로하기 위해 「만복사저포기」를 썼고, 송흥록은 「춘향가」의 옥중 장면에서 '귀곡성'을 불러 귀신의 울음소리를 냈다. 그리고 최제우는 팔도강산을 다 돌아보고 남원에 와 「권학가」를 지어 "만고풍상萬古風霜 겪은 손이 노래 한 장 지어보세"라고 말하며 동학가사를 만들었다.

람천 둑방길을 걷다가 빠끔히 열린 비닐하우스를 기웃거린다. 주인장 계시오? 비닐하우스에서 젊은 부부가 나온다. '맑은이네 포도농장'이라는 하우스 이름이 붙어 있다.

"나그네에게 물 한 잔 주십시오."

이번에도 L이 넉살 좋게 나선다. 그는 누구에게나 말을 걸고 곧 친해진다. 특히 갈증이 심할 때 사람을 만났으니 어찌 반갑지 않으랴. 본래 그는 길에서 만난 개에게도 말을 건네는 사람이다. 우린 둘레길을 시작하던 때라 마실 것을 충분히 준비하지 못했다. 카페라도 있으면 좋으련만 둘레길에서 그런 행운을 만나기란 쉽지 않다.

"맑은 햇살, 맑은 바람, 맑은 물이 좋은 곳이네요."

간판을 바라보며 아재개그를 하는 L의 수완에 주인장은 기분이 좋아졌는지, 잠시 뒤에 물과 포도 세 송이를 들고 나온다.

"둘레길 돌고 있으시군요?"

부산에서 운봉으로 이주해온 젊은 부부였다. 복잡한 도시를 벗어나 이런 산골에 자리 잡은 젊은 사람이 있다는 사실이 놀라웠다. 그들은 어떻게 해서 이곳을 찾았을까.

"놀랍네요. 아직 젊은데 이런 곳에서 살 용기를 내다니!"

"사람답게 사는 것 같아요. 이렇게 맑은 공기, 맑은 물을 어디서 만나요?"

젊은 부부의 말에 포도알을 입안에서 굴리던 우리의 마음은 한층 맑아졌다. 둘레길에서 처음 만난 운봉 주민의 친절에 감동했다. 포도는 알이 굵고 달콤했다. 우리는 그들의 이주와 포도농사와 첫 수확물에 박수를 보냈다.

"흥보에게 보물이 쏟아지듯 대박 날 거예요."

L의 찬사는 언제나 적절했다. 흥보가 운봉 살았다고는 하지만 운봉에로의 귀농이 '박씨'를 가져다줄지 알 수 없었다. 우리는 각자 포도 한 박스를 주문하며 젊은 부부가 '맑게' 살기를 기원했다. 우리가 여행을 마치고 돌아가면 포도가 집에 도착해 있을 것이다.

"흥부처럼 대박 나세요!"

우리는 서로 웃으면서 헤어졌다.

"이보게, 자본주의에서 흥부처럼 살아서는 대박 나기 어렵네."
O가 조금 이죽거렸다. 자본주의에서는 가질 수 있는 것을 독차지하고, 한번 쥔 것을 빼앗기지 말고, 온갖 수단을 다해 재산을 늘려야 한다는 말이었다. 제국주의 시대에 백인 자본가들은 아시아와 아메리카와 아프리카를 식민지로 삼아, 놀부처럼 원주민의 재산을 약탈하고, 그것을 빼앗으려는 다른 놀부를 물어뜯고, 심지어 원주민을 몰아내거나 노예사냥에 나섰다. 그런 가운데 멀쩡한 '제비 다리'를 부러뜨리고 무고한 원주민을 죽였다. 조선은 전염병이 돌고 흉년이 계속되고 세도세력은 나라의 암덩어리가 되어 백성을 수탈했다. 그래서 흥보 부부가 고함을 질렀다.
"평생의 포한이로구나. 에이여루 당겨주소!"

3. 최제우가 남원에서 얻은 것

남원은 춘향이의 도시이고, 광한루와 오작교는 그녀의 사랑이 무르익은 곳이다. 그래서 광한루를 치장하고 춘향관과 월매의 집을 만든 것까지는 이해가 가나 춘향의 사당과 묘소까지 만든 것은 얼른 이해가 가지 않는다. 광한루원 북문으로 빠져나가면 남원예촌과 '안숙선명창의여정' 전시관과 관서당 남성재가 있어 춘향의 여운은 지속된다. 그리고 광한루원 앞 요천의 승사교를

광한루

남원예촌

건너가면 국악연수원과 소리체험관, 춘향테마파크가 있어 남원의 중심부 전체가 춘향이와 연결되어 있다.

그런데 남원에서 최제우나 김개남의 흔적을 찾아보기가 어려웠다. 조선이 가장 위기에 처했을 때 최제우라는 천재 사상가가 남원을 찾아왔고 김개남이라는 혁명가가 남원과 전라좌도를 통치했으나 남원에서 그들의 흔적을 찾아보기 어렵다. 그들이 망국의 운명을 바꿔놓지 못했지만, 망국의 상황에서 그런 몸부림이라도 보여주지 않았다면, 우리의 처지는 무슨 꼴이었을까 생각하면 소름이 끼친다.

19세기 중반에 중국에서는 아편전쟁이 일어나고, 태평천국의 난이 일어났다. 최제우가 보기에 "12제국 괴질운수"가 점점 다가오는데 세도세력이 판치는 상태에서 조선은 나라를 개혁하고 시스템을 뜯어고칠 기회를 놓치고 말았다. 반면에 일본은 양명학을 자신의 방식으로 받아들여 메이지유신을 기점으로 부국강병의 기회로 삼았다. 조선의 남도는 정약용이 노래한「애절량」의 현실이라서, 죽은 자와 어린아이에게까지 세금을 물리고, 군역에 몰려 가난한 가장이 자신의 양물을 자르는 사태까지 벌어진 것이다.「홍보가」에서 "아가 아가 우지 마라 아무리 젖을 달라 한들 무얼 먹고 젖이 나며 밥을 달라 한들 어데서 쌀이 나냐"고 할 정도로 절망스러운 현실이었다. 아전과 탐관의 수탈에 민중은 집을 떠나 유랑민이 되거나 방죽에 몸을 던지는 사람도 적지 않았다.

양반들도 힘든 것은 마찬가지였다. 삼대 째 벼슬길에 오르지 못하면 잔반이 되었고, 노론과 안동김씨의 세도세력에 밉보이면 언제라도 유배를 떠나야 했다. 그랬으니 올바른 사대부라도 개혁책을 내놓지 못하고 관직에 나가더라도 바로 바뀌니 뭔가 지속적으로 일을 하기가 어려웠다. 정약용은 19년간 강진에서 유배를 당하며 간신히 살아남았고, 김정희는 개혁마인드를 보여줄 기회도 잡지 못한 채 금석문을 연구하고 붓글씨에 매달렸고, 김삿갓이라고 불린 어떤 사내는 술에 취해 팔도강산을 떠돌면서 양반들의 허위의식을 풍자했다. 그리고 마침내 최제우가 나와 세상을 뒤집을 방안을 마련했지만 조선의 왕조는 그를 좋게 받아들이지 못했다.

1861년 겨울, 최제우는 관의 탄압을 피해 길을 나섰다. 무극대도를 깨친 후 1년 2개월간 자신의 내부를 들여다보다가 막상 포덕을 시작한 지 반년도 채 되지 않아서였다. 경주 유림들이 그를 서학을 믿는 자로 몰아갔고 극심한 히스테리를 보였다. 하지만 최제우는 「권학가」에서 제사를 거부하고 인륜을 저버리며 사후 천국을 논하는 천주교도를 비판했었다. 다만 태생이 좋아야 하고 배운 자만 사람 취급받는 성리학의 문제점을 거론하면서 이理 중심의 사유를 기氣 중심의 사유로 바꾸자고 요구한 게 문제였다. 그것은 형이상학을 끌어내려 신을 인간과 대등한 구조로 받아들이고 양반이라는 계급 자체를 없애자는 것이었다. 또한 이념보다 삶을 중시하며 서로 존중하고 나누며 두루 잘 사는 공동체를 만들자는 것이었다. 그것은 새로운 세상을 만들자는 논리였지만 사대부들이 그의 입에 재갈을 물렸고 끝내 역모로 몰아갔다. 말하자면 최제우는 그러기 직전의 상황에서 경주를 떠났고, 최중의와 함께 부산에서 뱃길로 남해를 돌아 여수를 거쳐 남원을 찾았다.

  그 당시 도남서원에 걸린 「동학배척통문」을 보면, 동학이란 "귀천이 같고 등위에 차별이 없으니 백정과 술장사들이 모이고, 남녀를 차별하지 아니하고 포교소를 세우니 과부와 홀아비들이 모여들며, 재물과 돈을 좋아하여 있는 자들과 없는 자들이 서로 두우니[有無相資] 가난한 자들이 기뻐하다." 이것은 당시 양반들이 조선의 시스템이 붕괴될 것을 걱정하며 동학에 대한 거부감

은적암 가는 길

을 드러낸 구절이다. 그런데 그것을 잠시 뒤집어보면 최제우가 선포한 새로운 세상을 짐작해볼 수 있다. 거기 차별 없는 공동체에서 서로 돕고 사는 사람들의 모습이 보인다. 실제로 동학은 몇 개월 사이에 급속도로 퍼졌고, 포덕한 지 1년도 되지 않아 영남 15개 군현에 접주를 임명했다. 유림들은 그것을 성리학의 세계가 무너지는 소리로 들었고 동학을 뿌리째 뽑아버려야 한다고 생각했다.

최제우가 찾은 남원은 지기至氣가 성한 곳이었다. 판소리와 농악의 고장이며 자기감정에 솔직한 사람들이 사는 곳이었다. 그들은 최제우를 이내 알아보았고 좋은 집필 공간을 마련해주었다. '지기'를 가진 사람들은 권력 앞에서도 '바른 말'을 하고, '만인의 총'을 보면 알 수 있듯이 나라를 위한 일에 목숨을 바쳤다. 심지어 기생 출신 춘향이 신분적 제약을 뚫고 자신의 가치를 지켜낸 곳이다. 가난한 흥보가 작은 인연을 소중히 여겨 자신의 운명을 바꿔내고, 「수궁가」와 「적벽가」에서는 지배계층에 대한 조롱을 통해 민중이 처한 현실을 폭로한 곳이다. 허구적 이야기 속에서 민중은 지기를 가졌고 저희가 원하는 세상을 찾아냈다.

최제우는 교룡산성에서 6개월 남짓한 기간 머무르며 『동경대전』과 『용담유사』라는 저술을 이뤄냈다. 그곳은 신체를 단련하며 영혼을 수련하기에 좋은 장소였다. 그는 한문으로 성리학의 구조를 논하며 동학의 이념을 만들어내면서, 누구나 쉽게 받아들일 수 있는 한글로 동학가사 책자인 『용담유사』를 집필했다. 지리산 건너편에서 진주민란이 일어났고 그것이 함양과 거창 지역을 거쳐 익산과 호남 지역까지 들불처럼 퍼졌다. 도저히 버틸 수 없는 세상에서 목숨 내놓고 덤벼드는 사람이 많았다. 그런데 민란을 일으킨 자들은 봉기 이후의 대책을 내놓지 못했다. 탐관을 끌어냈으면 봉기한 사람들이 이끌어가야 할 대안을 마련해야 했으나 그렇게 하지 못했다. 최제우는 먼저 몸이 바뀌고 그 뒤로 틀을 바꾸어야 한다고 생각했다. 그래야만 시스템 개혁을 넘어서 '개벽'을 이뤄낼 수 있었다.

최제우는 "십이제국 괴질운수 다시 개벽 아닐런가"(「안심가」)라고 말하며, 19세기 현실에서 필요한 것이 '다시 개벽'이라고 말했다. 용천검을 휘둘러 잘못된 것을 잘라내고 새로운 시대를 맞이해야만 이 땅에 희망이 생긴다는 것이다. 그런데 백성을 널리 구제한다는 '광제창생廣濟蒼生'을 이루자면 탐군 한 사람 몰아내는 것으로는 안 되고, 노예 상태인 백성을 근대적 주체로 만든 뒤 '다시 개벽'을 이루어야 했다. 그래야 시스템을 개혁하고 보국안민輔國安民을 이룰 수 있게 된다. 최제우는 종교적인 측면보다 실천적인 측면을 더 강조했다. 일종의 '계몽'을 위해서 멀리 있는 형이상학적 신을 끌어들이려 할 것이 아니라 '가까이에 있는' 신을 내 내부에 모셔 주체가 된 뒤에 세상을 바꾸자는 것이었다. 그것은 기존의 성리학적 세계관에서 벗어나야 '시천주 주체성'을 형성하고 하느님과 함께 밖으로 나가 현실을 개혁할 수 있다는 논리인데, 특히 21자의 주문을 외는 것만으로도 '지기至氣'를 얻고 주체가 될 수 있다는 말이었다. 최제우는 서로 나누며 두루 구제할 수 있는 공동체를 제시했고, 사람들은 그 방식이라면 삼정 문란의 폐해에서 벗어나 잃어버린 향촌 사회를 회복할 수 있으리라고 믿었다. 호남은 마을마다 향회가 열리고, 향회의 발언을 관에서 받아들이지 않으면 사람들이 몰려가 항의하는 전통이 있었다. 그런 전통에서 전봉준과 김개남, 손화중이 고을의 리더가 되자, 동학으로 의기투합하고 포접제로 연대하면서 새로운 공동체에 대한 희망을 품었다.

  농악은 언제나 사람을 모으는 역할을 했다. 농기를 들고 풍물패가 사물놀이를 하면 사람들이 모여들기 시작했다. 상쇠가 꽹과리를 치며 상모를 돌리면 징잽이와 장고잽이는 부들상모를 쓰고 판을 휘저었다. 남자가 여자 되고 여자가 남자 되며, 머슴이 상전 되고 상전이 머슴 되며, 경계를 부수고 반란을 획책하는 농악판은 그야말로 난장이 된다. 그러면 더 많은 사람이 모여들고 판을 즐긴 사람들은 새로운 판을 찾는다. 판소리는 소리광대가 청중을 이야기 속으로 빨아들인다. 소리꾼은 관객을 쥐었다 놓았다 자진모리로 휘몰다가 때로는 느릿느릿한 진양조로 숨을 죽이면서 마침내 청중과 '동귀일체同歸一體'가 된다. 거기서 삶의 고난과 기쁨, 정치적 분노를 공유하다가 판이 끝나면 양민, 상것, 부녀자, 아이 할 것 없이 모두 함께 어우러져 춤을 춘다. 그러면 그 속에 슬그머니 끼어드는 양반도 생겼다. 청송심씨 심청이나 반남박씨 홍보도 몰락 양반(잔반)이니 남의 이야기만은 아니었다.

   대동제에서는 더 신이 났다. 동네끼리 편을 갈라 줄다리기를 할라치면 온몸에 땀이 솟고 전투력이 솟아났다. 탈놀이에서는 말뚝이가 양반광대를 희롱하고 각시광대가 시어머니를 조롱했다. 「춘향가」에서 방자가 몽룡과 춘향의 앙큼한 속셈까지 들춰내면 사람들은 웃고 떠들고 어깨를 들썩이다가 그동안 억압되었던 속마음까지 풀려 후련해졌다. 그런 방식으로 더 나은 세상을 기대하던 사람들이 더 참기 어려울 때 몇몇은 관아 주변에 괘서(대자보)를 붙이고, 몇몇은 산 위에 올라 억울한 일을 당했다고 호소하고, 몇몇이 관아에 나가 군역과 환곡의 부당성을 규탄하다가 이도저도 안 될 때에는 낫 들고, 괭이 들고, 죽창 들고 나섰다. 최제우는 남도에서 그런 사람들을 지켜보았다. 짓밟히고 뜯기고 쫓겨나도 맑은 심성을 잃지 않고 다시 일어나는 사람들 춘향이라는 기생과 홍보라는 가난뱅이, 그리고 몸이 팔린 청이에게 연민을 느낀 사람들 속에서, 그는 '용천검'을 쳐들었다.

그래서인가. 조선조 위대한 저작들은 호남에서 많이 만들어졌다. 정도전이 나주 소재동에 유배 와서 민본사상을 숙성시켰고, 17세기 초반 허균이 부안 우반동에서 「호민론」을 쓰고 『홍길동전』을 한글로 썼다. 그 뒤로 유형원은 우반동에서 『반계수록』을 썼고, 정약용이 19세기 초반 강진에서 『경세유표』와 같은 제도개혁안을 내놓았다. 19세기 중반 최제우는 남원에서 한글 노래집인 『용담유사』를 썼다. 그것들은 한결같이 나라를 구해낼 방법을 제시했다. 특히 허균과 최제우는 한글로 민중에게 직접 말을 건네는 방법을 시도했다. 그것도 허균이 사회 부조리를 파헤치며 율도국의 이상을 선보였다면 최제우는 직접적으로 시스템의 내부에 들어가 폭약을 장전했다. 자기 내부에 하느님을 모신 자는 두려움이 없었다.

4. 하느님 모시기와 개벽의 시간

때가 왔도다[時乎], 때가 왔도다, 나의 때가 왔도다!
다시는 오지 않을 절호의 때가 왔도다!
수만 년 만에 한번 올까 말까 하는 그런 때를
대장부로서 오만 년 만에 붙잡았도다!
용천검 잘 드는 칼을 아니 쓰고 무엇하리!(「검가」)

교룡산성

은적암터

    교룡산성을 찾으면 먼저 잡초 무성한 은적암의 터를 찾게 된다. 거기서 칼춤을 추던 최제우를 떠올리고 대장부의 기개라는 것을 생각하게 된다. 그것만으로도 가슴이 웅장해진다. 이 '절호의 때'를 기다리는 혁명의 노래를 지리산이 품고, 섬진강이 실어 날랐다. 이미 '다시 개벽'은 시작되었다. 최제우는 30년 후에 교룡산성에서 김개남의 동학농민군이 북적거릴 것임을 미리 알았을까. 김개남 총관령은 이곳에 대도호소를 차리고 실제적으로 전라좌도를 통치하며 '용천검'을 휘둘렀다.

"시호時乎야!"

"시호 시호 이내시호 부재래지不在來之 시호로다!"

혁명은 '시호'를 부르는 것부터 시작한다. 우리는 은적암 위 허물어진 성터에 기대앉았다. 때가 왔다고 달려 나간 사람들은 무모했다. 생각보다 몸이 먼저 나갔다. 동학혁명 이후로도 3·1운동, 4·19혁명, 5·18민주화운동, 6·10항쟁, 촛불항쟁 때에도 달려 나갔다. 때가 왔는데 어찌 참겠는가. 집안에 숨어 있는 것은 부끄러운 일이다. 그러다가 많은 이가 희생당하기도 했다. 그런데 그들이 이 땅의 민주주의를 찾아내고 지켰다.

"지금 때가 왔으니 들고 나서라!"

사람들은 최제우의 말에 따라 일어섰다. 『용담유사』의 「교훈가」에서는 "유도 불도 누천년의 운이 역시 다했던가"라고 노래하며, 지금 때가 왔으니 성리학 시대를 마감하고, 「몽중노소문답가」에서 "십이제국 괴질怪疾운수 다시 개벽 아닐런가"라고 노래하며, 지금 혼란스럽더라도 '개벽의 기회'를 놓치지 말라고 요구했다. 이제는 세상을 바꾸러 나가야 할 때라는 것이다.

"시천주 주체는 주인이니, 주인인 네가 세상을 바꾸라!"

최제우는 탐관을 몰아내고[除暴救民], 시스템을 고치고[輔國安民], 두루 살 만한 세상을 만들자[廣濟蒼生]고 말했다. 이때 그는 이미 혁명가였다. 내 안에 하느님을 모셔 주체가 되면 세상을 조화롭게 만드는 일에 기여해야 한다. 그래야 영원히 지속시킬 세상을 만들 수 있다. 그러자면 "하느님을 모시고[侍天主], 조화[造化] 속에서 뭔가 실천하면서[無爲而化] 무극대도를 얻으라"는 것이고, 그럴 때 영원히 누릴 세상이 다가온다는 것이다. 이 주체가 막강한 것은 서학에서 말하는 '하느님께 귀의한 나'가 아니라 '하느님과 손잡고 함께 나아가는 나'이기 때문이다. 이 주체는 불의와 억압과 총탄에 맞서 싸운다. 우금티고개에서 보여준 그 기개는 3·1운동의 아우내장터와 4·19의 광화문에서, 그리고 5·18의 도청 앞에서 보여주었다.

최제우는 「용담가」에서 그 하느님을 골방에서 만났다고, 그것도 아내와 자식이 지켜보는 가운데서 만났다고 고백한다. 그 하느님은 너무 평범하고 친숙해서 막상 그분이 찾아오셨을 때 그분을 그분이라고 생각하지도 않았다. 신성한 장소에 찾아온 것이 아니라 바로 골방에 찾아왔고, 심지어 자신을 불러주어 고맙다고 말하는 그분은, 절대자가 아니라 함께 대도大道를 이뤄나갈 수 있어 기쁘다고 말하는 하느님이다. 그분은 최제우에게 먼저 오셨지만 누구에게도 깃들 수 있는 분이다. 그래서 그분을 모셔 그분과 밖으로 나온다면, 누구나 서로 손잡고 스크럼을 짤 수 있는 것이다. 「용담가」에서 "두려워하지 말라! 네가 어찌 나를 알겠느냐?"라고 말할 때 하느님의 모습은 영락없이 야훼를 닮았지만, "십이제국十二諸國 다버리고 아국我國운수 먼저하네"라고 말하는 하느님은 몰락해 가는 조선을 구하고자 하는 하느님이고, 이제 5만 년 만에 제 역할 찾았다고 좋아하는 어린애와도 같은 하느님이다.

최제우는 「권학가」에서 사람들에게 사지死地에서 벗어나려면 시천주 주체성을 획득하고 '보국안민輔國安民'을 이루라고 명확히 말한다. 하느님과 의기투합하더라도 세상을 바꾸는 것은 너 자신이다. '광제창생'과 '보국안민'이라는 깃발을 들고 나서는 것도 주체들이 모여 혁명을 이뤄내자는 것이다. 그러니 세상 사람들이 '이재궁궁' '궁궁촌'을 찾더라도 도참사상에 빠지지 말고, 시대와 천운天運을 파악한 뒤에 서로 협력해 대비하라는 것이다. 19세기 조선의 상황은 중국의 춘추 5패와 전국 7웅이 할거하던 전국시대와 흡사하다. 12제국이 각축하는 가운데 언제 어느 나라가 어떻게 짓밟힐지 모른다. 하지만 그런 상황일수록 정신을 차리면 '개벽'의 시간이 다가온다는 것이다.

「흥비가興比歌」에서는 비유적으로 세상을 어지럽히는 모기[문장군蚊將軍]를 공격한다. 모기가 동학교도인 양 들어와 자신이 선지자인 척 도통을 받았다고 과시하면 다들 거기에 속아 넘어가 피를 빨린다. 모기란 즉각 때려잡을 대상이지, 때려잡을 것이냐 말 것이냐 망설이며 지켜볼 대상이 아니다. 모기를 보면 즉각 때려잡아야 한다. 최제우는 제자들에게, 한 소쿠리 흙만 더 부으면 '아홉 길 산(무극대도)'을 쌓을 것인데, 여기서 주체되기를 포기한 채 모기를 따른다며 나무란다.

"불연기연 살펴내야 부야흥야賦也興也 비比해 보면/ 글도 역시 무궁하고 말도 역시 무궁이라/ 무궁이 살펴내야 무궁이 아라쓰면/ 무궁한 이 울 속의 무궁한 내 아닌가."(「흥비가」)

홍예문

그런데 '무궁한 이 울 속'에서의 '울(울타리)'이 문제다. 천도교에서는 이 울타리를 너무 강조해 하느님을 '한울님'이라고 부르기로 했다. 여기서 '울'은 우주, 하늘, 국가, 공동체를 포함하는 개념이라지만 일차적으로 '울타리'의 뜻을 지닌다. 그래서 하느님을 '한울님'이라고 부르게 되면 모든 것이 울타리에 갇히고 만다.

"울타리를 한 바퀴 돌자."

O가 교룡산성 성곽길을 한 바퀴 돌자고 말한다. 답답한 모양이다. 우리는 은적암에서 성곽길을 따라 오른쪽으로 나아가기로 했다. 왼쪽으로 돌면 시간이 많이 걸릴 것 같아서였다. 그런데 산성길은 이내 끊어졌고 절벽이 나타났다. 우리는 울타리의 보

호를 받지 못한 채 헤맸다. 그랬다. 교룡산은 그 자체로 성곽 같은 벼랑을 가졌고, 홍예문을 통과하지 못하면 함부로 나갈 수도 없는 곳이었다. 우리는 덤불을 헤치며 성곽길을 찾았으나 곤욕을 치렀다. 어림짐작으로 입구를 찾았다가 찔레와 청미래덩굴, 도깨비바늘과 같은 가시풀에 긁히며 걸려 넘어졌다. 한 발 잘못 내딛다가 낭떠러지로 추락할 수도 있었다. 그 속에서 거의 한 시간을 헤매다가 간신히 홍예문으로 되돌아왔다. 종아리와 팔목은 가시에 찔려 상처가 났다.

5. 김개남의 못다한 꿈

남원시의 주천에서 출발해 총 21개 구간을 걸어 밤재를 넘으면 남원에 도착한다. 우리는 1년간 함양, 산청, 하동과 구례를 거쳐 남원에 이르기까지 이 길을 걸었다. 구한말 의병처럼 연곡사를 거치고, 군의 소각령에도 화엄사를 지키고 문짝을 태운 차일혁 총경의 기념비를 만났다. 매달 1박 2일씩 긴 시간 이곳을 걸었다. 산동에서 밤재를 넘어 주천에 이르는 길은 너무 힘들어 발등이 붓고 발가락에 물집이 잡혔다. 그래도 우리는 계획한 대로 무사히 지리산둘레길을 돌았다. 그때 갑오년에 남도를 돌아 남원에 진입한 김개남 장군과 동학농민군이 떠올랐다.

밤재

김개남군 주둔지

김개남이 교룡산성에 대도호소를 차린 것은 최제우가 33년 전에 이곳을 찾아왔기 때문이다. 그는 최제우의 정신을 제대로 이어받았다는 것을 상징적으로 보여주고 싶었을 것이다. 교룡산성의 홍예문 앞에는 '김개남 동학농민군 주둔지'라는 표지목을 세웠는데, 찾아오는 이가 거의 없어 적막하다. 남원 시내 광한루는 그리 번잡하건만, 이곳에는 긴 성곽만 늘어서 있을 뿐 최제우와 김개남에 대한 소개문도 없다. 광한루 주차장 구석에 박혀 있는 '동학과 동학농민혁명 유적지 광한루원'이라고 쓰인 표지석을 찾아냈을 때 '아, 남원이 동학을 기억하고 있구나!' 생각하면서도 느낀 쓸쓸함의 정체를 알 것 같았다.

동학농민혁명은 놀라운 전략을 내보였다. 고부봉기야 전봉준과 최경선이 탐관을 징치한 일이지만, 무장 기포(백산봉기)에서부터는 혁명으로 돌입했다. 전봉준은 김개남, 손화중, 김덕명의 협주를 얻어냈고 그들은 집단체제로 하나가 되어 움직였다. 이제 혁명군은 탐관 한 사람을 징치하는 것이 목표가 아니라 민중의 마음을 얻고 전투와 협상에서 역량을 보여야 했다. 김개남은 혁명군다운 단호한 태도를 가졌고, 그러면서도 전라좌도 총관령으로서 남원에 곧바로 입성하지 않고, 남도를 훑으면서 돌아 들어갔다. 기록에는 1894년 6월 25일 그가 태인, 순창, 옥과, 담양, 창평, 동복, 낙안, 순천, 보성, 곡성을 돌아 남원에 입성했다고 전한다. 황현은 『오하기문』에 "징과 북의 장단에 맞춘 동학군의 행렬은 남원까지 80리를 이었다"고 기술했는데, 7만여 명의 젊은이가 뒤따라오는 모습을 상상하면 그 당시 호남 전체가 용광로였다는 것을 짐작하게 된다. 혁명군의 깃발이 보이고 풍물소리가 들리면 젊은이들의 피가 끓었고, 수많은 젊은이들이 김개남의 수하가 되겠다고 따라붙었다. 김개남은 전라좌도의 행정권과 사법권을 완전히 장악하고서 거들먹거리는 양반들을 혼냈다.

김개남은 자신이 최제우의 정신을 이어받았다는 것을 보여주기 위해 교룡산성에 대도호소를 차렸다. 그가 이름을 '개남開南'으로 바꾼 것도 남도를 통치하겠다는 그의 강한 의지를 보여준다. 그는 동학 장수 중에서 가장 과단성을 지녀 양반의 시스템에 철퇴를 가했고, 천민부대를 두어 양반과의 타협의 여지를 주지 않았다. 더욱이 수하인 김인배를 영호도호소 책임자로 임명해 하동, 진주까지 장악해 영남 사람들을 놀라게 만들었다. 그는 과격파로 불렸으나 제 역할에 충실했고, 대도호소와 산하 집강소들을 잘 다스렸고, 영남 유림들에게 위기감을 심어주고 영남 민중들에게는 판타지를 만들어주었다. 그런 상황에서 김개남의 이름은 지리산 깊은 산속까지 퍼졌고 진정한 혁명가로 알려졌다.

김개남이 들어오자 남원부사 윤병관은 겁을 먹고 도망쳤으며 이속들도 뿔뿔이 흩어져 관아는 텅 비었다. 그는 교룡산성에 대도호소를 차리고 거기서 여러 고을의 부자나 악질 벼슬아치들을 조치했다. 또한 자신의 병력을 유지하기 위해 식량과 무기를 확보했다. 미리 마련한 군량미가 300섬이 넘었고, 대나무, 피마(삼껍질), 골마(삼대), 볏짚, 판자를 거둬들여 장태와 밧줄을 만들었고, 짚신을 삼고 수레를 만들었다. 또한 전투복과 두건, 발싸개를 만들었고, 특히 화약을 준비해 전투 대비를 했다. 그는 정예부대를 2만 명 넘게 거느렸고, 노비, 백정, 광대 등으로 이루어진 천민부대 8000명을 이끌었다.

김개남과 그의 부대는 사대부들의 허위의식을 벗겨냈고, 노비문서를 불태웠다. 양반과 부자들은 가족을 이끌고 산으로 숨어들었다. 눈치 빠른 임실현감은 김개남과 의형제를 맺자고 찾아왔고, 구례현감은 동학에 입도하여 스스로 자신을 '접장'이라고 불렀다. 한편 김개남은 자신을 따르지 않던 남원부사 이용헌, 고부군수 양필환, 순천부사 이수홍의 목을 벴다. 대원군의 밀사나 전라감사 김학진을 일체 무시하기도 했다. 그런 점에서 지역의 수령들이 김개남 앞에서는 벌벌 떨었지만, 전봉준을 협상 상대로 여기면서도 속을 내주지 않은 것과 대비되었다. 결국 두 지도자는 다른 태도를 보였지만 그것이 적대적인 관계에서 이루어진 것이 아니라서 서로에게 도움을 주었다. 그리고 민중은 두 지도

자에게서 결핍된 욕망을 추구하며 선호도에 따라 열광했다.

"뒤집을 땐 확실히 뒤집어야 해요. 이미 양반들은 우리와 화해할 수 없어요."

"모두 적으로 만들면 안 됩니다. 해학 이기가 찾아왔고, 장성의 문중들도 암암리에 우릴 돕고 있어요."

전봉준이 김개남의 말을 받았다.

"그렇다고 그들을 믿지 마세요. 내놓은 건 껍데기일 뿐이고 속으로는 언제든지 우리를 배반할 준비를 하고 있어요."

그들의 대화는 이런 식으로 끝났다. 김개남은 감상주의를 용납하지 않았다. 하지만 전봉준은 적들을 단신으로 찾아가 협상하고는 했다.

"나주의 민종렬이도, 운봉의 박봉양도 나를 죽이지 않았어요."

"그건 단지 운이 좋았을 따름이오. 그들은 우리를 비도匪徒라고 부르고, 한편에서는 당신을 놓친 뒤에 통탄했지요. 그들이 적개심을 거둘 수 있다고 착각하지 말아요."

"대의명분을 지켜야 하오."

"우린 의병을 일으킨 것이 아니라 혁명을 일으킨 거요. 명분만 강조하다가는 우리를 따르는 자들도 곧바로 돌아섭니다."

"그래도 함부로 죽이지 맙시다. 사람을 많이 죽인다고 이루어지는 건 없소."

전봉준이 백성을 안심시키고 양반을 설득하기 위해 노력했다면, 혁명의 원리에 충실한 김개남은 종종 단호한 결단력을 보여주었다. 그들은 자기 소신대로 자기 역할에 충실했다. 전술 차원에서 달랐지만 서로 믿었고, 견제했지만 서로 기대었다. 그들은 방법이 달라도 목표가 같았다.

"제대로 뒤집어엎자는 겁니다."

그들은 서로 다르기 때문에 얻는 것이 많았다. 김개남에 대한 소문은 함양이나 산청은 물론 남해와 통영까지 퍼졌다. 통영 출신 소설가 박경리가 『토지』에 김개주라는 인물을 설정한 것도 어린 시절에 어른에게 들었던 김개남에 대한 신화 때문이었다. 통영 사람들은 신분을 해방시킨 호남의 집강소를 부러워했고 동학농민군이 진주까지 몰려왔을 때 거기서 해방의 기운을 느꼈다. 그것을 집안 어른들에게 들은 박경리는 1897년에서 1945년까지의 이야기를 쓰면서 동학을 지리산에서 내려온 개혁 사상으로 표현했다. 김개주는 윤씨 부인에게 아이를 잉태시키고 사라지고마는 인물이지만, 그의 정신은 오랫동안 소설 속에 남아 있게 된다. 최참판댁 장자인 최치수는 자신의 아내와 도주한 이복동생 구천이를 붙잡으러 다닐 정도로 동학을 철천지원수로 생각하지만, 윤씨 부인과 별당아씨의 피를 물려받은 서희는 동학을 부정적인 것으로 생각하지 않고 가문을 지키게 한 또 다른 축으로 받아들인다. 서희가 '지리산이 낳은' 길상과 결혼할 때 동학은 구원자의 모습을 띠고, 거기서 조선의 사대부 전통과 동학의 뿌리가 섞여 민족이 되고 서로 힘을 합해 우리 산하를 지켜내는 존재가 된다.

김개남의 통치는 안의安義현감과 운봉 박봉양의 연합으로 막을 내린다. 박봉양의 민보군은 운봉 고원지대에 숨어 동학군을 기다렸다가 방아치 전투에서 몰살시켰다. 해발 600미터의 고원지대인 운봉은 천혜의 군사적 요지였고 그것을 활용한 박봉양이 승리했다. 김개남이 남원을 실제적으로 장악한 기간은 불과 3개월 남짓했는 데 반해 삼례기포 이후에 전봉준을 따라 공주 쪽으로 진격해야 해서 박봉양의 공격에 제대로 대처하지 못했다. 결국 나주와 운봉은 호남에서 '밑 빠진 독'의 구멍이 되었고, 나주와 운봉이 동시에 뚫리자 후방을 지탱하기 어려웠다.

동학농민군은 일본군의 무라타 소총과 스나이더 소총에 대적하지 못했다. 소총 하나의 화력은 농민군 500명을 대적할 수 있는 정도였고, 화승총이나 죽창을 든 농민군은 맨손으로 싸우는 것이나 마찬가지였다. 김개남의 군대는 청주 쪽으로 진군했으나 우금티에서의 참패를 막지 못했다. 그것은 동학의 시간을 끝장냈다. 패주한 동학농민군은 원평과 태인에서 일본군과 맞섰으나 관군에 쫓겨 다시 달아났고, 동학농민군의 지도층은 모두 남쪽으로 후퇴했다. 전봉준은 정읍 입암산성에서 차치구와 함께 산길을 넘어 순창의 피로리로 숨었고, 김개남은 태인 산내면 종성리에 몸을 감추었다. 그런데 체포당할 당시에 그들이 숨어 있던 두 지역의 거리는 직경으로 8킬로미터도 되지 않았다.

방아치 전투 표지석

    동학혁명은 전봉준 한 사람이 기획한 것이 아니다. 김개남, 손화중, 김덕명과 같은 장수들이 서로 소통하고 지혜를 모았다. 이미 고부봉기 전에 사발통문까지 만들었다는 점에서 그것을 알 수 있다. 성격과 이상은 서로 달랐으나 전략이 다르면 토론을 통해 더 훌륭한 방안을 찾아냈고, 때로는 양보하고 보완하면서 차선책을 강구했다. 최제우가 「권학가」에서 세상을 구제하자면 "진토塵土 중에 묻힌 옥석玉石"을 가려내야 한다고 말했는데, 전봉준과 김개남의 무리들은 서로 규합해 동귀일체同歸一體를 이루었다. 그들은 '당당하게 바른 이치堂堂正理'를 찾아내, 사지死地에 빠진 나라를 구하고자 했다. 그들은 김덕명의 원평을 중심지로 삼아 자주 만나며 스터디를 하며 전략을 짰고 서로 힘을 합해 혁명을 도모했다.

김개남, 손화중, 김덕명, 최경선, 김인배의 업적은 하나하나가 독자적인 기념관을 세워야 할 정도로 뛰어났다. 그들이 혁명 전에 접주로서 어떤 활약을 했고, 서로 어떻게 연대했으며, 개별적으로 혁명에 어떤 도움을 주었는지 찾아내고, 그들이 행한 것들이나 대화의 내용을 찾아내 정리해야 한다. 김개남의 태인 지금실 생가터에는 잡초만 무성하고 그의 시신 없는 공묘空墓에 비석을 세워놓았다. 그것들은 지금실에서의 김개남의 삶을 담아내지 못한다.

남원의 광한루 주차장 구석에는 '동학농민혁명 유적지 광한루원'이라는 돌 표지석이 세워져 있을 따름이고, 그곳은 1861년 최제우가 남원에 왔을 때 그를 최초로 돌봐준 '서형칠의 약방'이 있던 곳(본래 '광한루 완월정 부근')이건만 누구도 그것을 눈여겨 볼 것 같지가 않았다. 또한 그 부근이 1894년 박봉양의 민보군이 성밖시장(남원장)에서 동학농민군을 잡아 처형한 곳이라는데, 그것에 관한 안내판도 전혀 없다. 남원의 동학이란 그저 춘향이의 화사함에 가려져 광한루 주차장 구석에 버려져 있는 것이다.

김개남은 동학혁명을 주도했고 중요한 역할을 한 지도자였건만 개별적 연구가 뒤따르지 않고 그를 돌아볼 기념물과 같은 것도 거의 없다. 그가 체포된 태인 산내면 종성리에도 임병찬이 최익현과 창의했다는 표지판은 크게 보여도 김개남이 임병찬의 밀고로 체포되었다는 사실은 제대로 전하지 않고 있다. 최익현이

동학혁명 유적지 광한루원

야 500여 명의 의병을 데리고 순창과 곡성을 점거했을 뿐이고 일본군이나 관군과는 제대로 싸워보지도 못한 채 항복했지만, 김개남은 7만여 명의 부대를 이끌고 개혁에 앞장섰고 호남과 영남 사람들에게 꿈을 심어준 인물이다. 전봉준의 2차 기포 이후에는 청주 쪽으로 올라가 그를 돕고자 했으나 일본군에 밀려 패주했다. 그때 일본군 추산 5만 명, 우리 연구자 추산 10만 명의 동학농민군이 일본군에게 학살당했다. 일본군은 자랑삼아 동학군 장수의 유골을 들고 가 홋카이도대학 박물관에 진열하기도 했다.

체포된 김개남은 서울로 이송하는 도중 전주 풍남문 밖 초록바위에서 목이 잘렸다. 전라감사 이도재가 양반과 부호들의 강

김개남 추모비

력한 요구로 김개남을 중도에서 낚아채 효수했던 것이다. 김개남의 시체는 갈기갈기 찢어져 네거리에 내걸렸고, 양반들은 그의 창자를 물어뜯었다. 김개남의 피와 살은 남도의 흙을 붉게 물들였다. 갑오년에 꽃피웠던 민중의 열망은 일단 그 자리에서 멈추는 것 같았다. 다만 전주 덕진공원에 김개남의 억울한 죽음을 한탄하듯 '개남아 개남아 김개남아'라고 쓰인 김개남 장군 추모비가 세워졌다. 농민군은 양반도 상놈도 없는 세상, 가진 이와 없는 이가 모두 하나 되어 나누며 사는 세상을 원했건만 그런 세상은 존재하지 않았다.

6. 지리산둘레길 트레킹을 마치며

남원에서 섬진강 허리를 지나며
갈대밭에 엎드린 남서풍 너머로
번뜩이며 일어서는 빛을 보았습니다.

고정희는 「지리산의 봄」에서 '번뜩이며 일어서는 빛'을 보았다고 말한다. 그게 뭘까. 섬진강을 지나며 일어서는 빛은 지리산으로 다가간다. 그것을 『용담유사』의 한 구절에서 찾아보면, 정처 없이 길 떠나 우울한 마음으로 창가에 기대어 뒤척이다가 문득 바라본 빛이다. 그건 바로 남서풍 타고 올라와 꽃망울을 터뜨리는 봄의 기운이다.

언제나 동학은 꽃을 피우려나. 최제우는 「도수사」를 쓰면서 그런 생각을 했을 것이다. 제자들을 걱정하며 세상이 바뀌기를 바라는 최제우는 '춘삼월 개벽의 시간'을 기다렸다. 다시 경주로 돌아간 최제우는 처형을 당하고, 법통을 물려받은 최시형은 숨어 다니면서 교세를 확장하고, 마침내 갑오년에 호남에서 동학혁명을 일으키지만, 동학농민군은 황홀한 집강소 체험을 기억에 남긴 채 일본군의 총탄에 쓰러졌다.

우금티고개에서 동학농민군의 이상은 꺾였지만, 그 정신은 흙 속에, 바람 속에, 민중의 가슴 속에 남았다 그 뒤로 나라는 망했어도 우금티에서 죽어간 사람들의 혼들은 오랫동안 한반도에 어른거렸다. 손병희와 동학교도가 3·1운동을 기획한 뒤로 망국의 지사들은 망명해 임시정부를 만들었고, 동학의 후예이자 증산교의 일파인 보천교는 임시정부를 지원했고, 청산리전투에 자금을 댔다. 동학교도들은 김구와 윤봉길처럼 독립운동으로 방향을 선회하거나, 방정환처럼 어린이운동을 하거나, 김단야나 여운형처럼 사회주의 운동을 하기 시작했다. 최제우가 교룡산성에서 세운 정신은 민들레 꽃씨처럼 퍼져 망국의 상황에서 민족혼을 찾는 다양한 방법을 모색했다.

지리산둘레길 21구간, 270킬로미터를 드디어 완주했다. 네 명의 동료가 지리산 주변 다섯 개의 고을을 한 달에 한 번씩 열 번 찾아 완주했다. 시작할 무렵에는 걷는 것에만 집중했다면, 차츰 그 지역의 역사와 문화에 대해 습득하고 토론했다. 그러다보니 지리산만 알게 된 것이 아니라 최치원, 정여창, 조식, 최제우, 황현의 저작물을 읽게 되었고, 그러면서 조선의 정신사를 훑으면서 성리학과 동학에 대해서 생각해볼 기회를 가졌다.

이병주와 박경리의 소설을 읽고서는 우리의 현대사를 어느 정도 이해했다. 일제강점기와 분단, 전쟁에 파고든 제국주의의 개입에 대해 토론을 벌였는데, 우리는 제주 4·3과 여순사건, 전쟁 전후에 백운산을 거쳐 지리산으로 숨어들어온 빨치산에 대해 알게 되었고, 한국전쟁 중에 지리산에 남은 이현상과 그의 주검에 예를 갖추어 장례를 치러준 토벌대장 차일혁의 정신을 오랫동안 이야기했다. 사회주의 전사 이현상, 차치구의 손자이자 보천교를 세운 차경석의 아들인 차일혁이 지리산에서 빨치산과 토벌대로 만났다. 결국 남한 정부의 지원으로 경찰이 빨치산을 토벌했고, 전쟁 후 10년 가까이 버틴 빨치산은 몰살당했다. 하지만 지리산에는 아직도 그 기억을 잊지 못한 채 산자락 깊이 숨어 사는 사람들이 있다.

전후에 태어난 우리 세대들은 아예 분단체제에서 태어났기에 차일혁이나 이현상의 고민을 알 리가 없다. 그들은 모두 남한의 명문가 태생이지만, 이념 때문에 갈라섰고 적으로 만나 싸웠다. 마르크스의 『자본론』을 읽었다고 해서 좌익이 되는 것도 아니고 가톨릭 신자가 되었다고 해서 우익이 되는 시대도 아니다. 그런데 그들의 시대에는 『자본론』 표지만 가지고 있어도 빨갱이로 몰렸고, 성경책을 가지고 있었기에 학살에서 제외된 사례도 있었다. 동학혁명 시기부터 일제강점기를 거쳐 전쟁 전후의 시기에 너무 많은 사람이 죽었고, 살아남은 자들은 억압을 받았다. 이제 다시 실상사 부근 산내면에 들어와 공동체를 이루려는 사람이 늘어나고 있지만, 전체적으로 지리산둘레길 곳곳에 폐가가 늘어나고 있는 것도 사실이다.

박경리는 『토지』에서 동학혁명 이후에 지리산에 숨은 동학의 잔당이 어떻게 이 땅에 뿌리를 내리는지 보여주었다. 우리는 최명희의 '혼불문학관'을 찾아가 김에 서도역을 찾아갔고, 남원 '고전소설문학관'을 찾아가 김시습의 「만복사저포기」에 대해 알

자연으로 돌아가는 집

아보기도 했다. 무엇보다 교룡산성을 찾아가 최제우와 김개남의 꿈에 대해 이야기를 나눴고, 운봉을 걸으면서 「흥보가」와 「춘향가」의 동편제 판소리를 이해하고, 그것이 동학의 한글경전인 『용담유사』를 만드는 데 어떤 역할을 했을지 토론해보았다. 지리산둘레길을 걸으면서 주로 슬픈 19세기에 대해 이야기를 나누었지만, 그래도 이 나라는 최제우와 동학혁명이 있어 부끄럽지 않은 나라가 되었다고 의견을 모았다. 지리산둘레길을 걸으면서 만난 하늘과 햇볕과 바람 그리고 꽃향기를 잊지 못한다. 그 길을 걸었기에 떠올린 역사적 인물들의 발자취나 정신적 DNA는 우리에게 새롭게 작용했고, 앞으로 이 길을 걸어나갈 다음 세대에게 뭔가 남겨주면 좋겠다고 생각했다. 1년 만에 돌아온 지리산둘레길 주천 안내소는 컨테이너박스에서 번듯한 건물로 바뀌어 있었다.

■ **걸은 곳**   지리산 둘레길 1, 2코스(춘향묘-구룡계곡-운봉-동편제 마을-인월), 지리산둘레길 22코스(산동-남원주천안내센터)

■ **차로 간 곳**   교룡산성, 남원읍성, 만복사지, 광한루원, 남원고전소설문학관, 동학농민혁명 방아치 전투지, 국악의 성지(인월)

경주 구미산 자락에서 태어난 최제우는 그곳을 세계의 중심지라고 여겼다. 아버지 최옥에게 영남 남인의 성리학을 배운 뒤 그 뜻을 펼치고자 했으나 서자라는 신분으로 좌절했고, 10년간 유랑하면서 나라는 자칫 서양이나 일본에 먹히기 직전의 상태라는 사실을 알게 되었다. 그는 세상을 바꿔야 이 위기에서 벗어날 수 있다고 생각하며 고향에 돌아와 수년 동안 수련을 통해 무극대도를 이룬 뒤 3년 남짓의 짧은 기간 경전을 쓰고 포덕하며 제자를 길렀다. 그는 개벽 후 5만 년 만에 새로운 세상이 올 거라고 예언했으나 양반들의 질시로 서학 추종자로 몰려 참형을 당했다. 최시형이 그의 뒤를 물려받아 경전을 지켜내고 조직을 늘려나갔다. 직업혁명가 이필제가 찾아와 최시형을 설득해 함께 영해 동학농민혁명을 일으켰다. 이돈화는 소설 『동학당』에서 이필제의 혁명성을 부각하면서, 그로 하여금 교조 신원과 탐관 징치, 보국안민의 논리가 이후에도 계속해서 살아났다고 주장하는 듯하다. 이돈화가 손병희의 개혁 의지를 통해 3대 교주로서의 자질을 그리는 것까지 훌륭하게 수행했으나, 천도교의 논리를 세우면서 '새로움'과 '진화론'을 너무 강조한 나머지, 최제우와 최시형을 서구의 계몽주의 철학자로 만들어 동학 고유의 특성을 살리지 못하고, 천도교를 서구 철학의 논리 속에 가두고 만다.

2장
영남 동학의 뿌리: 이돈화의 『동학당』

1. 19세기 경주, 최제우

최제우가 동학을 만들었다. 그것은 종교사와 철학사에서 놀라운 순간이다. 조선 500년 성리학의 전통에서 절박한 몸부림으로 나온 그것은, 어느 순간 한 개인의 집중적인 수련으로 만들어진 것이면서도, 조선의 사상적 전통을 뿌리째 흔들어버린, 그야말로 놀라운 사건이었다. 19세기 유라시아 대륙 동쪽 끝, 그것도 한반도 동쪽의 어느 지역에서 오랫동안 응축되었던 어떤 힘이 한순간 폭발한 것이라고 할까. 최제우는 '동학'이라는 이름을 걸고, 내 안의 하느님을 모셨다는 '시천주侍天主' 주체로 새롭게 탄생했다.

"개벽 후 오만 년에 네가 또한 처음이로다."(「용담가」)

개벽 후 처음으로 하느님이 최제우를 찾아와 말을 건넨다. 하느님 자신도 이런 날이 올 줄 몰랐다며 감격한다. 그랬으니 최제우가 얼마나 당황했겠는가? 하느님이 눈앞에 나타나 자신을 반긴 것이다. 다시 하느님이 말한다. "나도또한 개벽이후/ 로이무공勞而無功 하다가셔 너를만나 성공하니/ 나도성공 너도득의得意 너의집안 운수로다."(「용담가」) 여기서 하느님은 최제우를 칭찬하면서도 사실 자기 자신이 더 기쁘다고 표현한다. 수만 년간 별일 없이 지내던 하느님이 최제우를 만나 제 뜻을 펼치게 되었으니 그럴 만도 하다. 이때 하느님은 기독교의 야훼와 같은 절대자의 모습이라기보다 뭔가 좀 부족해 보이면서도 친숙한 그런 형상이다. 그래서 무슨 일이건 그와 함께 도모할 수 있을 것 같다. 그 하느님을 사람과 함께 우주의 질서를 완성시켜나가는 존재라고 할까. 최제우는 그분을 몸에 모신 채 세상 속으로 들어간다.

"내 마음이 곧 네 마음이다吾心卽汝心."

두 마음이 한 몸에 자리 잡았으니 무서울 게 없다. 수심정기守心正氣를 통해 바른 기운만 갖게 되면 내 마음이 곧 하느님의 마음이라는 것이다. 그랬다. 한 몸이건, 한 마음이건 최제우와 하느님은 일체가 되어 한목소리를 냈다. 정성과 공경, 수행을 통해 모시게 되는 하느님. 바른 기운[正氣]으로 마음의 균형과 조화를 이루면, '지기至氣의 하느님'이 오신다. 그런데 그분이 세상을 바꾸자고 나선다. 오죽했으면 그랬을까마는 내부에서 바깥으로

용담정

최제우 동상

함께 나서니 힘이 솟는다. 무언들 못하겠는가. 민중은 그런 하느님에게 열광한다. 그것도 서양식 낯선 하느님이 아니라 우리에게 친숙하고 따뜻한 하늘같은 분이다. 그런 신의 출현 자체가 개벽을 의미했다. 우리야 '용마 탄 아기장수'를 죽이던 종족 아니었던가. 그런데 이제 그런 피해의식에서 벗어나 하느님과 함께 '용마' 위에 올라탈 수 있게 되었다. 민중은 하느님의 격려 속에서 신바람이 난다.

구미산 기슭 경주시 현곡면은 동학의 발원지다. 그곳에 최제우 생가와 용담정이 있다. 구미산이 신라의 땅 경주를 서북에서 보듬고 있어, 마치 새가 알을 품는 형국으로 무언가 알을 깨고 나올 것만 같다. 용담정은 어린 시절 최제우가 아버지에게 한학을 배우고 뛰놀던 공간이다. 최제우는 임진왜란 때 활약한 7대조 최진립 장군의 손이고 영남 남인의 학통을 이어받은 최옥의 아들이다. 다만 그는 재가녀再嫁女의 자식이라서 벼슬길에 오를 수 없었다. 그래도 그는 자신의 선조와 삶의 터전인 용담에 무한한 자부심을 느꼈다. "용담에서 흐르는 물이 사해의 근원이 되고, 구미산에 봄이 오면 온 세상에 꽃이 핀다."(「절구」) 구미산에서 태어났으니 그 신성한 땅의 기운 속에서 뭔가 큰일을 해내겠다는 의욕이 그 속에서 넘쳐났다.

최제우는 때로는 자기 망상에 빠져, 구미산이 티베트 고원의 곤륜산(쿤룬산맥)에서 뻗쳐온 기운을 이어받았고, 그렇기에 자신이 세계의 중심이라는 '중화'를 물려받아 '소중화'를 이뤄냈다고 떠벌린다. 결국 최제우도 당대의 이데올로기의 틀 속에서 '중화' 타령을 하고 있는 꼴이다. 그러다가 「안심가」에서는 "대보단에 맹세하고 한이汗夷 원수 갚아보세"라고 말해, 마치 북벌을 맹세하는 반청주의자 같은 모습을 보이기도 한다. 시대의 변화를 알아차리지 못한 채 망해버린 명나라를 그리며 오랑캐를 쳐부수자고 말하는 중화주의자의 모습이란 얼마나 고루한 영남 남인의 전형적인 모습인가? 그러나 최제우는 그런 과오에서 과감하게 벗어난다.

최제우는 소중화의 본산지인 용담을 떠나 10여 년간 방랑한다. 그는 포목장사부터 이런저런 행상도 했던 것으로 보인다. 그

최제우 고택

는 이미 양반의 자손이라는 것을 떨쳐낸 지 오래다. 처자를 먹여 살리자면 행상이라도 해야 했고, 세상을 돌아보며 알을 깨고 나가야 했다. 정약용의 유배길, 김삿갓의 방랑길을 걸어보며, 호남에서 서학을 믿는 자들도 만나고, 판소리 판도 기웃거린다. 세상은 요지경 속이다. 중국은 영국의 침략에 농락당해 아편중독에 빠지고, 또는 괴이한 태평천국의 난 속에서 허둥거리고 있었다. 한편 조선은 무능한 왕과 그의 인척과 세도정치에 휘둘려 썩어 문드러지고 있었다.

무언가 바뀌어야 했다. 최제우는 종교적 초월보다 보국안민輔國安民을 생각했다. 시대에 맞게 나라를 바로잡아야(시스템을 고쳐야) 최소한의 삶이 보장될 수 있었다. 서학을 믿는 것은 서쪽 오랑캐에게 간과 쓸개를 내주는 꼴이었고, 이제 예송논쟁이나 호락논쟁 같은 것으로는 어떤 대책도 세워지지 않았다. 더욱이 세도 세력의 탐욕이 나라 곳간을 거덜냈다. 최제우는 세상을 송두리째 바꿔야 한다고 생각했다. '다시 개벽'이다.

최제우는 세상을 돌아보며, 금강산이나 지리산 혹은 그 너머 곤륜산에서 뻗쳐오는 기운을 만났다. 그는 자신이 체험하는 틀에서 잠시 벗어나 그 틀을 바라보는 자아가 되자 판을 바꾸는 게 가능하다는 것을 깨달았다. 임술년에 삼남의 70여 곳에서 봉기가 일어났으나 그것을 하나로 묶지 못해 애꿎은 목숨들만 희생되었다. 거기에 원리가 필요했고 서로 연대할 수 있는 장치가 필요했다. 그는 혁명가였다. 그는 지리산 기슭에서 경전을 쓰면서 그런 것들을 생각했다. 세상의 판을 흔들어 모두가 공평하게 살아가는 세상을 만들자.

"천명이다."

이미 스스로 반역을 인정한 셈이다. 최제우는 죽을 줄 알고서도 고향에 돌아간다. 죽어야만 바뀌고 바뀌어야만 살아나는 게 있었다. 하느님과 하나가 된 한 사람이 죽음으로써 세상은 그의 문제의식을 공유할 터였다. 최제우가 1864년에 죽은 뒤로 미국과 프랑스가 강화도를 범하고, 마침내 1876년 일본이 조정을 협박해 강화도조약을 맺고, 1886년 프랑스가 강제해 조불수호통상조약을 맺고 서학을 인정했다. 어떤 점에서 조선은 지구상에서 최후까지 서구의 침략에 맞서 자신을 지켜낸 나라였지만 국가의 생산성을 키워내지 못하고 산업화에 뒤떨어져서 곳간이 텅

빈 왜소한 나라가 되고 말았다. 그 가운데서도 조정은 동학을 인정하지 않고 동학교도를 반역자로 몰았다.

김상준의 『붕새의 날개 문명의 진로』에 따르면, 동학은 조선의 모순을 스스로 치유하고자 어느 순간 응집된 힘이 내부로 폭발한 사건이다. 어쩌면 정도전에서 퇴계와 율곡을 거쳐 정착된 주자학이, 송시열과 한원진의 교조주의를 거친 뒤, 이익과 정약용의 몸부림을 보이다가 마침내 터져 나온 사건이 동학이다. 서경덕의 주기론, 이황의 주리론, 허균과 장유, 최명길로 이어진 양명학, 기정진의 유리론으로 몸부림치다가 그것들을 거꾸로 뒤집어낸 것이 동학이다. 그것은 농민과 천민, 여자, 어린이들을 해방시켰다. 정약용의 개혁, 개화파의 논리를 단숨에 뛰어넘으면서 모두가 하나로 살 수 있는 나라를 만들라고 요청했다. 영남 남인은 최제우와 토론을 벌이다가 그나마 지켜오던 모든 것을 잃겠다는 공포감으로 그를 죽였다.

차츰 세상이 바뀌고, 서얼 철폐, 공노비 혁파와 같은 일이 벌어졌다. 신분계급에 균열이 생기고 교육에 대한 열풍이 불고 두레와 촌계가 생기면서 향회에서는 양민들의 목소리가 커졌다. 향회의 주도권이 향촌의 양반에서 몰락 양반이나 양민으로 넘어가자, 향회는 비판적 지식인이 리더로 나서기 시작했고, 그것이 이회里會, 읍회邑會를 거쳐 민회民會로 발달했다. 그것과 어우러져 힘을 발휘한 것이 동학이다. 임술민란 때까지는 향회에서 대표가 고을 수령을 찾아가 항의하는 것으로 끝났는데, 동학이 퍼지면서 포접제가 도입되고, 향회는 지역끼리 연대하는 민회로 발전하기 시작했다.

세상에는 정약용의 「애절량」과 같은 리얼리즘의 시, 김삿갓의 풍자시가 호응을 얻었고, 시장판에서는 양반과 지배계층을 풍자하는 판소리나 탈춤이 공연되었다. 그것들은 한결같이 양반과 탐관, 어리석은 임금을 조롱하고 공격했다. 「수궁가」가 무능한 왕권을 조롱하고 「춘향가」가 탐관을 혼내준다면, 「심청가」와 「흥보가」에서는 어려운 현실을 극복하고 보답받는 인간상을 그렸다.

향회의 리더는 시스템 개혁에 승부를 걸었다. 최제우는 그것을 받아들였다. 보국안민이 있어야 광제창생廣濟蒼生이 가능했다. 최제우가 내놓은 새로운 인식 방법으로 개혁을 시도하는 것도 좋았지만, 내 안의 하느님을 통해 내가 나의 주인이 된다는 말은 더 멋졌고, 무엇보다 서로 연대할 수 있는 포접제는 힘을 제공했다. 이 글에서는 이돈화의 소설 『동학당』을 분석하면서 홍성 출신 이필제가 영남의 영해로 진출해 혁명을 시도하는 것까지 다룬다.

2. 동학의 하늘

한국인은 하늘을 좋아한다. 산과 바다, 어디를 가도 만나는 하늘, 특히 들판에서 피어오르는 뭉게구름과 함께 만나는 하늘을 좋아한다. 그 속에서 곡식이 익고 사람들이 살아간다.

"기도해, 하늘이야!"

L이 말한다. 누구나 하늘을 보면 꿈꾸며 기도한다. '가장 큰 하나[一大]'를 의미하는 하늘에 모든 것을 맡기고, 그 하늘에게 자신을 이끌어달라고 부탁한다. 최시형이 '천지부모天地父母'라고 했듯이, 하늘은 우리에게 아버지고 땅은 어머니다. 그래서 정성을 다해 하늘을 공경해야[敬天] 하늘은 우리에게 다가온다. 아니, 우리 속으로 들어온다.

중국에서는 하늘을 보편적인 원리로 본다. 그것이 인간 세계로 내려와 질서와 법칙을 만들었다. 중국에서 하늘[天]은 통치자를 잘 본받고[法], 잘 부합되며[合], 인간사회를 이끌어갈 원리다. 주자학에서 '천리天理'란 자연의 원리에 어긋나지 않게 도덕적으로 살아가는 사람이 가져야 할 원칙이다. 그 하늘이 한반도에 오면 조금 달라진다. 그 하늘은 우리에게 조금 더 친숙하며, 우리를 다독이며 다가오는 어떤 대상이 된다. 천신인 '환웅'이 세상을 바라보다가 인간과 함께 어우러지고 싶어 세상에 내려왔고, 지신地神인 곰을 만나 '단군'을 낳아 세상을 번성시켰다. 이때부터 하늘은 한반도의 주민을 도우러 오는 존재, 혹은 그 주민들을 두루 이롭게 하는 존재가 되었다. 무엇보다 하늘은 한탄하고, 기도하고, 감사하는 자들에게 가슴을 내주었다.

"하느님, 한울님, 하늘님, 하나님이 다 달라?"

동학의 '하늘', 천도교의 '한울', 대종교의 '한얼'이 모두 같은 '하느님'이다. 다만 '하느님'이라는 용어를 선점한 것은 가톨릭이다. 마테오리치의 『천주실의』에서 '하느님[天主]'이라는 용어를 사용했기 때문인데, 그것이 가톨릭을 한국화한 종교로 만드는 데 결정적으로 기여했다. 천도교 이론가인 이돈화가 '하느님[天主]'을 '한울님'으로 바꿨는데, 아무리 그때가 일제강점기이고, 동학이 서학보다 인정받지 못했고, 또 그게 「흥비가」에 나오는 "무궁한 이 울 속"이라는 말을 근거로 삼아 '한울님'을 숭상하게 되었다고 해도, 그것이야말로 '동학의 하느님'을 사람들과 멀어지게 만든 일이 되었다. '한울'이라는 용어로는 '무극대도의 하느님'을 밝힐 수 없고, 동학의 하느님을 잘 떠올리지 못한다. 아무리 그것이 '큰 울타리'로서 우주의 기능을 나타낸다고 해도 그것은 비유 이상의 의미를 보여주지 못한다. 그렇다면 울타리를 보고 기도하라고 말하는 건가. 지금이라도 한울님은 '하느님'으로 바꿔야 한다.

"그게 '야훼'와 어떻게 달라?"

L의 궁금증은 끝이 없다. 하느님이란 하늘을 대표한다는 점에서는 똑같을지라도 제우스는 번개를 휘두르고, 기독교신 야훼는 인간에게 명령을 내리고 때로는 힐책한다. 반면에 동학의 하느님은 인간과 수평적 관계로 만나 서로 힘을 합해 무언가 해내고자 한다. '민심이 천심이다'라는 논리 속의 하느님과 유사하기도 하다. 그 역할들이 달라 누가 더 위력이 센지 모르나, 야훼가 선

택받은 자에게 금욕을 요구하고 끝없이 그 믿음 상태를 시험한다면, 동학의 하느님은 인간과 서로 존중하고 협력하면서 멋진 세상을 만들고자 시도한다. 또한 인간들끼리 서로 힘을 합하면 '다시 개벽'을 이룰 수 있다고 부추긴다.

"하늘을 섬기듯 사람을 섬겨라![事人如天]"

최시형은 내 안에 하느님을 모셨다[侍天主]는 스승이 말한 의미를 발전시켜, 그것을 다른 사람에 대한 존중으로 바꾸었다. '시천주侍天主 주체'가 바깥으로 나가 다른 사람의 '시천주'를 받아들이면 저절로 서로 존중하게 되고, 그에 따라 인간 해방이 가능해진다. 주체와 타자가 하나의 공동체를 이룰 때, 내 안의 하느님 때문에 나도 주체, 너도 주체가 되어 서로 존중하며 살아가게 된다. 너와 나, 시천주 주체들은 서로 통하지 않을 까닭이 없다. 또한 서로 뜻이 맞으니 세상을 바꾸겠다고 나서지 않을 도리가 없다. '하늘과 인간이 둘이 아니라[天人不二]' 하나라서, 그만큼 강력한 힘을 지닌 주체들이 쏟아져 나와, 너와 내가 하나가 되는[自他不二] 세상을 만들 때 그것이 바로 '다시 개벽'이다.

"어떻게 하늘이 내 안에 들어와?"

"주문을 시도해봐, 옴, 옴!"

O가 L을 놀린다. 시천주조화정 영세불망만사지侍天主造化定 永世不忘 萬事知, 그것은 하늘을 부르는 소리다. 하느님을 모시면 세상이 조화롭게 된다. 옴, 아멘, 힌두교와 불교, 그리고 천주교의 주문보다 세련된 주문이다. 주문을 외우며, 정신을 모으고, 판단 중

지를 하게 되면 '맑은 기운'이 들어온다. 명상센터에서도 그것을 강조한다. 공부를 통해, 참선을 통해 경지에 오르는 것도 중요하지만, 민중들은 조금 더 간단한 방식으로 그 경지에 들어갈 수 있다는 말에 환호한다. 게다가 '바로 여기서' 그 효과를 낸다면 얼마나 매력적인가. 서학의 하느님이 제시하는 천국이 사후세계의 일이라면, 동학의 하느님이 제시하는 개벽은 우리 함께 사는 세상이다. 그러니 내 안의 하느님을 모시고 하늘을 우러러보며 간절히 주문을 외지 않을 수 없다. 21글자의 주문을 외면 힘을 준다. 고달프고 가난한 자들은 야훼가 던져주는 '만나'보다, 함께 움직여 적을 응징하고 조화로운 세상을 만들겠다고 하니 너무 고맙다. 지기금지 원위대강至氣今至 願爲大降, 시천주조화정 영세불망만사지, 사람들은 하늘을 우러러 21자 강령주문을 외면서 하나가 되었다. 그들은 서학의 천국보다 '널리 백성을 구제한다[廣濟蒼生]'는 동학의 하느님을 더 좋아했다.

갑오년의 농민들은 주문을 외며 의기義氣를 모아 정읍의 황토현 전투에서, 장성의 황룡촌 전투에서 이겼고, 완산칠봉을 넘어 전주성을 함락했다. 그 전에 그들은 공주와 삼례, 보은과 원평에서 민회의 형태로 모였고, 최제우 신원과 나라의 개혁에 대한 발언을 시작했다. 전주화약 이후로는 호남의 53개 지역에 집강소를 만들어 공화제를 실행했다. 그것은 집단지도체제와 의회민주주의 비슷한 형태를 선보였고, 경자유전耕者有田의 원칙에서 농사를 짓고, 유무상자有無相資의 정신으로 나누면서 살자고 했다. 민관협치의 첫 실험이었다. 어떤 점에서 그것은 프랑스대혁명의 파리코뮌보다 나은 자치적 실험이었다. 파리코뮌이 72일간 파리에 성립된 혁명적 자치 정권이었다면, 집강소는 4개월 이상 더 넓은 지역에서 진행된 자치 정부였다. 그 속에서 내 안의 하느님을 모신 사람들은 다른 사람들과 소통하고 지식까지 함께 나누면서 민주적 생태 경제 공동체를 이루었다.

"동학의 하느님이 가장 민중적인 하느님일 거야."

사회주의자 O가 말한다. 동학을 받아들이면 가난한 이를 존중하는 사회주의적 이상을 만나게 된다. 더욱이 그 하느님이 고정적, 절대적인 존재가 아니라 '생성하고 변화하는' 존재일 때 그 하느님과 협조하면 더 나은 세상을 만들 수 있게 된다. 최시형이 천지 포태설抱胎設과 천지부모天地父母라는 개념을 만들었다. 어머니가 태아를 돌보듯 하느님을 돌보자[養天主]는 사상이 나오고, 자연이 나를 만들었으니 천지만물조차 부모처럼 섬기자[天地父母]는 사상이 나온 것이다. 그러면 하느님과 함께 내 안에서 사랑을 주고받고 하느님과 손잡고 세상에 나가 세상을 두루 이롭게 만들 수 있게 된다.

"홍익인간弘益人間이로세!"

L이 잘난 척 말한다. 천제단에서 하늘에 제사를 지내는 것은 야훼를 만나는 방식이 아니라 '내 안의 하느님'을 만나는 방식이다. 그런데 동학의 3대 교주 손병희의 '인내천人乃天'에 이르러 모

심의 사상이 변형된다. 손병희는 '인간=하늘'을 내세우는데, 그로 인해 신과 인간이 대등해지고, 인간이 대단한 권리를 가진 주체인 것처럼 보이는 것은 사실이나 그런 개념은 신의 노여움을 받기 십상인 오만한 발언이다. 최제우와 최시형의 하느님이 '사람≤하늘'로서 인간과 공존 가능한 하느님이었다면, 손병희의 하느님은 '자신自神' 혹은 '자천自天'이란 개념으로 변해 자칫 인간이 "내가 예수다!"라고 말하는 사이비 종교인과 같아질 가능성이 많아진다. 그뿐만 아니라 최시형의 개념처럼 내 안의 하느님을 모신 인간은 겸손하고 서로 존중해야 하는데, '인내천'을 받아들인 주체는 타인에 대한 존중이 없고 강자 앞에서는 약해진다. 천도교가 진화론을 받아들여 인간이 만물의 지배자인 것처럼 행동하고 구파, 신파, 혁신파로 나뉘어 싸운 것도 '인내천'에서부터 비롯된 일인지 모른다. 진화론은 계몽을 핑계로 다른 생명체에게 폭력을 휘두르고, 약한 자들을 억압하는 일을 다반사로 했고, 무엇보다 더 강한 일본에게 꼼짝 못하는 비굴한 자의 모습을 보였다. 일진회야 차치한다고 하더라도 천도교 신파들도 그런 우를 범했다.

　손병희의 '인내천'은 인간의 오만함을 드러내는 사상이다. 그런 하느님을 모신 사람은 강자에게 약하고, 약자에게 강하다. 따라서 일제강점기에 서구 문명에 기가 죽고, 일본을 따라잡을 수 없다고 절망하며, 오로지 개혁, 계몽, 근대화의 길을 가자고 외치면서도 스스로 노예화가 되고 말았다. 결과적으로 그런 사람들은 친일파가 되고 식민사관에 물들어 우리 자신을 비하한다. 그리하여 '인내천' 사상은 최제우와 최시형의 모심[侍天主]과 키움[養天主] 혹은 살림[活人]의 원리와 멀어지고 만다.

3. 최시형의 동학

경주에서 최시형의 흔적을 더듬는다. 신광면 마북리. 저수지 앞에서 길이 끊겼다. 산 그림자가 저수지에 잠겼다. 검곡에서 내려온 최시형이 여기서 경주와 흥해 등지로 나들이를 다녔겠지. 아무려나, 이곳 사람들은 최시형이라는 머슴 출신 선각자를 공개하고 싶지 않은 모양이었다. '상수원 보호'라는 표지판과 함께

마북리 저수지

검곡 최시형 옛집터

저수지 앞에 철망을 쳤고, 철망 문에는 자물쇠를 채웠다. 누가 여기를 얼마나 오염시킨다고. O가 투덜거렸다. 우리는 마을 이장님이 올 때까지 기다렸다.

"최시형은 일자 무식꾼이었을까?"

L이 묻는다. 우리는 예수가 기록을 남기지 않았다고 해서 예수를 무식하다고 생각하지 않고, 호메로스가 『일리아드』를 노래로만 불러 전했다고 그렇게 말하지 않는다. 하지만 동학의 2대 교조가 되어 36년간이나 동학의 이념을 전한 최시형을 무식한 사람이라고 생각한다. 그는 어린 시절 부모를 잃고 머슴으로 일했으나 조지소에서 일했기에 문자와 친숙하게 지냈다. 그가 책을 저술한 것은 아니지만 최제우의 경전 내용을 다 암기한 것을 보면 그가 얼마나 뛰어난 두뇌의 소유자인지 알 수 있다. 무엇보다 그는 맑은 정신을 지녔다.

"최시형은 바울이야!"

O가 말한다. 하지만 바울은 당대 석학이었다. 당대에 세계어라고 말할 수 있는 그리스어를 마음대로 구사한 바리새파의 뛰어난 학자였다. 바울은 3년간 활동하고 죽은 예수의 뒤를 이어 '예수의 부활'을 강조하면서 교회를 조직하고 로마를 거쳐 스페인까지 포교하러 다녔다. 최시형도 그에 못지않다. 그는 최제우가 직접 쓴 경전을 지켜냈고, 포접제와 육임제라는 동학의 조직체계를 만들었고, 혁명을 일으킨 하층계급들이 정신적으로 양반보다 더 우월할 수 있다는 것을 증명했다. 최시형을 후계자로 삼

최시형 매산 포교지   최시형 어록비

은 최제우의 선택은 적중했다. 경전은 지켜졌고, 동학은 한반도 전체에 퍼져나갔다. 그리하여 최제우가 순교한 지 30년 뒤 동학혁명이 일어났다.

최시형은 스승의 말씀을 외우며, 그것을 자기 방식대로 소화하고, 그것을 변용시켜 삶에 적용하는 원리를 찾아냈다. 그의 법설은 학식을 보여주는 것은 아니었지만 늘 틀을 벗어난 것이어서 사람들에게 해방감을 주었다. 그는 '최보따리'라는 별명을 가진 도망자였지만, 산하를 누비면서 경전을 지켰고, 포덕하면서 그것을 쉽게 풀이했다. 그리하여 동학은 암암리에 전국 구석구석에 퍼졌고, 경전을 출간하자 순식간에 한반도 전체를 가득 채웠다. 영월, 인제, 홍천, 정선, 단양 등 최시형이 가는 곳마다 교도들이 늘었고, 그들은 이내 조직의 일원이 되었다.

저수지 옆길을 따라 계곡을 오른다. 사람의 발길을 끊어놓으면 오염되지 않는다. 길은 끊기고 풀들이 자랐지만 최시형이 험한 곳에서 화전을 일군 것을 알겠다. 화전은 읍내와 마을에서 살

수 없는 자들이 산속에 들어가 밭을 일구며 사는 곳이다. 그러니 깊은 산골짝 오지다. 최시형 생가터라는 표지판이 나온다. 검곡(검등골)이다. 그곳에서 최제우가 살았던 용담정까지 '카카오 네비'로 체크해보니 100리 길이 넘고, 이돈화가 『소설 동학당』에서 "검곡은 용담서 서북으로 삼십 리를 격한 곳"이라고 밝히지만, 지도상에서 직선거리로 보아도 20킬로미터가 넘고 산길 따라, 들길 따라 가다보면 적어도 70여 리가 넘을 것 같다. 그렇다면 적어도 걸어서 편도 7시간은 소요되었을 것 같다. 그럼에도 최시형은 오직 스승을 모시겠다는 일념으로 그 길을 찾아 나섰고, 자신이 들은 천어天語를 스승에게 알리기 위해 그 먼 길을 달렸다. 검곡 집 앞 개울가에 하얀 미나리냉이꽃이 피었다. 그런데 최시형이 들었다는 그 목소리의 정체는 무엇이었을까?

"찬물에 들어가는 것은 몸에 해로우니라."

뭐, 이 따위 천어天語가 있다는 말인가. 그것은, 감기 걸릴 테니 몸조심해라는 말과 뭐가 다른가? 집터 근처 개울물에 들어가 수련하는 최시형의 모습이 떠오른다. 최시형은 천어를 하느님의 말씀으로 받아들이기 어려웠다. 너무 '사소한' 말이었기 때문이다. 그래서 스승을 찾아나섰다. 남원으로 떠난 스승이 언제 돌아올지 알 수 없었지만 스승님을 만나야만 할 것 같아 길을 나섰다. 천어에는 예언적인 요소가 있거나, 적어도 동학을 위한 당부 같은 것이 들어 있어야 했다. 그런데, 무리한 수련을 하지 말라니, 어떻게 하느님이 간부급인 자신에게 그런 말을 할 수 있다는 말인가. 도대체 알 수 없는 이상한 하느님이었다.

"냉수욕을 중지하라."

최시형은 불쑥 박대여의 집에 들어섰고, 남원에서 막 돌아와 아무에게도 말하지 않고 은신하고 있던 스승을 만났다. 두 사람은 서로 깜짝 놀랐다.

"네가 어찌 알고 이곳을 찾아왔느냐?"

스승이 물었다.

"그저 스승님이 여기 계실 것 같았습니다. 드릴 말씀이 있었거든요."

최시형이 말했다. 누구에게도 스승의 처소에 대해 듣지 않았지만 여기 오면 스승님을 만날 것 같아 찾아왔다고 말하는 제자를 보며 최제우는 감탄했다.

"그대는 큰 조화를 받았느니라."

놀랍구나. 넌 예사로운 사람이 아니구나. 이런 경탄이었을 것이다. 그리고 그것은 최제우의 예언이었고, 최시형을 공식적으로 받아들이는 발언이었다. '조화'란 기분 좋다는 말이면서, 하느님과의 충만한 상태에 있다는 말이다. 그래서 하느님이 어떤 개인의 입을 통해 조화를 말할 때 그것은 그를 받아들이겠다는 말이기도 하다. 최시형이 들은 천어는 그의 생활 방식에 관련된 것일 뿐, 나라와 동학의 미래와 관련된 말씀은 아니었지만, 그래도 정성과 공경을 다하는 제자에 대한 하느님의 걱정스러운 당부였다. 최제우는 하느님의 말씀을 듣는 자만이 동학을 보전할 수 있으리라고 생각했다. 그리고 그의 믿음은 실현되었다. 최제우는 그런 최시형(본래 이름 '경상')에게 '시형'이라는 이름자를 주고 그를 후계자로 삼았다.

당시 강수와 박하선은 스승에 관한 책을 낼 정도로 한문에 능한 선비 출신이었다. 그리고 벼슬길에 오르지 못한 몰락 양반 출신의 제자들이 적지 않았다. 하지만 최제우는 겉으로 볼 때 무지한 최시형이야말로 동학을 지켜낼 자라고 확신했고 결국 그를 후계자로 낙점했다. 그로 인해 동학은 커지고, 최제우의 경전을 지켜내고, 전국적인 조직망을 갖추게 되었다. 최제우가 행한 일 중에서 가장 탁월한 선택 중의 하나가 최시형을 후계자로 삼은 일이었다.

최시형은 검곡에서 '사람을 하늘처럼 섬겨라[事人如天]'라는 행동 지침을 만들었고, 진정으로 서로 공경해 차별 없는 세상이 만들라는 '유무상자有無相資'의 원리도 만들었다. 또한 최시형은 그런 마음으로 1867년 10월에 다시 검곡에 들어가서 대신사 탄신 제례를 지낸 후 '내 안의 하느님을 길러라[養天主]'라는 설법을 했다. 내 안의 하느님을 모시는 것만으로는 안 되고, 어머니가 태아를 기르듯, 내 안에 들어온 하느님을 더 큰 기운으로 성장시키라는 말이다. 그러고보면 검곡이야말로 동학의 최고 성지 중의 하나다.

최제우는 처형되기 직전에 최시형을 만나 밀지를 전한다.

'멀리 달아나라[高飛遠走]!'

최시형도 그렇게 받아들였다. 그런데 그 당부가 유언처럼 느껴졌다. 살아남아야 동학을 지켜내고 동학의 시대를 열 수 있다. 만약 최시형이 잡혀 죽는다면 동학도, 경전도 세상에 알리지 못하고 사라지고 말 것이다. 그러면 그간 최제우를 따르던 동학교도들도 그저 신기루처럼 사라질 것이다. 높이 날아 멀리 달려라. 최제우는 자신의 죽음을 하느님의 지시[天命]로 받아들였다면, 최시형은 끝까지 살아남아 동학을 번창시키라는 요구를 스승에게서 받았다. 여기서 스승과 후계자의 결속력이 보인다. 실제로 최시형은 도롱뇽이 꼬리를 자르고 튀어오르듯, 검곡에서 백두대간을 타고 종횡무진으로 달아났다. 만약 최시형이 유자(儒者)였다면 점잖은 처지에 줄행랑치지 못하고, 얼마 못 가 붙잡혀 죽었을 것이다. 하지만 최시형이 누군가? 화전을 일구던 머슴 출신 아닌가? 그는 겨울철에도 얼음물에 들어가 수련했던 사람이다. 다시 말해 어떤 상황에서도 살아남을 사람이었다. 게다가 그는 스승의 말이라면 어떤 상황에서도 죽기를 작정하고 지켜낼 사람이었다. 그는 부지런했고 눈치가 빨랐고 지형에 익숙했다. '고비원주'란 게릴라 정신에 부합했고, 최시형은 그런 스승의 말씀을 되새기며, 경전과 동학을 지켜내고, 마침내 동학을 더 높이, 더 멀리 퍼져나가게 만들었다.

최시형은 머리 아픈 한문투의 고사성어를 사용할 줄 몰랐기에, 누구나 알아듣기 쉬운 토속어로 이야기했고, 일하고 도우면

병풍바위 가는 길

형제봉 계곡 폭포

서 사람들의 벽을 허물고 다가가 '내 안의 하느님'을 알려주었다. 그는 달아나면서도 짚신 삼고, 화전을 일구고, 채소를 가꾸고, 과일나무를 심었다. 누가 와서 먹건, 배고픈 사람들이 그것을 먹을 것이었다. 그는 민중들에게 가장 기본적이면서도 실천적인 가르침을 내렸다. 가래침을 뱉지 말라, 먹던 밥에 새 밥을 섞지 말라, 입가심한 물은 아무 데나 뱉지 말라. 이런 청결 원리들은 어려운 시대에 감염병을 줄였고, 그것의 효과를 본 사람들은 더욱 그를 따랐다.

그뿐만 아니라 최시형은 민주적인 사람이었다. 항상 귀를 열고 상대방의 말을 들었다. 그래서 사람들은 누구나 그를 찾아왔고 학식 높은 강수나 박하선도 그에게서 길을 안내받았고, 과격파인 이필제도 그를 찾아와 가르침을 받았다. 이필제는 병풍바위로 찾아와 최시형에게 대신사 신원을 설득했다. 최시형은 그게 시기상조라고 생각했지만 제자들의 말을 들은 뒤에 대의에 따라 판단해 결정했다. 그런 과정 속에서 영해봉기가 일어났다.

병풍바위는 빨치산이 비트 생활을 할 만한 곳이다. 너무 가파르고 험한 곳이라서 세 개의 폭포를 지나고 세 번 줄을 잡고 올라서야 간신히 도달할 수 있는 곳이었다. 그곳에서 최시형은 화전을 일구고 포덕하며 조직을 강화했다. 돌무더기의 경계 안이 제법 넓었고, 한쪽 구석에서 머위가 밭을 이루고 있었다.

1871년 직업 혁명가 이필제가 최시형을 찾아와 최제우 신원을 간청했다. 홍성 출신 이필제는 전국을 돌아다니며 혁명 세력을 규합하며 동학의 이상을 알리던 자였다. 세상은 너무나 문제가 많았고, 그것을 고치자면 스승의 말씀처럼 공평한 세상을 만들거나 이도저도 아니면 들고 일어나야 했다. 이필제는 자기를 따르던 수십 명을 이끌고 최시형을 찾아갔다. 간부급 인사들은 이필제와 토론하면서 결국 한 목소리로 스승님을 신원시켜야 한다고 동조했다. 동학도 이제 자기 목소리를 낼 때가 되었다는 것이다. 벌써 7년째 도망 다니면서 포덕하던 최시형도 고개를 끄덕였다. 아직 시기상조라고 생각했지만, 자신의 제자들까지 의견이 그러하다면 대신사의 신원을 외면할 수 없었다. 그는 고민 끝에 다수가 원하는 걸 추인했고, 세상에다가 동학의 집단적 힘을 처음으로 보여주었다.

이돈화 『동학당』

병풍바위 넓은 터에는 머위가 자라나고 있지만, 돌담을 쌓아 놓은 흔적이 예전에 사람이 살았던 것을 알려준다. 돌담 위에 걸터앉고, 머위밭에 서고, 여기저기서 웅성대는 사람들이 최초의 동학교도의 모습으로 되살아난다. 우리 스승님을 살려내라! 최시형은 여기서 스승의 죽음에 대한 분노를 처음으로 드러냈다. 거의 산적처럼 영해로 쳐들어가 수령을 처단하고 이 세상이 잘못되었다는 것을 선포했다.

스승님을 살려내라.
시스템을 뜯어고쳐라.

이돈화는 소설 『동학당』에서 이필제(소설에서 '이필'로 나옴)를 부각시킨다. 소설의 주요인물로 최제우, 최시형, 손병희(소설에서 '손응구'로 나옴)가 나오는데, 소설이 중단되기 전의 상황까지만 보아서는 이필제가 손병희보다 더 많이 다뤄지고, 심지어 최제우, 최시형과 거의 동급으로 서사의 진행에 주도권을 쥐고 있다. 이필제는 각지에 흩어져 있는 혁명 세력을 모아서 최시형을 찾아갔고, 최제우 신원을 이유로 봉기가 필요하다고 설득했고, 그 뒤에 동학의 조직으로 서울로 치고 올라가 썩어빠진 탐관오리들을 징치하자고 말했다. 그런 정도의 계획이라면 혁명이다. 그는 '최제우 신원'이라는 신앙의 자유를 요구했고, 탐관오리를 치고 보국안민을 이루자는 명확한 목표를 제시했다.

혁명가는 최제우와 이필제와 전봉준이다. 그들은 분명히 세상을 뒤엎고자 했고, '보국안민'이라는 공통된 목표를 지니고 있었다. 그들은 서로 연결되어 영향을 주고받는다. 최시형이나 손병희가 온건한 개혁주의자라면, 최제우, 이필제, 전봉준 세 사람은 혁명을 통해 세상을 바꾸고자 했다. 이필제는 그들 중에서 가장 과격했다. 최시형을 설득해 봉기를 하고 영해부사를 죽이는데, 그것은 삼남의 70여 곳에서 봉기한 임술민란의 양상과 달랐다. 그것은 동학이라는 이념으로 무장한 자들이 탐관을 징치하고 서울로 치고 올라간다는 뚜렷한 목표를 지닌 새로운 형태의 봉기였다. 이필제는 동학의 수뇌부를 설득해 소규모 연대를 이뤄냈고, 최시형은 지배계층이 동학 잔당을 어떻게 생각하는지 뚜렷이 인식할 수 있었다. 병풍바위를 오르는 길에서 폭포수와 여울물 소리를 들으면서 최시형과 이필제가 나누었을 이야기를 떠올려본다.

4. 이돈화의 소설 『동학당』

1905년 동학을 천도교로 이름을 바꾸면서 손병희는 교리를 손보았다. 천도교의 교헌 제1조를 보면, "천도교인은 황국의 도에 즉則하고 입교의 본의에 기基해서 민중을 교화하여 황운을 부익扶翼함"이다. 이미 천도교는 스스로 동학의 저항성을 버리고 일본왕의 주구인 양 말하고 있어 황당하다. 숨어서만 포교하다가 유사종교로라도 인정받자니 어쩔 수 없었을 것 같기는 하지만 이렇게까지 굴욕적인 모습을 보여야 할까. 천도교는 분열되어 구파가 민족운동을 벌이고, 혁신파가 민중적 태도를 지향하고, 신파들은 일본과의 협조를 통해 개화와 계몽에 초점을 맞추었다. 이돈화는 신파의 목소리를 대변한다. 그는 최제우의 시천주侍天主 사상에서 '천주'를 '한울님'으로 바꾸면서 동학의 '하느님'을 모호한 존재로 만들고 만 사람이다.

최제우의 시천주侍天主는 최시형의 사인여천事人如天을 거쳐 손병희 인내천人乃天으로 바뀐다. 하느님 사상은 정성과 공경을 다해 모시는 우리만의 독자적인 신앙체계인데, 이돈화가 인내천의

'인간=하느님'을 '자신自神'으로 바꾸면서 하늘이라는 '전체'가 사라지고 '나'라는 개별자의 내부에 갇힌 아주 부분적인 하늘이 되고 말았다. 그럴 때 아무리 "내가 하늘이다!"라고 외치더라도 하늘은 왜소한 나일뿐 하늘이 찾아지는 것은 아니다. 그뿐만 아니라 자연계의 동식물이나 산하에서 느끼던 영혼이나 신비와 같은 것들도 사라지고, 심지어 인간의 영혼까지도 어떤 '울타리'에 갇혀 허덕이게 된다.

'시천주侍天主'의 모심과 '양천주養天主'의 키움의 사상이 손병희 시대에 '인내천' 사상으로 바뀌면서 '인간=신'이라는 등식을 바탕으로, 겉으로는 인간의 존엄성을 강조하는 것 같지만, 한편에서는 하늘을 받아 모신 자의 경건함이 사라지고, 인간이 신과 같다는 오만함만 남는다. 그것이야말로 강자 우월주의, 인종 중심주의로 나아가는데, 우리가 일본 앞에 굴종하는 논리가 되기도 한다. 생각해보라. '스스로 신[自神]'이라고 말하는 사람이 하늘을 제대로 공경하겠는가. 내가 말하는 게 신이 말하는 게 되고, 내 욕망이 신의 욕망이 될 때 만물과 약자의 고통을 이해하겠는가. 인간의 탐욕은 끝없는 횡포를 낳는다. 생명체가 하등에서 고등으로 진화했다고 믿는다면, 고등생명체인 인간은 하등생명체들을 지배하려고 나서게 된다. 인간 아래 있는 생명체들은 인간이 마음대로 다뤄도 되는 존재가 되는 것이다. 이돈화의 『신인철학』에서 강조하는 신성神聖이란 인간의 자율적 창조 능력을 부각하는 것 같으면서도, 영성이 사라진 지배자의 폭압만을 불러온다. 따라서 진보회와 같은 천도교의 일부 파벌이 강자인 일본에게 협조하면서, 일본의 힘을 이용해 우리 정부를 전복시킨다는 엉뚱한 발상을 하기도 한다. 약자 처지에서 내놓은 창조적 발상이란 게 결국 강자에게 이용당하는 촌극이 되고마는 것이다.

일제강점기에 천도교는 유사종교를 벗어나려고 애쓰다가 세월 다 보내고 말았다. 심지어 1920년대까지만 해도 300만 명에 이르던 신도들이 천도교의 분열과 지도부의 일본에 대한 협조와 같은 것들을 보면서 천도교를 떠난다. 차라리 증산교, 보천교, 원불교 등 동학에서 변형된 다른 종교에 더 관심을 갖게 된다. 손병희가 일진회와의 관계 단절을 하고, 천도교가 중심이 되어 3·1운동을 일으키고, 1920년대 후반에 6·10만세운동과 신간회 운동을 벌일 때까지만 해도 대중은 동학에 신뢰를 지녔다. 하지만 대중은 일제강점기 말기에는 이 신뢰를 완전히 거두게 된다. 그것은 천도교가 원동학의 저항적 정신, 생명 중심의 실천적 태도를 버렸기에 나타난 일이다. 이돈화가 마르크시즘을 받아들여 민중주의를 실현하고 진화론과 베르그송주의를 섞어 '창조적 진화'를 이루어내고자 했지만, 동학은 서구적 틀로 체계화되지 못한 채 최제우와 최시형의 '하늘 사상'만 진화론 속에 갇혀, 끝내 강자의 울타리에서 벗어나지 못하는 결과를 빚고 만다.

이돈화는 일제강점기의 우리 문화를 이끌어간 사람이다. 『개벽』『신인간』『조선농민』 등 잡지의 발행과 편집을 맡으면서 시대정신을 이끌었고, 『신인철학』(1931)을 저술하며 천도교의 교리를 세웠다. 그는 진화론과 마르크시즘을 받아들이고, 베르그송 사상의 영향 속에서 동학의 원리를 새롭게 정리했다.

이돈화의 소설『동학당』(1935)은 동학의 3대 교주를 되살리려는 의도를 갖는다. 일제의 검열로 발표되지 못하고 교단 관계자가 보관하다가 일부 원고를 유실하기도 했는데, 그나마 1968~1970년 사이『신인간』이란 잡지에 14회 연재해 지금까지 전한다. 현재 출판사 '모시는사람들'에서『소설 동학당』이라는 표제로 출간했다.

소설은 서두에서부터 이돈화의 의식을 드러낸다. "새것은 새것만으로 커지는 법이 없고, 반드시 낡은 것과 투쟁을 하게 되는 법이다. (…) 낡은 것이 자기의 세력을 영원히 보전하자면 새것의 존재를 없애버리지 않으면 안 됨으로써, 새것과 낡은 것은 부득이 충돌하게 되고 싸우게 되는 법이다."(이돈화,『소설 동학당』, 채길순 해제, 모시는사람들, p.9. 이후로 쪽수만 표기함.) 여기서 '개벽'의 정신은 보이지 않고 '새것'을 강조하는 것으로 축소된다. 새것을 갖자면 낡은 것과 충돌하고, 그런 과정을 거쳐 근대성을 습득하고, 계몽의 길을 가자는 것인데, 그것은 사회진화론자의 논리와 다를 게 없다. 그렇다면 그것은 최제우의 사상을 서구의 논리 속에 가두고마 꼴이 된다.

다시 소설은 최제우의 입을 빌려 말한다. "낡은 세상의 도덕은 이미 그 운이 쇠해졌고, 새 도덕이 나서 새 세상을 건질 때가 지금 운세란 말이오. 나는 이 운수를 대표해서 한울님께 무극대도를 받았소. 지금 세상 사람들이 (…) 제 역할을 못하는 것은 무엇보다 인간 자체가 나쁜 까닭이 아니라 낡은 도덕이 썩었고 이 썩고 낡은 도덕이 사람의 마음을 거느리는 것 때문이오. 내가 동학이라는 새 도덕을 임의로 이루어놓은 것이 아니라 이 세상 운수가 그렇게 기울어진 것이며, 이것은 곧 천명이라는 말입니다."(57) 이쯤 되면 최제우는 '낡은 도덕'을 타파하기 위해 나선 모더니스트가 된다.

 새로움의 추구란 모더니즘의 정신이다. 최제우가 '다시 개벽'을 말할 때만 해도 잘못된 시스템을 뜯어고치고[輔國安民] 바른 기운을 지키자[守心正氣]는 정도였다. 최시형은 그것을 발전시켜 사인여천事人如天과 천지부모天地父母, 향아설위向我設位라는 개념을 만들었는데, 이돈화는 '소설적' 허구를 통해서 그들을 계몽주의 철학자로 만든다. 이돈화는 소설에서 객관적으로 서술하는 것 같아도 서술자의 태도는 지극히 계몽적이다. 더욱이 최제우와 최시형이 강조한 '척왜斥倭'와 '반외세'는 사라지고 정신개벽, 사회개벽, 민족개벽을 강조하면서 사실상 미개 종족에게나 필요한 '정신개조' '사회개조' '민족개조'를 강변한다.

 그래도 이 소설이 매력적인 것은 최제우, 최시형, 손병희의 삶뿐만 아니라 1871년 영해봉기를 꾀한 이필제를 부각시켰다는 점이다. 이필제는 동학을 소개하는 글에서 대체로 최시형을 꼬

드긴 '섣부른 혁명주의자' 취급을 받아왔다. 이돈화가 마르크시즘에 빠져 민중 중심의 사회주의적 이상을 밝히자면 이필제와 같은 인물이 필요했을지 모른다. 이필제는 아버지의 원수를 갚고자 활빈당 활동을 하다가 최제우를 만나 도에 들게 되고, 서울로 압송되는 최제우를 구하려고 나섰다가 좌절한 후, 최제우 사후 7년 뒤에 스승의 원수를 갚고자 영해 형제봉 병풍바위에 최시형을 만나려고 왔다. 이것만으로도 그는 드라마틱한 인물이 되는데, 그가 말한 교조 신원과 탐관 징치, 보국안민의 논리는 그대로 20년 뒤에 전봉준과 그의 무리에게 전해진다. 그뿐만 아니라 더욱 극적인 것은 그가 죽을 위기에 처했을 때 부하들을 일월산에서 떠나게 한 뒤, 관군의 시선을 혼란시키기 위해 문경 관아를 치다가 거의 자발적으로 잡혀 처형당했다는 플롯이다. 그런 점에서 이필제는 가장 극적인 순교를 한 사람이 된다.

이필제는 어떤 점에서 최제우나 전봉준보다 과격한 혁명가였다. 그는 동학의 논리로 혁명을 준비했고, 탐학한 수령을 처단했고, 최제우가 꿈꾸던 세상을 만들고자 했다. 오로지 그는 최제우에 대한 의리를 지키기 위해 목숨을 걸었다. 영해봉기를 더 크게 확산하지 못했고 최시형의 도망자로서의 삶은 더 고달파졌지만, 사실상 동학은 이필제가 있었기에 교조 신원을 준비하고, 탐관을 징치하고, 서울로 치고 올라가 보국안민을 이룬다는 목표를 가질 수 있었다. 그런 점에서 이필제는 최제우에서 전봉준으로 넘어가는 매개 역할을 한 사람이다.

영해 동학혁명 기념비

영해 동학혁명 기념비 비문

"이 세상은 악한 세상이오. 악한 세상을 건지기 위해서 우리 도가 생긴 거요. 그러니까 우리 도는 이 세상과 서로 싸우는 시대라는 말이오. 그런데 선은 천명이요 악은 비非천명이니까 비천명을 없애기 위해서 우리 도를 내게 한 것이오. 나를 잡아가는 것은 물론 비천명이 그렇게 만든 것이오. 비천명이 천명을 잡아간단 말이오. 그러나 천명이 비천명에 복종하는 것은 아니오. 비천명이 천명에 복종되게 하기 위해서 내가 자진해서 가는 것이오. 이것이 곧 천명이란 말이오."(『소설 동학당』, 47~48쪽)

'천명'을 말하는 최제우가 대구 감영에서 처형당하고, 이필제는 천명으로 비천명을 응징하고자 나섰다. 그는 영해부사를 죽이는 것으로 끝났지만 '비천명'을 무너뜨리고자 하는 의지는 그대로 남았다. 스승의 명예 회복, 백성을 괴롭히는 탐관 징치, 보국안민 등이야말로 이필제가 죽은 뒤 최시형이 받아들였고, 현재 영해면사무소 터에 그것을 알리는 '영해 동학 기념비'가 서 있다.

'최초의 동학혁명 발상지'라고 새겨진 기념비를 만져본다. 그것은 영남 동학의 부활을 선언한 것이다. 영남은 고루한 유자들의 땅이 아니라 혁명을 시작한 곳이라는 자부심이 비석에 새겨져 있다. 그로 인해 최시형은 비로소 혁명가에 속하게 되었다. 누가 뭐래도 최시형이 있었기에 이필제가 병풍바위에 찾아왔고, 전봉준이 포접제를 활용해 고부봉기를 일으킬 수 있었다. 동학의 조직 기반을 갖춘 사람은 바로 최시형이고, 다만 그는 때를 기다리고 조심스러워했을 뿐 세상 바꾸기를 열망했다. 기념비에 새겨진 글자들을 읽어본다. "혁명은 전율이다. 혁명은 역사의 구조를 바꾸는 긴 과정이다." 무슨 선언문 같다. 그 '긴 과정' 속에 최시형이 있었고, 우리 시대에도 그렇듯 혁명을 준비해야 하는 사람이 필요하다.

영해봉기에 100여 명이 죽고 동학은 지하로 숨어들었다. 최시형과 그의 제자들은 이 사건에서 동학이 가야 할 길을 깨닫고, 포덕하면서 조직을 만들고, 경전을 출간하면서 사상 무장을 시켰다. 최시형의 도주로는 훗날 중국에서 공산주의 혁명을 성공시킨 마오쩌둥이 벌인 대장정을 연상시킨다. 고비원주高飛遠走! 최시형은 36년간 달아나면서 끝까지 살아남은 세계 최장의 혁명가 혹은 게릴라일지 모른다. 병풍바위에서 영월과 정선의 험한 산악지역으로 달아난 최시형은 스승의 말씀을 실천하고, 그것을 전할 공동체를 만들고, 끝끝내 살아남아 스승의 경전을 출간하고, 세상에 동학의 물결이 가득하도록 만들었다.

이돈화는 『동학당』을 완성하지 못했지만, 이필제를 살려냈다. 사회주의적 성향이 강한 이돈화는 민중 중심의 인물을 발탁해 그 혁명적 태도를 부각시키고 싶었을 것이다. 이돈화는 영적 초월을 포기하지 않았기에 차츰 정치성을 줄이게 되고, 또한 그의 진화론적 태도는 현실 타협으로 돌아서지만, 그래도 '비천명'을 극복하기 위해 천도교 교리를 만들고 그것을 보급하기 위해 애썼다는 점만은 인정해야 한다. 어떤 점에서 그것은 기독교의 복음서처럼 스승들의 사후에 만들어진 복음서다. 그것은 혁신파인 오지영의 『동학사』와 함께 우리에게 중요한 동학의 복음을 전한다.

천도교는 혁명이냐, 민족이냐, 종교냐로 갈등한다. 최동희와 오지영은 계급 문제로 나아가고, 구파는 민족을 강조하고, 이돈화와 서북 세력은 종교 쪽으로 기운다. 이돈화가 동학에 서구적 방법론을 결부시켜 마르크시즘, 진화론, 베르그송주의를 끌어오는 것을 이해할 수는 있으나 동학을 서양 이론의 틀에 가두어 동학 본연의 정신을 놓친 점은 내내 아쉽다.

5. 영해에서 영남을 넘어서다

영해, 상대산 관어대觀魚臺에 오른다. 드넓은 들판과 바다가 펼쳐져 있다. 들판의 크기는 적어도 하동의 악양 들판 못지않다. 영남에서 이런 들판 찾기가 쉽지 않을 것 같다. 고래가 뛰어오르는 모습을 볼 수 있다고 관어대라고 했을까. 살기 좋고 편안한 곳이니 이런 이름을 붙였을 것이다. 영해는 최제우 일대기를 쓴

관어대

영해 들판

박하선의 고향이고, 영남에서도 부자가 많이 살기로 이름난 땅이다. 그러니 탐관들이 왕실이나 세도세력에게 돈을 써서 부임하고자 했을 것이다.

아무리 이필제가 체 게바라 같은 직업적 혁명가였을지라도 그를 꿈꾸게 만든 것은 민중이다. 임술민란의 실패 이후로 이필제는 새로운 봉기의 모습을 보여준다. 만약 임술년의 봉기가 각각의 지역에서 다른 지역으로 서로 소통하고 연대했다면 70여 곳에서 동시에 일어난 민란은 서울을 치고 세상을 뒤집었을 것이다. 하지만 그들은 서로 연대하지 못했다. 이필제는 그것을 자각하고서 동학을 원리로 삼아 지역끼리 연대할 방법을 모색했고, '다시 개벽'의 혁명을 원하는 자들을 모아 병풍바위로 갔다. 그 전에 그는 수십 명의 팀을 이끌고 진천, 진주, 거창 등지를 다니며 봉기를 기획했는데, 마침내 동학의 원류인 최시형을 찾아가 혁명을 실현하고자 한 것이다.

모두가 어려운 시절이었다. 하지만 어렵더라도 교조 신원운동은 필요하고 '다시 개벽'의 꿈을 부추겨야 했다. 병풍바위 아래서 모인 최시형과 그의 무리는 이필제를 가운데 앉히고 함께 토론한다. 이필제는 열심히 설득하고 최시형은 귀를 기울였다. 최시형의 가장 큰 미덕은 개방적으로 소통한 뒤 결단을 내린다는 점이다. 무언가 잘못이 발견되면 다시 실행할 방법을 찾아낸다는 점도 장점이다. 이필제가 교조 신원에 대해 열변을 토하자 박사헌은 물론 지도부의 대부분의 간부가 적극 옹호한다. 심지어 멀리 있던 강수까지 찾아와 교조 신원운동이 필요하다고 말한다. 최시형은 그들의 합의에 따른다. 그래서 영해봉기는 실패했더라도 최시형의 무리는 결코 교조 신원과 동학의 조직화, 보국안민과 광제창생을 잊지 않았다.

사람들은 천지개벽이 일어나 모든 걸 휩쓸어가기를 바랐다. 이필제는 그 바람에 응한 혁명가였다. 스승의 억울한 죽음을 정상적으로 돌려놓고, 바른 세상을 만들고자 한 것은 스승의 말씀을 따랐기에 가능한 것이었다. 서학(가톨릭)을 인정하면서도 동학을 더 탄압하는 지배계층을 용서할 수 없었다. 동학을 따르는 사람들은 삼정 문란과 탐관의 횡포, 세도세력의 만행을 더 이상

최시형 취회 조형물

해월 최시형 동상

두고볼 수 없다고 생각했다. 그래서 세상을 바꿔야 한다는 생각에 모두 동조했다. 개인들이 공평하게 살아가는 나라. 동학의 꿈은 우리 힘으로 '만고 없는 무극대도'를 이루자는 것인데, 시천주와 수심정기라는 영성 훈련을 거쳐, '사인여천'과 '유무상자'의 공동체를 이룬다면 저절로 만나게 되는 것이다. 보국안민과 광제창생은 그 뒤에 따를 것이다.

　동학혁명은 민중 자신이 민중 자신을 스스로 인식하고 민중 자신이 민중 자신을 스스로 해방시킨 운동이다. 그것이야말로 민중의 진정한 자기 회복, 창조적인 주체 회복 운동이다. 어쩌면 퇴계의 후예인 영남 남인들은 그것이 퇴계학과 너무 유사한 점이 많아 더욱 불온하게 여겼을지 모른다. 아니 그들은 동학을 조선 500년의 시스템을 붕괴시키려는 것으로 보았다. 하지만 달리 보면 퇴계의 '이理'의 자리에 '기氣'를 올려놓은 최제우야말로 퇴계의 진정한 현대적 계승자가 아닐까. 최제우가 남원에서 경전을 쓰던 시절, 진주와 산청 지역에서 임술민란이 발생했고, 그의 사후 영해에서 혁명이 발생하고, 더 먼 훗날 진주에서 형평사 운동이 일어났다. 어쩌면 가장 완고한 영남 지역에서 새로운 기운들이 최제우 이후의 시대를 열고 있었다.

이번 여정을 돌아본다. 경주 현곡 용담정에서 내려온 동학이 경주 황성공원에 있는 최시형 동상처럼 경주와 포항 등지로 퍼져나갔다. 그런데 황오동에 있는 최시형 생가터는 주차장을 하고 있고 최초 동학접주 임명지인 매산저수지와 최시형 신혼 거주지에는 그 흔한 표지판 하나 찾아보기 어렵다. 우리는 최시형의 옛 집터인 검곡에 올랐다. 아직 최시형의 생가터인 검곡에는 오르지 못하도록 철망이 쳐졌고, 알량한 표지판 하나만 달랑 서 있을 뿐 잡초가 무성하다. 그리고 병풍바위는 과수원 밭두렁을 따라 계곡을 치고 올라가야 해서 입구를 찾기도 어렵다. 산 좋아하는 우리나라 사람들에게 그곳들은 얼마든지 순례길이 될 수 있다. 그곳에서 민주주의와 평화, 통일의 문제를 생각해볼 수 있다.

1894년 전봉준은 이필제의 마지막 이류인 '진명숙'을 따와 자신의 자를 '명숙'으로 붙였다. 전봉준은 최제우에게 새로운 세상의 가능성을 배웠고, 정약용에게 토지 분배와 공동체에 대해 배웠고, 이필제에게서 혁명을 배웠다. 그는 김개남, 손화중, 김덕명, 최경선 등과 함께 스터디하고 토론하면서 혁명을 준비했다. 동학혁명은 이필제와 영해 주민으로부터 시작했고, 그것이 호남을 거쳐 전국에 퍼졌다. 이필제는 전봉준과 같은 당대 비판적 지식인들에게 인식의 전환을 이루게 했고, 향회에서 튀어나와 이회, 읍회를 거쳐 민회를 열게 했고, 마침내 포접제와 지역 간의 연대를 통해 주민을 동원하고 혁명을 가능하게 만들었다. 그들이 해낸 것이 지금까지 우리의 가슴을 울렁거리게 하는 것은 지금도 부정과 불의를 제거하지 못하고, 외세를 몰아내지 못했기 때문이다. 그들이 다하지 못한 일을 지금 해야 한다.

우금티 전투의 패전 뒤에 폐정개혁은 실패하고 최시형은 다시 끝없는 '고비원주'에 이른다. 그는 강원도 지역에 숨어 살면서 동학사상을 새롭게 다졌다. 그는 향아설위와 천지부모, 만물 속에 하늘이 들어 있다는 이천식천以天食天과 같은 개념으로 '살림'의 철학을 만들었다. 어렵사리 역사의 무대에 등장한 민중은 최시형의 순교 뒤에 다시 역사의 이면으로 후퇴하는 듯했지만, 그때부터 다시 의병을 일으키고, 사대부들과 연대해 독립운동을 시작했다. 고성과 인제, 영월, 정선, 원주 등지를 더 돌아봐야 최시형의 마지막 행로를 더듬을 수 있다. 그런 뒤 휴전선으로 가로막힌 서북 지역을 더듬어야 천도교 교주들이 북으로 망명하고, 부산대 교수이던 윤노빈이 『신생철학』을 쓰고 북으로 넘어간 이유를 알게 될 것이다.

- **걸은 곳**   검곡, 영해 형제봉(병풍바위 가는 길)

- **차로 간 곳**   용담정(경주시 현곡면), 최시형 동상(경주 황성공원), 최시형 생가터(성수 황오롱), 검곡(포항시 신평면 마북리), 영해 형제봉, 영해 동학기념비(영해 면사무소 터), 관어대(영해 상대산)

최시형은 우금티 패전 이후 보은 북실과 음성 되자니에서 전투를 벌였으나 거기서도 패한 뒤 다시 원주, 이천, 여주 등지를 돌아다니며 3년여를 더 살았다. 그 기간에 법통을 손병희에게 물려주고 '향아설위' '천지부모'와 같은 설법을 하면서 실천 동학의 뿌리를 만들었다. 그가 원주에서 붙잡혀 순도한 뒤에 그의 사상을 물려받아 제대로 실천한 이는 원주 사람 장일순이다. 장일순은 최시형의 공동체 사상을 실천하며 학교를 설립하고 협동조합운동, 지역사회운동, 한살림운동을 벌였다. 장일순은 최시형을 받아들여 자신을 낮추며 검소하게 살면서, 이 사회에 공헌하는 방법을 찾았고, 생명체를 존중하는 공동체 운동을 벌였다. 김지하는 최시형과 장일순의 정신을 물려받아 생명사상을 이루었는데, 다만 그것이 최시형의 생태학적 논리에서 다소 벗어나 영성을 강조하다가 초월론적 세계에 빠져들어 민중 중심의 운동권과 다소 거리가 벌어지기도 했다. 그것은 최시형의 정신을 문학적 상상력으로 치장하다가 발생한 일이다.

3장
원주와 김지하, 최시형의 '실천 동학'
— 김지하의 『이 가문날에 비구름』

1. 원주로 가는 길

원주를 치악산이 있는 곳 정도로 알았다. 강릉 가는 길에 잠시 문막 휴게소에서 쉬면서, 치악산 오를 때 사다리병창의 깔딱고개에서 고생한 것을 떠올린 게 전부였다. 그곳에 가봐야 할 이유가 별로 없었다. 강원도란 호반 도시 춘천이나 경포대 푸른 바다 혹은 설악산 주변 속초를 떠올리면 되었다. 그런데 갑자기 원주가 눈에 들어왔다. 김지하가 세상을 뜨고 천도교 수운회관에서 49제가 열리던 날, 김지하 추모문화제를 보면서 그를 추모하려면 원주를 가야 한다는 생각이 들었다. 영월 살던 친구가 치악산 둘레길을 돌아보자는 이야기를 꺼낼 때쯤이었다.

김지하는 1941년 목포에서 태어나 중학교 때 원주로 이사와

시집 『이 가문날에 비구름』

서울이나 해남 등지를 떠돌기도 했으나 평생을 원주에서 살았다. 그는 박정희라는 절대 권력과 싸운 「오적」의 시인이고, 동학을 기반으로 한 생명 사상을 펼쳐낸 문장가다. 『황토』와 『타는 목마름으로』 『애린』 등의 시집을 출간했고, 판소리 가락을 담은 서사시 『이 가문 날에 비구름』, 대설 『남』을 썼고, 『남조선 뱃노래』 『흰 그늘의 길』 『흰 그늘의 미학을 찾아서』 등을 저술했다. 그 외에도 저술이 너무 많아 그것들을 하나로 꿰기가 어려운데, 그 대부분을 원주에서 저술했다는 사실만은 분명하다.

1970년대 유신정권 시절, 절대 권력자와 목숨 걸고 맞짱 뜬 인물은 장준하, 김대중, 김지하 정도였다. 그중에서 한 사람은 산에서 의문사하고, 다른 사람은 현해탄에서 수장될 뻔했고, 또 한 사람은 사형을 언도받고 집행될 위기에 처했었다. 북한의 지령으로 자금을 지원받아 반체제활동을 했다는 죄목에서 벗어나기는 불가능해 보였다. 대통령 긴급조치 제4호 위반, 국가 보안법 위반, 내란 선동죄 등. 불온문서 한 장을 지녔다는 것으로 간첩으로 몰리고, 어린아이들은 아침에 산에서 내려오는 사람만 보아도 간첩으로 신고해야 한다고 배우던 시절이었다. 그런 시절, 교도소에 갇힌 한 시인이, 고등학생인 나에게는 문학적 구조신호를 보내는 불빛처럼 보였다. 그는 나에게 문학으로 저항할 수 있고, 문학을 한다면 그렇듯 당당하게 살아야 한다는 걸 모범으로 보여주었다. 최인훈의 『광장』에서 아버지를 찾아 북으로 넘어간 주인공을 보고서도, 이래도 될까 질겁하던 유신 시절이었다.

실제로 1974년 조작된 인혁당 사건에 걸려든 8명의 피고인에게 이듬해 확정판결이 난 직후 사형이 집행되었다. 김지하가 거기에 걸려들었고, 북한에서 자금 지원까지 받았다니 그를 살릴 방법이 마땅치 않았다. 그때 지학순 주교가 나서서 김지하에게 활동비 100만 원을 지원한 것은 자신이라고 기자회견을 했고, 그로 인해 그 자신도 내란 선동과 긴급조치 위반혐의로 끌려가 고문을 받았다. 그러자 그들을 구하기 위해 김수환 추기경이 나서고, 신부들이 모여 '천주교정의구현사제단'을 결성하고, 심지어 '김지하를 구원하는 국제위원회'가 결성되었다. 장 폴 사르트르, 시몬 드 보부아르, 노엄 촘스키, 빌리 브란트, 오에 겐자부로 등 세계적인 명사들이 한 목소리를 냈고, 1975년 스웨덴은 노벨평화상과 노벨문학상 후보로 김지하를 추천했다.

1965년 지학순 주교가 원주교구장이 되면서 원주는 변하기 시작했다. 김지하는 원주로 이사 와 지학순과 장일순을 만났고, 중학교 때 한 교실에서 윤노빈을 만났다. 지학순 주교에게 착하게 사는 것보다 더 중요한 것은 바르게 사는 것이라는 말을 들었고, 장일순에게서 동학과 최시형의 정신을 배웠다. 김지하의 증조부와 조부는 동학교도였고 그의 초기 시집 『황토』에는 동학의 영향이 여실히 드러난다. "나는 간다 애비야/ 네가 죽은 곳/ 부줏머리 갯가에 숭어가 뛸 때/ 가마니 속에서 네가 죽은 곳"(「황톳길」 부분)을 발견하는 장면은 그의 피가 어떻게 끓어오르게 되는지 상징적으로 보여준다. 그는 4·19에서 유신 시절까지 동학농민군과 같은 패기로 살다가 훗날 동학을 기반으로 하는 생명 사상으로 빠져들었다.

동학은 경주에서 일어나 호남에서 혁명의 불길로 치솟고, 천도교로 이름을 바꾼 뒤 3·1운동으로 화려하게 되살아나다가 6.10 만세운동(1926), 신간회 운동(1927)을 주도했으나 1929년부터 지하로 숨어들거나 보천교 등 유사종교에 몸을 숨기면서 쇠락했다. 거기에는 신구파의 분열과 일본의 탄압이 크게 작용했고, 원동학의 정신을 살리기보다 유사종교 형태로 방향을 잘못 잡은 탓이 가장 크다. 동학은 광복 이후 소멸해가는 모습을 보였으나 장일순이 최시형을 되살려놓았고, 김지하가 생명사상을 찾아냈고, 윤노빈이 통일의 논리를 만들어냈다.

최시형은 원주에서 체포되기 직전까지 동학을 지켜내며 실천 동학을 만들었다. 하지만 최시형의 처형 뒤로 천도교로 이름을 바꾼 동학은 진보회, 일진회를 거치면서, 구파, 신파, 혁신파로 분열되고, 또한 원불교나 증산교의 여러 종파로 분화되면서, 동학의 사회적 동력은 떨어졌다. 신도 총수만 하더라도 1910년대 후반에 300만 명에 이르렀으나 현재 10만 명이 채 되지 못한다. 그런 가운데 장일순은 원주에서 살면서 최시형의 정신을 부활시켰다. 최시형의 '천지부모'와 같은 생명주의를 환경친화적인 공동체 정신으로 바꾸고, 지학순 주교를 도와 자생적 협동조합을 만들고 원주 민주화운동을 이끌었다.

김지하는 원동성당에서 지학순과 장일순을 만났고, 장일순이 그랬던 것처럼 서울대 미학과에 들어갔고, 굴욕적인 한일회담과 영구집권에 치닫는 권력에 저항하다가 교도소에 갇히고는 했다. 김지하는 반체제 민주화운동을 했지만 급진적인 좌익 활동가라고 말할 수는 없다. 빨치산 활동을 한 아버지로 인한 트라우마 때문이었을지 모른다. 그는 지학순 주교나 장일순과 마찬가지로 종교적 공동체주의자였을 따름이다. 그는 박정희 정권 내내 양심적인 지성인으로 활약했으되 마르크시즘의 세뇌를 받지 않았다.

나는 김지하의 시집 『이 가문 날에 비구름』을 다시 읽으며 원주를 찾았다. 그것이 수운 최제우의 일대기라는 점에서 흥미로웠다. 그것을 통해 김지하의 동학관을 살펴보고, 그것에 기대어 19세기의 세도정치와 삼정 문란에 맞서 새롭게 등장한 동학의 정신을 다시 살펴보고, 그것이 김지하에게 어떤 영향을 미쳤고, 또 최시형의 정신과는 어떤 관련을 맺고 있는지 알아보고 싶어서였다. 어떤 점에서 최제우는 김지하에게 언도된 '내란죄'와 '국가보안법'과 같은 논리로 희생되었던 인물이다. 그에게 내려진 죄목인 좌도난정左道亂正이 그런 의미다. 광제창생廣濟蒼生의 도를 위해 이름을 '제우濟愚'로 바꾸고, '하느님을 모신다[侍天主]'는 발상의 전환으로 세상을 뒤집어엎고자 했던 그는 천명에 따라 순교했다. 사람들은 그를 따라 하느님을 자기 내면에 모시고 대창 하나 꺾어 들고서 손에 손을 잡고 앞으로 나아갔다. 그리고 우금티고개에서 몰살을 당했다. 김지하가 그런 정신을 「오적」에 담았을 때 그는 위대했다.

2. 흥원창에서 바라본 남한강

남한강과 섬강은 원주에서 만난다. 치악산의 거친 산줄기에서 뻗어내려 서곡천과 원주천에 둘러싸인 비옥한 들판에 원주가 자리한다. 그곳은 평화시에는 풍족하고, 유사시에는 숨어들기 좋은 지역이었다. 강릉, 영월, 정선, 평창, 태백 등지에서 서울로 가자면 원주 흥원창에서 배를 타야 했고, 거꾸로 서울에서 온 사람들이 이곳에서 강원도 각지로 흩어졌다. 손곡 이달과 허균이 원주에서 만났고, 최시형이 원주 부근에 머문 것도 그런 지역적 특성 때문이다. 흥원창 부근 부론면에서 조선 최고의 시인인 이달이 살았고, 우금티 전투에서 패한 최시형이 원주의 수레너미와 송골에서 숨어 살았다. 대한민국 최고 소설가인 박경리와 대표 시인 중 한 사람인 김지하가 원주에서 살았는데, 목포 출신 김지하나 통영 출신 박경리가 모두 위대해졌다. 이곳에서 사람들은 남한강 따라 서울이나 충주로 갔다. 흥원창에서 평창, 영월, 정선, 횡성 등의 강원도 세곡을 배로 서울에 날랐다. 거꾸로 단종이 마포나루에서 배를 타고 유배를 떠나 흥원창에서 내려 영월까지 걸어갔다.

정약용이 두물머리에서 배를 타고 충주에 성묘를 가다가 흥원창을 보며 노래한 구절이 있다. "봄철 조운을 이미 다 마쳤는데도/ 또 호탄전護灘錢을 강요해 받아내누나."(「강행절구(江行絶句)」) 그는 흥원창을 바라보면서 철저하게 리얼리즘 시인의 정신을 지키며 탐관오리들의 횡포를 고발한다. 정약용은 남한강을 따라 올라가 충주 목계리에서 하선해 어머니 선영을 찾는다. 원주 송골에서 체포된 최시형은 묵계나루에서 배를 타고 흥원창을 거쳐 서울의 두모포(옥수동)로 끌려갔다. 반면에 강원도 관찰사로 부임하는 정철은 "평구역 말을 갈아 흑슈黑水를 도라드니 셤

흥원창　　　　　　　　　　손곡 이달 시비

강蟾江은 어듸메오 티악雉嶽은 여기로다"(「관동별곡」)라고 노래하며, 말을 타고 양주(평구)와 여주(흑수)를 거쳐 원주(티악)에 이른 것임을 보여준다.

흥원창에서 10분쯤 차를 타고 가자 부론면 법후리 길가에 손곡 이달의 시비가 나타난다. 이달은 서자라는 굴레를 벗지 못한 채 떠돌았던 천재 시인이다. 『홍길동전』을 쓴 허균이 얼마나 이달을 따랐으면 주인공 홍길동을 서자로 만들었을까. 이달이 원주에서 허균을 가르쳤는데, 허균이 『홍길동전』을 쓴 것을 보면 수제자로서 죽는 순간까지 스승에 대한 사랑을 바쳤다는 것을 짐작하게 한다. 허균은 강릉에서 서울 가는 길에 이달에게 배우면서 편견 없이 인재를 등용하는 세상을 꿈꾸었고, 자유로운 영혼과 개혁정신을 통해 새로운 세상이 열리기를 열망했다. 허균은 시대의 외면을 받은 인물을 통해 사회적 모순과 갈등을 드러내고 새로운 이상향을 제시한 것이다. 손곡 시비에 새겨진 「예맥요刈麥謠」를 읽어본다.

시골 밭집田家 젊은 아낙네 저녁거리 떨어져서
비 맞으며 보리 베어 숲속으로 돌아오네
생나무에 습기 짙어 불길마저 꺼지도다
문에 들자 어린 것들 옷자락 잡아끌며 울부짖네

이달은 조선 시대 민중의 마음으로 들어간 첫 번째 리얼리즘 시인이다. 배고픈 아낙네와 치마꼬리 잡고 우는 어린아이, 그리고 생나무 연기가 비참한 현실을 그대로 재현한다. 허균은 그런 스승을 따라 민중을 구원할 방법을 모색했다.『홍길동전』에서 주인공은 '아비를 아비라고 부르지 못하는' 서자의 울분을 터뜨리며 도술로 많은 것을 해결하고자 했는데, 스승을 제대로 따랐다면 둔갑술 같은 것은 사용하지 않았으리라고 생각해본다. 허균이 위의 '시골 아낙네'라는 화자의 눈으로 민중의 아픔을 보듬어 안았다면『홍길동전』은 더 위대해졌을 것이다. 그 민중의 마음을 실현시킨 것이 갑오년 동학혁명이었고, 원주의 민중은 우금티 패전 후 상심한 최시형을 잘 받아들여 위대하게 만들었다. 손곡시비 쉼터 옆에 세워진 '임경업장군추모비'를 보면서 뜻을 이루지 못한 영웅들을 생각해본다.

허균이 묘사한 손곡을 보자. "손곡은 성격이 호탕해 절제하지 않았고, 세속의 예법을 익히지 않아 당시 사람들에게 미움을 받았다. 그는 고금의 모든 일과 자연의 아름다운 경치를 이야기하기 즐겼으며, 술을 사랑했다. 글씨는 진체晉體에 능했다. 그의 마음은 가운데가 텅 비어 아무런 한계가 없었고, 살림살이를 돌보지 않았다."(「손곡산인전」) 손곡에 대한 묘사를 보면 딱 허균 자신의 모습을 그린 것 같다. 아니, 허균이 손곡을 절대적인 모범으로 삼았기에 비슷한 모습이 된 것이다. 그는 절제하지 않고, 세속의 예법을 무시하며, 예술가답게 살다가 반역자로 몰려서 죽었다. 그의 마음 한가운데가 '텅 비어 있었기' 때문이다.

그렇다면 김지하는 흥원창에서 왜 이달을 떠올리지 않았을까? 원주를 안내해준 동학 해설가 임찬경 씨는 김지하가 이달을 몰랐기에 '박근혜 찬양'으로 돌아섰다고 주장한다. 어쩌면 허균이나 김지하가 민중의 중요성을 알았지만, 허균이 도술로 민중을 이끌려다가 율도국을 그려내는 절충에 그쳤듯이, 김지하는 민중에게 절대성을 부여하려다가 그만 추상화된 민중을 만들고 만 것이다. 대설 『남』(1982) 연작에서 '남'이란 "남조선의 남" "세계의 남쪽인 제3세계" 혹은 "민중"을 일컫는데, 민중이 "돌멩이 모냥 짓밟혀도 그 사람이 바로 한울이다"라고 말한 것까지는 좋았으나, 민중을 우주적 존재라고 말하고 한과 신명이 결합된 율려의 세계로 억지로 안내하다보니 민중은 그 초월적 세계를 거부하며 뒤돌아서고 만다. 김지하가 최제우의 '시천주'를 받아들이고 최시형의 평등주의를 받아들이면서 민중에게 영성을 부여하려고 했으나 민중의 눈높이에서 멀어졌다. 특히 김지하가 강증산의 '천지공사天地公事'를 풀어내면서 우주적 상상력으로 날아갈 때 민중이라는 실재는 사라지고 만다. 다시 말해 이달에서 시작해 허균과 최시형을 거친 민중 변혁의 주체를 장일순은 잘 되살려놓았으나 김지하는 그러지 못했다. 김지하가 대설 『남』에서 추구한 것은 지식의 총체이고 넋두리일 수는 있으되 민중의 시각에서 내놓은 미래 지평은 아니었다.

원주는 '저항과 명분' 두 개의 축을 가진 도시다. 원천석이 고려 몰락 후 명분을 지키며 은둔한 것이나 임경업 장군이 망해가는 명나라에 끝까지 의리를 지킨 것은 명분을 위한 일이었고, 이달의 민중 사랑과 최시형의 '사인여천事人如天'은 현실 속에서 잘못된 제도를 지적하면서 탄생했고, 그로 인해 생겨난 만민평등의 정신은 장일순, 윤노빈, 김지하를 통해 숙성되어 생태공동체 정신으로 거듭났다.

3. 원주에서 체포된 최시형

최시형의 피체지와 묘소를 찾는다. 최시형은 우금티 전투와 보은 북실 전투에서 패한 뒤 원주 송곡에서 붙잡혀 서울로 이송되었다. 그는 재판을 받고 처형당했는데, 제자들이 광희문에 버려진 시신을 수습해 원주로 옮기던 도중 송파에 가매장했다가 여주 금사면에 이장했다. 시신조차 찾을 수 없었던 전봉준, 김개남, 손화중 등 동학장수들에 비해 최시형은 그나마 사정이 나은 셈이다. 시신이라도 건졌으니.

최시형의 삶은 얼마나 고단했을까. 사형수의 처지인 그는 동학에 입도한 이래 36년간 도망 다니면서 포덕했다. 산속에서 화전을 일구고 짚신을 삼으면서 도망 다녔다. 달리 말해 그는 최초의 빨치산으로 백두대간을 누빈 사람이다. 영남과 영동, 영서 지역의 산악지대는 그가 누비지 않은 곳이 없다. 원주에서 체포되는 마지막 순간까지 그는 소외된 사람들에게 위로를 주고, 천지자연과 어우러진 주체의 역할을 말했고, 민중이 구현할 공동체의 모델을 제시했다. 어린애를 때리지 마라, 베 짜는 여인이 하느님이다, 밥이 하늘이고 생명의 근원이다, 자기 마음속의 하느님에게 제사 지내라. 이런 법설로부터 시작해 가래침을 함부로 뱉지 말라, 찬밥과 더운밥을 섞지 말라는 위생 관념에 이르기까지, 그는 민중의 일상까지 간섭하며 민중의 습관을 고치고 의식을 바꾸고자 했다. 최시형은 최제우의 관심을 실천적 장으로 옮긴 사람이다. 최제우가 혁명가로서 용천검을 휘두르며 시대적 악행들을 잘라내고자 했다면, 최시형은 동학을 조직하고 민중의 법도를 만들어가면서 그들 내부에 담긴 에너지를 끌어내고자 했다.

여기서 최제우와 최시형의 용어를 일일이 비교할 수는 없지만, 최시형의 양천주養天主, 사인여천事人如天, 유무상자有無相資, 향아설위向我設位 등의 개념은 실천적 용어들이다. 그는 최제우처럼 본격적으로 유학을 공부하지 않았지만, 스승의 경전을 암송하면서 실천할 방안을 찾았다. 포접제와 육임제로 조직을 튼튼하게 만들면서 스승의 명예를 회복하며 갑오년의 폭발을 기다렸다. 만약 광화문복합상소나 보은의 집회 그리고 많은 지역에서 진행된 49일 견성수련의 정신적 강화가 없었다면, 동학의 전파나 농민혁명은 성공하지 못했을 것이다. 최시형은 도망치기만 한 것이 아니라 익산과 태인, 공주 등지를 다니면서 호남 동학의 불을 지폈고, 보은, 옥천, 상주에서 전라도와 충청도에서 찾아온 동학교도를 맞이하며 시대 변화에 필요한 동력, 동학교도가 지켜야 할 법도와 같은 것들을 제시해, 장기적으로 보면 전봉준, 손병희, 김구, 윤봉길, 여운형, 장일순 같은 이들을 키웠다.

원주시 호저면 송골마을 입구에 '최시형 기림비'가 서 있다. 더 반갑기는 그 비석의 글씨를 장일순이 썼다는 사실이다. 어쩌면 저리 잘 어울릴까. "모든 이웃의 벗 최보따리 선생님을 기리며"라는 비문 속에서 최시형과 장일순은 하나로 만난다. 그것은 최시형처럼 이웃의 벗으로 살겠다는 장일순의 자기 다짐이기도 했다. 기림비 아래 '천지부모天地父母'에 대한 법설이 적혀 있다. 천지 만물에도 하느님이 깃들어 있고, 인간이 그 속에서 그것을 먹고 사니 부모와 같다는 말이다. 가난한 도망자 최시형에게 우리의 산하가 부모가 되어 그를 거두었다. 그의 보따리에는 언제나 스승의 경전이 들어 있었고, 소외된 사람들에 대한 애정이 들어 있었고, 겨울을 나기 힘들어하는 꽃씨와 풀씨, 채소 씨앗과도

최시형 기림비   최시형 송골 피체지

같은 것들이 들어 있었다. 훗날 그는 그것들로 한반도 전역에 꽃을 피웠다. 천지란 부모와 같다는 기림비의 글씨를 어루만지며 최시형과 장일순의 온기를 느껴본다.

동학 연구를 하더라도 최제우와 전봉준만 파고들던 시대에 장일순은 최시형을 연구했다. 그만큼 최시형은 그에게 중요한 인물이었다. 최제우와 전봉준 사이에 다리를 놓아주었을 뿐만 아니라 최시형만으로도 그들 못지않게 놀라운 점이 많았다. 최시형의 사상은 민중의 삶 속에서 만들어졌고, 민중에게 자부심을 주고, 민중이기에 더욱 예절을 지키고, 민중으로서 당당하게 살라고 권했다. 장일순은 원주에서 최시형의 피체지를 찾아내고 비석을 세웠다. 기림비에서 농로를 따라 조금 걸어 들어가면 낮은 동산 아래 최시형 피체지가 나온다. 그는 언제나 뒤에 산으로 연결된, 언제나 도망칠 수 있을 만한 곳을 숙소로 잡았다. 제대로 정비되지 않아 무성한 풀숲에 차를 세우고서 피체지에 오른다. 아담한 기와집 하나가 보인다.

우금티 패전 후에 최시형은 사람들로부터 잊혔다. 강렬한 전봉준의 죽음을 애도하는 일이 먼저였을지 모른다. 그런데 불꽃 같았던 최제우와 전봉준의 죽음 못지않게 동학을 수습한 최시형의 지난한 역할을 외면할 수는 없다. 그는 영호남과 강원도, 충청도를 발로 누비면서 민중에게 희망과 위로를 주었다. 이천에서 '향아설위'를 설법하며 '자기 자신을 향해 제사 지내라'는 말은 가히 충격적이었다. 공연히 보이지도 않는 귀신에게 신경 쓰지 말고 내 안의 하느님이나 잘 모시라는 말인데, 하느님은 저 벽 속에 있는 게 아니라 네 안에 계시다는 것이다. 다시 말해 하느님을 내 안에 모셨으니 정신 똑바로 차리고 살라는 말이기도 하다. 시천주 주체는 자연을 지배할 원리를 만든 서구적 주체와는 다르게, 자연과의 조화를 먼저 생각하면서 조화로운 공동체를 만들고자 한다. 그 주체야말로 도구적 이성을 극복하고 현대 문명이 가야 할 길을 찾아낼 것이다. 그런데 인간과 자연을 분리된 별개의 존재로 볼 때 인간은 자연을 도구적으로 활용하게 된다. 그것을 신과 나의 관계로 보면, 러시아의 마트료시카 인형처럼 내가 신의 내부에 있고, 내 내부에 신이 있다면 너 자신을 존중하는 것이 바로 천지자연을 받드는 일이 된다. 그런데 그 주체는 신을 모셨으되 겸손하다. 낮은 자세로 '한살림'과 같은 공동체를 만들고, 좋은 먹거리를 제공하며, 함께 살아갈 세상을 만드는 주체다.

최시형은 삼경三敬 중에서 '경물敬物'을 특히 강조했는데, 그것은 사물 속에도 하느님이 깃들었으니, 하느님의 씨앗을 키우고 생명을 잘 보존하라는 말이다. 또한 자연이 인간의 젖줄이므로 천지를 부모와 같이 받아들여 천지간에 조화를 이루라는 말이다. 사인여천의 사상은 만민 평등에서 생명 평등으로 나아간다. 그런 점에서 최시형의 사상은 과학·기술 문명을 받아들이는 데서 다소 속도를 줄였지만, 장일순과 장회익, 김종철의 논리에서 보았듯이 생명체들이 공존하는 세상에서 좀 평화롭고 느긋하게 함께 살아가자고 권한다. 어쩌면 그 길만이 인류가 생태환경의 위기 속에서 살아남을 유일한 방법이 될지 모른다.

　나는 최시형 피체지 마당 아래 잔뜩 매달려 있는 살구를 따 먹는다. 최시형은 노상 도망 다니면서도 산속에 과일나무를 심었다. 달콤한 살구를 따 먹으며 그 속에 깃든 하느님을 만난다. 또한 살구의 맛을 음미하자 저절로 최시형을 만난 것만 같다.

　"기어라, 모셔라, 함께하라!"

　장일순은 최시형의 정신을 우리에게 되돌려준다. 이런 구호는 딱 최시형을 떠올리게 만든다. 사람들은 서울에 올라와 배우고 돈을 벌고 자기를 과시한다. 장일순은 거꾸로 원주로 내려가 낮은 자세로, 조그맣게 웅크리고서, 사람들에게 영향을 미친다. 어떤 점에서 장일순은 원주에 집강소 하나를 세운 사람이지만, 그가 만든 공동체에 사람들이 모여들었고, 그들은 하나같이 우리

최시형묘

시대를 대표하는 사람들이 되었다. 장일순은 '살아 있는 최시형'으로 불릴 만한 사람으로 장일순의 사진을 보면 남루를 걸친 최시형의 모습이 겹쳐진다. 어쩌면 최시형의 처형 직전의 병든 사진보다 젊은 날의 장일순 모습에 최시형을 겹쳐 보여줄 때, 진정한 최시형의 모습이 완성될 수도 있다. 스승이 훌륭해야 제자가 뛰어나다지만, 제자 때문에 스승이 위대해지기도 한다.

최시형 묘는 여주시 금사면 주록리 산96-19에 있다. 네비게이션에 성혈사라는 절을 찍고 가면 바로 찾게 된다. 성혈사에서 산길로 접어들어 최시형의 아들 최동희와 손자 최익환의 묘를 지나자 10여 분만에 최시형의 묘에 이른다. 잔디가 듬성듬성 파인 묘소가 원주로 이어진 산들을 굽어보고 있었다.

 최제우가 '대중 유학'이라고 말할 수 있는 혁신적 시스템을 만들었다면, 그것을 더 낮은 곳으로 이끌어 시대의 물길을 바꾼 사람 최시형. 최시형은 스승의 경전을 지키고 스승의 가족을 돌보고 동학의 조직을 만들기 위해 온 산하를 누비고 다니면서 '민중동학'의 시대를 열었다. 최시형은 민중의 가슴에 불을 지펴 전봉준과 손화중, 김개남을 나오게 했고, 무엇보다 집강소를 통해 우리 역사 최초의 민관협력체를 운영하게 했다. 그런 점에서 그는 우리나라에 민주주의를 처음으로 연 선구자라고 말할 수 있다.

 사형 집행 전에 찍은 늙고 병든 최시형의 사진에서는 혁명가의 모습을 떠올릴 수 없다. 설사병에 걸려 맥이 빠져 목에 쓴 칼을 붙잡아주어야 간신히 걸었다던 최시형의 사진에 난감한 표정이 어린다. 그는 야전에서 '체 게바라'와 같은 모습은 아니었을지라도 예수의 부활을 전하며 교회 시스템을 만들어간 바울과 같은 모습을 했을 것이다. 그 정도로 그는 건장했기에 그리도 오랫동안 도망치고 살아남아 포덕할 수 있었다. 그는 동학을 누구나 받아들일 수 있는 종교로 만들었다. 호남에서 동학장수가 농악대와 함께 나서면 젊은 피들이 끓어올라 낫이건 죽창이건 하나씩 부여잡고 깃발 밑에 모였다. 동학농민군은 소집해 모인 것이 아니라 자발적으로 동참했다. 그런 가운데 수십만 명의 동학농민군을 이뤘다는 것은 세계사에서 찾아볼 수 없는 일이다. 최시형은 '후천개벽'이라는 미래 비전을 제시했고, 신분이 해방된 공동체에서 살아본 사람들이 총탄이 비처럼 쏟아지는 우금티고 개를 기어 올라갔다.

원주에서 최시형의 정신을 물려받은 장일순과 김지하 그리고 윤노빈이 나왔다. 그 뒤로 원주는 최시형의 정신이 숭어처럼 펄떡펄떡 뛰는 민주화의 성지가 되었고, 그에게 배운 것을 통해 장일순은 협동조합 운동을 시작하고, 윤노빈은 통일 논리를 만들고, 김지하는 생명 사상을 펼쳤다.

4. 무위당 장일순의 민중 사랑

1980년 김지하가 교도소에서 풀려난 뒤 돌아간 곳은 원주였다. 『남조선 뱃노래』를 읽어보면 김지하는 숨 막히는 서울을 벗어나 자신을 지켜낼 수 있는 곳으로 가고 싶었다고 말한다. 6년간 옥살이에 정신이 피폐해져 휴식도 필요했지만, 원주에는 결혼한 뒤로 제대로 얼굴을 마주 대하지 못한 아내가 기다렸고, 정신적 스승인 장일순과 지학순이 기다리고 있었다.

김지하는 중학교 때 원주로 이사와 원동성당을 다니면서 지학순 주교와 장일순을 만났고, 장일순이 다녔던 서울대 미학과에 진학했다. 그리고 장일순의 영향을 받아 동학과 최시형에 관심을 가졌는데, 동학의 사상들이 협동조합과 생명 운동으로 전개되는 모습을 지켜보았다. 그래서 출소한 뒤에 장일순을 찾아

원동성당

간 것이라고 말할 수도 있다. 어디 그뿐인가? 원주는 사형 언도를 받고 죽을 날을 기다리던 그를 살려준 곳이다.

1974년 비상보통군법회의에서 김지하에게 민청학련 사건으로 사형을 때렸을 때 죄목은 북한의 자금을 받고 공산혁명을 기도했다는 것이었다. 지학순 주교가 민청학련 활동자금을 자신이 댔다고 양심선언을 해 이번에는 주교를 민청학련 관련 배후자로 몰아 15년 형을 구형했다. 김영주의 발언에 따르면, 유신정권은 원주를 인혁당 사건으로 엮어 원주 민주화 세력을 뿌리째 뽑아 버리려는 의도를 지니고 있었다. 그러자 이번에는 가톨릭 신부들이 정권과의 전면전을 선포하고, 마침내 김지하 주례를 섰던 김수환 추기경이 나서 시국기도회를 열었다. 그러자 정권도 부담을 느껴 지학순 주교를 풀어주었다. 김지하와 민청학련 관련자들은 그 이후로도 오랫동안 교도소에 갇혀 살았지만 사형당하는 일만은 막았다. 2010년 인혁당과 민청학련 사건 관련자들은 모두 무죄평결을 받았다.

지학순 주교는 장일순을 평신도회장으로 만들어 개혁에 박차를 가했다. 그들은 토론하고 협력해 모든 일을 결정했다. 또한 시스템을 만들어 원주에 활력을 불어넣고 사람 살 만한 공동체로 만들고자 했다. 1971년 정권이 원주 문화방송을 탈취하려고 하자 교구 내 사제, 수도자, 평신도들이 일치된 마음으로 사흘간 원동성당에 모여 부정부패 규탄대회를 열었다. 이것은 한국 천주교회가 처음으로 정권과 맞선 사건인데, 그것은 지학순과 장일순의 의지로 결정된 것이었다. 장일순은 평신도 재교육을 담당했고 원주 시민들의 영향력을 키웠으므로 정권은 늘 원주를 주목했다.

장일순은 협동조합과 민주화운동을 통해 원주 공동체를 만들었다. 1972년 남한강 대홍수가 발생했을 때 지학순 주교는 독일의 봉사단체에서 291만 마르크(당시 한 개 군의 예산에 해당함)를 지원받아 수해 복구를 시작했는데, 그때 장일순은 수재민에게 현금을 지원하는 방식 대신 '물고기 잡는 법'으로 지원했다. 한 수재민에게 송아지 한 마리를 지원하면, 그 사람이 2년 뒤에 송아지 한 마리를 갚게 하는 방식이었다. 협동조합 회원들은 회의를 열어 스스로 구호자금 사용처를 결정하고, 자금을 집행하고 그 내용들을 회의록에 낱낱이 기록하고, 마지막으로 서명했다. 그것은 주민들에게 공동체 의식을 심어주고 책임감을 갖게 했다. 그것이 농촌과 광산 지역, 원주교구 전체로 퍼져나가자, 마침내 유신 시절 원주에 갑오년에 시행했던 '집강소의 꿈'이 되살아났다. 그것은 바로 장일순의 꿈이기도 했다.

장일순의 묘소를 찾는다. 세상을 뜬 지 28년이 지났지만 원주 시민들의 장일순 사랑이 느껴진다. 그는 죽으면서 "내 이름으로 아무것도 하지 마라"는 유훈을 남겼지만, 그의 묘소 부근에 장일순 묘소 표지석이 서 있고, 그 부근 나뭇가지에 그의 묵란과 글씨가 하얀 현수막에서 펄럭인다. 그 현수막이 깨끗한 걸로 보아 원주 시민의 정성을 알 것 같다. 바람이 불 때마다 익살맞은 장일순 얼굴 같은 묵란이 현수막에서 웃는다. 묘소 표지석에 "하나의 풀이었으면 좋겠네. 차라리 밟아도 좋고 짓밟아도 소리없이 그 속에 그 속에 어쩌면 그렇게"라는 장일순의 글귀가 새겨져 있다. 저 '풀잎'에도 하느님이 들어 있다는 장일순의 생각은 얼마나 놀라운가. 때로는 짓밟혀도 굳건하게 자기를 지키는 민중. "사람이나 자연만물이나 계산 없이 만나라. 그러면 행복이 거기 있네." 현수막의 글씨 앞 장일순 부부 합장묘에 잡초가 무성했다.

묘소에는 둘레석도 상석도 없었다. 작은 비석 하나 달랑 서 있을 뿐이었다. 제자들은 그의 유훈을 지키되 사실상 거역했다. 아

장일순 묘지 표지석 　　　　장일순 서화

무리 스승이 자신의 흔적을 남기지 말라고 했더라도 어찌 스승을 섬기는 마음을 감출 수 있겠는가. 장일순은 지도자이되 표를 내지 않는 지도자였다. 최시형처럼 민중 속에서 묵묵히 공동체를 이끌었을 뿐이다. 오직 '살아 있는' 민중이 스스로 바른 길을 찾기를 바라면서. 장일순은 가장 쉬운 언어로 민중에게 다가섰고, 공동체 운동으로 민중에게 주인의식을 심어주었고, 협동조합을 통해 민중과 더불어 사는 삶에서 행복을 느끼며 살았다. 묵란화를 그려 구두닦이나 식당 주인 혹은 소외된 이들에게 나눠 주었고, 어떤 작은 생명체 속에도 우주가 들어 있다는 것을 밝혔다. 그래서 자타불이自他不二, 나는 나 혼자의 나가 아니라 '생명 전체 속의 나'라고 말했다. 장일순의 묵란은 기뻐하고 슬퍼하고 생각하는 사람으로 보였고, 그것은 나약한 듯하면서도 강인한 생명력을 보여주었다.

장일순은 높은 관직을 맡지 않았고 책 한 권 남기지 않았다. 그래도 그가 강연할 때 사람들이 찾았고, 많은 사람이 그를 따랐다. 정직함과 겸손함, 바른 정신은 모두가 본받고 싶어하는 것이었지만 누구나 지닐 수 있는 것은 아니었다. 우리 시대의 저술가라 할 수 있는 리영희, 김종철, 유홍준, 정치가인 이부영, 손학규, 예술가인 김민기(가수), 이철수(판화가), 이현주(동화작가) 등이 그를 따랐다. 그리고 특히 장일순 아래서 김지하와 윤노빈, 김종철 등이 환경·생태 위기의 시대에 생명의 사상을 더 깊이 다듬었다.

그는 무위당이라는 아호처럼 아무것도 하지 않았지만 새로운 시대를 열었다. 최시형의 정신에다가 노자의 '무위無爲'를 포함시켜 생명의 힘을 불어넣었다. 그는 동학에 심취했지만 동학에 구속되지 않았고, 천주교 평신도 회장을 했지만 기독교 원리에 구속되지 않았다. 그러면서 그는 좌우통합을 꿈꾸었던 몽양 여운형의 정신을 이어받아 중립화 평화통일론을 주장했고, 보수적인 가톨릭계에 사회 참여의 바람을 일으켰고, 생명운동으로 먹거리를 하늘처럼 받드는 일을 행했다. 협동조합운동은 산업사회의 불평등의 문제를 해소하고 인간과 자연이 서로 소통하며 공생할 수 있게 했다. 그것은 '한살림운동'으로 구체화되어 김영주, 박재일, 이경국, 박상범 등에게 이어졌고, 그들은 지학순 주교와 장일

생명협동교육관

무위당사람들 장일순기념관

순이 세상을 떠난 이후에도 활동을 지속해 현재까지 생협운동의 모범을 보여주고 있다.

치악산 밑자락 행구동에 '생명협동교육관'이 세워졌다. 카페 건물까지 붙어 있어 평범한 사무실보다는 다감한 느낌을 주는데, 1층 장일순관에 들어가자 그의 생애를 소개하는 전시실이 마련되어 있었다. 나는 장일순의 삶을 연대별로 돌아보며 그의 정신을 들여다보았다. 2층에는 세미나를 온 사람들이 이용할 주방시설이 잘 구비되어 있었고, 3, 4층은 원주와 장일순을 찾는 이들에게 1인당 2만5000원에 숙식을 제공했다. 무위당 장일순은 워낙 검소하고 낮은 자세로 민중들과 어울려 살았기에 죽어서도 그 친숙함이 그대로 느껴졌다. 장일순을 모르는 사람들도 이곳에서 하루 숙박하고 가면 저절로 그의 정신에 대해 관심을 갖게 될 것 같았다.

원주시 중앙동에 있는 밝음신협 본점을 찾아간다. 그 건물 자체가 장일순과 관련된 일들을 실천하는 곳이라고 보면 된다. 원동성당과 가까운 그곳에서 생명운동과 협동조합운동, 지역 공동체 운동을 벌였고, 민주화운동의 핵심적 역할을 했다. 후학들은 장일순 7주기 추도식을 마친 뒤 스승의 유훈을 거역하기로 하고 추모 모임을 만들었고, 그것이 '무위당사람들'로 발전했다. 2500명의 회원들이 참여하는 '무위당사람들'은 전국의 한살림 조직과 협동사회 단체와 견고한 네트워크 체제를 구축하고서 장일순이 남긴 것들의 구심체 역할을 한다. 4층 장일순관에서는 장일순의 서화작품을 발굴하고 전시하며, 그의 생명·평화·협동·공동체적 삶을 테마로 한 인문 시민강좌 '무위당학교'를 운영한다.

이 평범한 건물 속에 장일순이 숨어 있듯이, 원주 제자들은 없는 듯 존재하는 장일순의 흔적을 지켰다. 눈에 띄지 않게 장일순의 보물들은 원주라는 도시 속에 숨어 있었다. 그가 평생을 이곳에서 살았으니 왜 그의 흔적이 없겠는가. 현수막에 그려진 서화와 글씨, 비석에 새겨진 그의 글씨와 마찬가지로 원주라는 공기 속에서 그의 정신이 느껴졌다. 허식을 싫어한 사람. 묘소도 아주 작고, 책을 내지도 않고, 기념관 세우는 것도 거부한 사람.

"만물과 나는 하나의 몸이며, 천지와 나는 하나의 뿌리로부터 왔도다." 장일순의 이런 생명사상은 전적으로 최시형의 '천지부모'에서 온 것이지만, 그의 사상은 현대의 환경 위기의 시대에 적잖은 울림을 준다. 하늘은 물론 흙이나 온갖 생명체를 소중히 여기는 정신은 생태철학으로도 손색이 없다. 하느님을 섬기듯 지구와 대기와 흙을 대하면, 그리고 인간과 생명체들을 대한다면, 생태계의 위기는 사라질 것이다. 무위당기념관 관장님에게 장일순 선생님 일화와 작품 해설을 들으니 감동이 더 크게 다가온다. 어쩌면 장일순은 떠났으나 원주 시민의 가슴 속에 그는 더 크게 남아 있다는 생각이 들었다. 그의 정신을 지키려고 노력하는 한 원주는 언젠가 몬드라곤 같은 공동체가 되리라는 예감이 들었다.

한편 우리 현대사상사에 살아남을 사상이 있다면, 최제우와 최시형에서 함석헌과 장일순을 거쳐 윤노빈과 김지하에게 이어져 온 '원동학'의 정신일 것이다. 아직 그것을 평가할 단계에 이르지 못했다고 하더라도, 『길 위의 우리 철학』(한국철학사상연구회)이나 『한국철학사』(전호근)에서 중요하게 다뤄지고 있고, 앞으로 더욱 장일순의 사상이 연구될 것이라는 생각이 든다. 소외

받는 사람의 입장에서 올바른 실천을 찾아내며 삶의 방향을 제시한 장일순 같은 사상가를 찾아보기란 쉽지 않기 때문이다. 그래서 '무위당사람들'을 비롯한 많은 사람이 지금도 장일순을 잊지 못하고, 그에 대한 추모회, 강연회, 전시회를 열고 있다. 최시형과 장일순에 의해 만들어진 생명 사상은 지구촌 생태·환경 위기가 끝나지 않는 한 더 연구되며 확장될 것이다.

5. 김지하의 담시와 동학

김지하 추모문화제는 유홍준이 사회를 보고, 함세웅 신부, 이부영, 김용옥, 황석영, 일본인 미야타 마리에 등이 추도사를 낭독했다. 최제우의 아호를 딴 수운회관에서 가톨릭 신자였던 김

김지하 추모문화제

지하의 불교식 49제가 열렸다. 어떤 점에서 김지하는 범종교적인 사람이고 다채롭게 종교적 구원을 받았으리라는 생각이 들었다. 지학순 주교 시절에 원동성당에 다녔고, 동학에 깊이 빠졌으며, 불교식 '화엄의 바다'를 노래했으며, 증산교에도 매료되었다. 그는 종교를 섭렵하며 종교 너머 무언가를 붙잡고자 한 사람이다. 추모문화제에서는 남녘땅 살풀이와 마고춤이 공연되기도 했다. 1980년 김지하는 출소 직후 쓴 시에서 '선생님이 쓰신 글씨 한 폭'을 바라보며, '하늘과 산이 몸을 감춘 깊은 골짜기와 봉우리들'을 떠올렸다고 말한다. 이때 '선생님'은 장일순이고, 그분이 '깊은 골짜기와 봉우리'를 감추고 있다는 말일 테다. 그런데 "한결같이 흰 눈 덮여/ 눈부신 치악산아"(「집에 와」)라고 노래할 때나 "내 안에서/ 치악산이 동터오고 있다"(「속살」)는 내용, 그리고 "무릎 꿇어 버릇하니/ 그게 편해진다// 허리 굽혀 버릇하니/ 그쪽이 익숙해진다"는 구절에서는 최시형과 장일순의 모습이 겹쳐 떠오른다. 최시형과 장일순은 한없이 낮은 자세로 민중을 대했다는 점에서 일치하고, 김지하는 그 두 사람을 삶의 모범으로 삼고서 원주로 돌아온 것이 분명하다.

『흰 그늘의 길』이라는 자서전에서 김지하는 생협 활동이나 생명사상의 추구로 나아간 것을 밝히는데, 어쩌면 저술가냐 아니냐를 따지지 않는다면 장일순과 김지하는 별로 구별되지 않는 길을 갔다. 김지하는 삶의 전환점에서 혹은 건강상 위기에서 항상 장일순이라는 모범을 따랐다. 적어도 그는 장일순의 눈으로 본 최시형과 동학을 받아들였다. 서양철학보다 동학사상에서 해결책을 찾으려 한 점에서도 그들은 비슷하고, 공통된 인식의 출발선상에서 최시형의 사상에서 한 걸음 더 나아가고자 한 점에서도 비슷했다. 그러다가 한 사람은 원주에 들어가 실천적 삶에 집중하고, 다른 한 사람은 미적 가치에 매달렸다. 그런데 김지하가 김일부의 『정역』과 강증산의 미륵사상을 받아들일 때부터 그들의 길은 갈라졌다. 두 사람은 모두 민중을 중심에 두었는데, 장일순이 민중 속에서 등불을 들었다면, 김지하는 민중을 예언자처럼 이끌며 가고자 했다. 그러다가 김지하는 '율려'와 같은 모호한 비유를 통해 민중을 추상화시키려다가 민중에게 배제된 채 역사성과 현실성을 제거해버리게 된다. 그 뒤로 김지하가 아무리 민중을 강조하고 민중에 대해 발언해도 민중은 그의 말에 귀기울이지 않았다.

김지하는 대중의 사랑을 받은 시인이다. 그의 노래는 촛불처럼 퍼져나가 우리에게 공감과 희망을 주었지만, 때로는 길을 잃고 푸닥거리할 때에는 당혹스럽게 만들었다. 판소리 형식을 차용한 대설 『남』과 같은 담시는 민족적 정서를 활용한 서사시의 형태로 웅장한 목소리를 뿜어내는데, 그렇다고 해서 그것이 『황토』『타는 목마름으로』『애린』 등의 시집보다 더 우리 가락을 잘 담아내거나, 현재성을 보여주지는 못한다. 김지하가 하고 싶은 말을 다 쏟아냈기에 그 판소리 가락이라는 것도 우리의 가락이기는 하되 현대인의 흥을 불러일으키지 못했다. 그뿐만 아니라 『남』에서 택한 인물은 전통적이기는 하되 우리 시대를 선도할 만한 역량을 갖지 못했다. 아무리 김일부의 『정역』이나 강증산의 미륵신앙을 받아들인 인물이라고 하더라도 거기에 영적이고 신비주의적 요소가 많아 현대적 인물로 평가받기가 어려웠다. 오히려 담시의 주인공은 민중의 바람이라기보다 '이단'의 자기 합리화로 받아들여지기도 했다.

2004년을 기준으로 보면 기독교, 불교, 가톨릭을 믿는 종교인이 인구의 54퍼센트가 넘었는데, 김지하가 글을 쓰던 20세기 후반부에 국민들에게 증산교나 민중신앙으로 길 안내를 한다면 어느 누가 따를까. 자칫 그것은 김지하만의 넋두리가 될 수도 있다. 만약 김지하가 최제우를 파고들고, 최시형을 따르고, 장일순을 보완하는 차원에서 그쳤다면 오히려 그의 사상은 호응을 받았을 것이다. 적어도 그가 김일부와 강증산과 『환단고기』를 통해 너무 멀리 영적 세계로 가지 않았다면, 그의 생명사상은 현실적 대안책이 되기도 했을 것이다.

김지하는 기흉으로 고생했고, 좁은 감옥에서 공황장애에 시달렸고, 출소 후 정신병원에 열두 차례 다닐 정도로 심신이 지쳐 있었다. 그런 상태에서 주문을 외고, 무속인의 도움을 받아 치료를 받기도 했는데, 그런 것들을 과학적 치료 행위라고 말할 수는 없다. 물론 김지하도 인간이라서 때로는 실수하며 때로는 혼란에 빠질 수도 있다. 하지만 김지하가 받아들인 동학은 19세기 말 세상을 바꾼 동학과 달리 주문을 통해 복을 누릴 수 있다는 종교였다. 최시형이 민중의 마음을 얻었고, 전봉준과 동학장수들이 사회 개혁을 이루었고, 그 이후로 손병희의 주도로 3·1운동이 일어난 것까지만 받아들였다면 얼마나 좋았을까. 김지하는 동학혁명에서 광복까지 50여 년 동안 한반도를 휩쓴 가장 위대한 정신을 현재화시켰을 것이다.

김지하의 기행奇行이 발작처럼 일어났다. 그는 시를 쓰기보다 사회적 발언을 남발하다가 시대를 역행하는 실수를 범하곤 했다. 「죽음의 굿판을 걷어치워라」(조선일보, 1991)는 세상을 바꾸자는 것이 아니라 자신만이 그 흐름을 다 안다는 오만한 태도에서 나왔고, 대통령 후보자인 '박근혜 지지 선언'(2012)은 아무리 여성적 원리가 세상을 지배할 것이라는 예언을 믿었다고 하더라도 그의 생명사상과는 무관한 논리였다. 사실 그는 1970년대 민주화운동의 상징적 인물이지만 가톨릭과 동학의 종교적 입장에서 사유했고, 민중 그 자체보다 생명의 입장에서 민중을 생각한 점에서 일관되게 우파적이었는데, 1980년대의 좌파적 대중을 자기 방식으로 끌어들이려고 하다가 그들과의 갈등이 발생했다.

김지하는 「오적」과 「타는 목마름으로」와 같은 시로 민중의 피를 끓어오르게 했지만 지속적으로 민중을 이끌 대안을 갖지 못했다. 6월항쟁에서 시작해 쿠데타 세력을 마지막으로 축출하는 시기에, 그는 민중의 저항을 '죽음의 굿판'으로 조롱하고, 독재자의 딸을 김일부의 '율려律呂' 사상과 파미르고원 '마고성의 신시의 수수께끼'를 연결시켜 남성 중심적 세계에서 여성 주도적인 세계로 바뀔 징조로 보았다. 그것은 모호한 신비주의로 여성 파시스트를 옹호하는 꼴이 되고 말았다. 강증산의 '천지공사', 즉 우주를 수술하고, 천지를 개조하고, 인간의 영혼과 사회, 삶과 죽음까지도 뜯어고치는 힘을 박근혜라는 여성성에서 찾아냈다는 말은 그야말로 혹세무민하는 '예언자'의 모습이었다. 김지하는 강증산을 따라 증산도에서 파생된 종교들이 그러하듯 '남조선'이 우주의 중심이 되고 우리가 문화 패권국가가 될 거라고 믿었지만, 그것은 현실 감각을 잃은 무당이나 떠벌일 이야기였다. 그럴 때 김지하의 무수한 장점은 사라지고 대설 『남』에 나오는 발언들은 잠꼬대가 되고 만다.

김지하는 '알코올 중독에 의한 정신황폐증'이라는 진단을 받을 정도로 한동안 힘든 나날을 보냈다. 김현이 『행복한 책읽기』에서 말하길, "추억이라는 이름의 감옥에 그는 갇혀 있다. 그 마음의 감옥에서 그는 혼자이고, 그 외로움을 이기기 위해 그는 술을 마신다. 술을 마시다 보면 자아는 분열되어, 한쪽에선 주장하고 한쪽에선 가엾어 한다. 술 마시는 자아는 주장하고, 그 자아를 보는 자아는 그 자아를 가엾게 생각한다."(105쪽) 이때 김현은 『애린』을 두고 이야기한 것이었지만 김지하의 자아분열을 적절히 짚어내면서 두 개의 자아가 길을 잃고 혼란에 빠진 모습을 보여주었다.

김지하는 출소 후 다시 거리로 나서지 않았지만, 그 대신 '수

많은 '김지하'들이 1980년대 중반부터 1990년대 중반까지 거리로 뛰쳐나갔다. 박종철은 억울하게 죽었고, 이한열은 시위에 앞장섰다가 죽었고, 심지어 몇몇 열사는 자신의 몸에 불을 붙여 죽었다. 김지하는 그런 '죽음의 굿판'을 나무랐지만 아무도 공감하지 못했다. 그 당시 민중은 '밥이 하늘이다'라는 김지하 발언의 자연 친화적인 측면을 돌아보지 못한 채 시인의 기발한 발상을 비웃었고, 김지하가 88올림픽과 2002월드컵에서 보여준 축제에 대해 느꼈다는 '후천개벽의 기운'을 의아하게 여겼다. 응원하는 대중과 소외받는 민중을 동일시할 수 없다. '붉은 악마'가 흰옷 입고 꽹과리 치고 탈춤판을 벌이고 판소리를 늘어놓는다고 민중이 되는 것은 아니다.

김지하의 초기시에 나타난 민중은 동학농민군이 흘린 피를 계승했다. 그런데 '붉은 악마'는 아무리 '쿵쿵'거리며 지축을 흔들어도 그것이 동학농민군의 '궁궁을을' 혹은 주문과 같은 것이 될 수는 없었다. 김지하가 단학선원을 접하고 마고성의 신화적 상상력과 만날 때 그의 민중은 영적 군대는 될지언정 실제적 민중이 되지 못했다. 김지하가 대설 『남』에서 역사와 현실을 빼버린 채 우주로 날아가 그의 민중은 추상화되고 말았다. 그렇다면 『이 가문날에 비구름』을 다시 읽어 김지하의 동학관을 검토하고, 아직 김일부나 강증산 혹은 『정감록』에 오염되지 않은 김지하를 되살려내는 일이 중요해진다.

6. 서사시 『이 가문 날에 비구름』

담시 『이 가문날에 비구름』은 최제우의 일대기다. 수운 최제우의 득도得道 과정과 포덕布德 활동, 처형 장면 그리고 민중이 일어나는 장면까지 노래한다. 표제에서 '가문 날'이 19세기 중후반의 어려운 현실을 말한다면, '비구름'은 그것을 해결할 수 있는 기운으로 '수운水雲' 최제우를 의미하는데, 19세기 외척과 세도세력의 착취로 헐벗은 나라에 단비를 기다리는 마음이 거기에 담겨 있다.

최제우는 10여 년 동안 장돌뱅이로 떠돌며 서경덕의 기일원론과 초의스님의 법문을 배우고, 도참술을 기웃거리고, 심지어 가톨릭 신부를 만나 세상의 변화를 읽기도 했는데, 궁극적으로 이 시집은 수탈당하는 민중이 어떻게 일어나는지 보여주는 데까지 나아간다. 동학의 목표는 민중을 구하고 나라의 시스템을 뜯어고쳐야 한다는 것이다. 그것은 '바른 정신守心正氣'을 지니면 누구나 알게 될 것으로 시천주 주체성의 목표를 알려주는 지점까지 나아간다.

"천하를 이리저리 바람 부는 대로 물결치는 대로 발길 닿는 대로 떠돌아다니며 송도땅 당도하여 화담 서원 기氣 일원론 어깨 너머 귀동냥하고 해남 일지암 올라 초의스님 법문을 마당에서 훔쳐 듣고, 지리산 청학동 들어가 호호백발 무명묘관無名妙觀, 환단술還丹述 합기도 얼핏설핏 구경하고, 풍수원 서학경당 최또마 신부 미사강론 뒷전에서 귀기울여 듣고,"(『이 가문 날에 비구름』 서두)

최제우의 세상 편력은 다채롭다. 김지하의 안목에 따르면 최제우가 민중을 구원할 방책을 동서양의 지식을 섭렵해서 찾았다고 한다. 그런데 김지하는 거기서 한 단계 더 나아가 엉뚱한 이야기를 한다. 최제우가 을묘년 춘삼월 어느 날 금강산 유점사 스님 한 분에게 책 한 권을 얻게 되었는데, 그게 동학의 원리가 되었을 것이라면서 김일부의 「정역팔괘도正易八卦圖」(1879)나 증산교 경전 「현무경玄武經」(1909)과 같은 책을 소개한다. 그것들은 최제우 사후에 나온 것들이고, 최제우와 상관없는 것들이다. 그렇다면 최제우의 생애를 다룬 『이 가문 날에 비구름』을 김일부의 '정역'이나 증산교 원리로 오염시켰다고 말할 수 있다.

최제우는 하느님을 만났다. 그 하느님은 '야훼'처럼 말씀하시기도 하고, 정약용 방식의 '상제'처럼 원리를 이끄는 힘이 되기도 한다. 최제우는 하느님을 만나는 기쁜 순간을 노래한다. "세상이 다 나를 한울이라 부르는데/ 너희는 한울을 모르느냐." 이 표현은 너무 기독교적이라서 '너희도 하늘인데, 네 속에 든 하늘을 몰라본다는 말이냐' 정도로 바꿨다면 더 적절했을 것 같다. 그래야 "내 마음이 곧 네 마음이요/ 내 생명이 바로 네 생명이다"로 연결될 테니 말이다. 그런데 김지하는 "생명이 바로 한울이요 한울이 바로 생명"(44쪽)이 되는 삼경三敬 사상까지 거론하는데, 사실 그것은 최시형이 한 말이라는 점에서, 최제우를 노래한다고 해놓고 엉뚱하게 최시형의 목소리로 덧칠해버리는 실수를 한 꼴이 된다.

한편 "후천개벽은 바로/ 한울을 모시고 한울을 기르고 한울을 이루는 것/ 시천侍天 양천養天 체천體天"이라고 노래하는데, 그것도 최제우의 '시천'과 최시형의 '양천'과 손병희의 '체천'을 합한 꼴이다. 모심, 키움, 이룸. 이것은 최제우의 '모심'에서 최시형의 '키움'을 거쳐 손병희의 '이룸'으로 완성된다. 그러니 『이 가문 날에 비구름』은 최제우를 기린다면서 최시형과 손병희를 함께 기리고 있는 셈이다. 특히 "천지를 부모처럼 받들면, 온갖 사물에 하늘이 깃든다"는 사상은 최시형의 '천지부모'에서 나온 말로서 하늘이 깃든 음식을 먹으면 하늘 생명이 사람의 내부로 들어오고, 천지 만물의 이치를 얻게 된다는 의미다. 그렇듯 자신의 내부에서 생명의 본성을 깨달아야 성인이 될 수 있다는 말이기도 하다.

이런 논리에 영남 유림들이 '사흘 굶은 시어미 쌍통'을 하고 "근본 모를 서얼 자식이 가당찮게 군자 행세"를 한다고 최제우를 공격하고, 결국 최제우를 골고다 언덕에 끌고가 처형한다. 그런데 최제우가 순교했어도 봄기운이 세상에 가득 퍼진다. "시커먼 먹장구름 헤치고 새푸른 하늘에 찬란한 햇살이 가득가득히 쏟아져내리며 중생 속에 살아 뜀뛰는 한울 생명이 있는 그대로 드러나 (…) 온갖 지옥의 형상들 다 자취 없고 끝도 가도 없는 우람한 화엄의 바다 끝없이 출렁출렁 그 큰 물결 소리가 생생히 들려와 천지에 널리널리 퍼져나가니" 그는 그렇게 죽음에서 부활한다. 최제우는 죽었어도 그의 말은 세상에 퍼져나가고 '다시 개벽'이 시작되는데, 갑작스럽게 '화엄의 바다'는 왜 끼어들었을까?

김지하는 이렇듯 『이 가문날에 비구름』을 노래했지만, '용천검'을 든 최제우는 사라지고 '최시형'의 생명 존중과 강증산의 천지공사까지 뒤섞어놓은 최제우를 만들어 본래의 최제우와는 영 멀어지게 만든다. 특히 강증산의 주문과 기적은 원동학의 정신과 멀어진 것으로서 아무리 김지하가 영적 세계에 마음을 빼앗겼다고 하더라도 그것을 최제우의 영적 세계인 양 말해서는 안 된다. 자칫 그것이 근대적 주체의 탄생과 관계없는, 근대 이전으로 복귀를 주장하는 '종교적 담론'이 되고 말 수도 있기 때문이다.

김지하가 독재를 풍자하고 질타하며 예언자적 태도로 민중 앞에 섰을 때 민중은 환호했지만 그가 민중을 직접적으로 이끌려고 했을 때 민중은 돌아섰다. 김지하가 계속해서 동학과 생명을 이야기했다면 좋았을 걸 영성을 강조하면서 민중을 강조하자, 거기서 민중의 실제적 삶과 만나기는 어려웠다. 그것은 원동학에서 보여준 개혁성에서 강증산의 기적의 발현으로 나아갔을 때 나타난 현상이다. 따라서 김지하가 추구하는 '신인간'을 "우주적 주체, 개방적 주체, 모든 타자가 나와 함께, 나아가 비인

격적 자연주체까지도 내 안에 들어와서 생성하며, 소통하며 공진화하며 차원 변화를 통해 창조하는 주체"(『율려란 무엇인가』, 77쪽)라고 말할 때, 그것은 인간보다 신에 더 가까운 '우주적 인간', 니체의 '위버멘쉬'와도 비슷한 어떤 것이지, 민중의 실제 모습이라고 말할 수는 없다.

동학은 낮은 계층의 사람이나 어린아이도 시천주 주체이고, 혹은 동식물이나 밥에도 하늘이 깃들어 있다고 믿는 사상이다. 김지하는 거기서 너무 멀리 나가 "우주의 질서를 바꿀 수 있고 바꾸어야 하는 인간이, 인류의 질서뿐 아니라 지구의 질서와 지구를 둘러싼 태양계, 은하계의 질서도 바꿔나갈 수 있어야 한다"(『율려란 무엇인가』, 76쪽)고 말함으로써, 겸손해야 할 인간이 여전히 오만함으로 가득한 채 민중을 이상한 곳으로 이끌고 가, 결국 민중은 실체를 찾아볼 수 없게 되고 만다. 그것은 근대적 주체가 자신을 제대로 성찰하지 못한 상태에서 추상적 이야기를 하다가 풍선 타고 하늘로 올라가버린 꼴이다. 우리 현실이나 삶을 제대로 돌아보지 못하면 그런 일이 발생한다. 게다가 아무리 민족의 우월성을 강조하더라도 검증되지 않은 역사서 『환단고기』와 같은 것에 매달릴 때 그것은 신비주의나 중세적 퇴행으로 빠지고 만다.

7. 김지하 묘소를 찾아

김지하를 알고자 원주를 찾았다가 최시형, 장일순, 지학순, 윤노빈 등을 만났다. 그런데 지학순과 윤노빈은 아직 이야기를 꺼내지도 못했다. 그래도 김지하의 장모인 박경리를 찾지 않을 수 없다. 박경리는 한국 최고의 작가이며 원주는 박경리를 가졌기에 더욱 근사한 도시가 되었다. 박경리는 1980년 딸과 사위를 위해 원주로 이주했는데, 원주로 들어왔기에 더 위대해졌다. 한국전쟁 이후에 남편과 아들을 잃고 홀로 딸을 키우며 쓴 소설 『토지』는 한국 최고의 소설이 되었다.

김지하는 1973년 소설가 박경리의 딸 김영주와 결혼했다. 도망자 신분이던 그가 김수환 추기경 주례로 명동성당 지하에서 결혼식을 올리고 1974년부터 감옥살이를 시작했다. 도망치면서 결혼했다는 점에서는 김지하는 최시형과 닮았다. 하지만 김지하는 강한 정신력을 갖지 못했고, 술과 정신질환으로 가족을 오랫동안 괴롭혔다. 그런 가운데서도 박경리는 원주 단구동에서 『토지』 4, 5부를 집필했고, 흥업면 매지리에 이사해 그곳 토지문화관에서 죽을 때까지 작품을 썼다. 그는 홀로 키운 딸이 김지하와 탈없이 살기를 간구했고 끝까지 그들을 지켜보았다. 그 넓은 치마폭 속에서 딸과 사위, 외손자 둘이 별 탈 없이 잘 살았다. 한국전쟁 때 남편과 아들을 잃고, 이제 사위까지 잃을 수 있는 상황에서 박경리는 원주에서의 삶을 택했는데, 원주는 그런 박경리

박경리 단구동 옛집

토지문화관

와 골칫거리 사위를 잘 받아들였다.

 기자이던 김훈은 교도소 정문에 서지 못한 채 멀찍이 선 언덕 위에서 포대기로 아이를 업은 채 추위에 떨면서 출소자를 기다리던 박경리를 묘사한다. "그 여인네는 자꾸만 허리춤을 들어 올려 미끄러져 내리려는 아이를 등의 한복판 쪽으로 끌어올리고 있었다. 등에 업힌 아이는 김지하의 어린 아들이었다. 그 당시 이미 당대 최고의 소설가였던 박경리가 사위의 출소에 맞춰 그저 평범한 할머니의 모습으로 나타난 것이다. 영락없이 감옥 간 사위의 핏덩이 아들을 키우는 팔자 사나운 할머니의 모습이었다. 그런데 맙소사, 김지하가 교도소에서 나오자, 지지자들이 그에게 목말을 태우고 '우린 승리하리라'를 부르며 사라져버리는 게 아닌가. 박경리는 묵묵히 그것을 지켜보다가 감옥에서 나오지 못한 사람을 위한 성금을 내고는, 택시를 잡아타고 손자와 함께 되돌아갔다." 요약하면 이런 정도가 될 것이다.

김지하는 언제나 시대의 중심, 지역의 중심, 사람들의 중심을 이루었다. 그의 주변에는 언제나 사람이 들끓었고 그는 술을 마셔야 했다. 그가 해남이나 일산 등지로 이사를 다녀도 사람들은 그를 쫓아다녔고, 그런 상황에서 아내와 아들들은 정상적인 생활을 하지 못했다. 박경리의 딸이며 김지하의 아내였던 김영주는 얼마나 힘들었을까? 두 천재 사이에서 말 못할 고민도 많았을 것이다. 남편은 출소 후에 정신병력에서 문제가 있었고, 심한 알코올 중독 증세를 보였다. 그것을 목격한 두 아들까지 우울증에 시달렸고 제대로 대학에 진학하지도 못했다. 어쩌면 김영주는 남편이 정신병 상태로 헤매지 않았다면 이혼했을지도 모른다. 아이들이 건강치 못한 아버지를 보고 정서적으로 흔들릴 때 결혼생활을 포기하고 싶기도 했을 것이다. 그러나 어쩌랴. 모든 것이 운명인 걸.

단구동 박경리 문학공원은 아담하고 집과 언덕이 잘 만들어졌다. 박경리는 15년 동안 이곳에 거주하면서 『토지』를 완성했다. 그곳에서 그녀가 손수 가꾸던 텃밭과 나무들, 생활 자취들을 더듬어볼 수 있다. 옛집 앞에 널따란 바위에 앉아 있는 박경리 조각상과 사진을 찍어본다. 그곳에는 전시공간인 문학의 집, 북카페가 있으며, 『토지』의 배경인 3개의 테마공원으로 평사리마

김지하 부부 묘소

당, 홍이동산, 용두레벌 공간이 있다.

원주시 흥업면 매지회촌길에 있는 토지문화관은 박경리의 인생을 돌아볼 수 있는 기념관이 있으며, 지금도 작가와 저술가들이 그곳에서 생활하며 글을 쓴다. 박경리는 1996년에 토지문화재단을 창립해 토지문화관 이사장으로 있다가 2008년 타계했다. 통영의 소설가인 박경리는 통영시 미륵산 줄기인 신봉 능선에 모셔졌는데, 그래서인지 토지문화관이 왠지 조금 허전해 보인다. 토지문화관 오른편 산등성이를 조금 올라가면 소나무 숲이 있는데, 본래 박경리의 묘소를 썼을 자리다. 그곳에서 원주와 토지문화관을 굽어보았을 선생을 생각해본다. 토지문화관은 박경리 생애 마지막 공간으로서 원형이 잘 보존되어 있다. 2021년부터 박물관으로 개관했는데 후배 작가 양성을 위해 집필실을 대여해주고 있다. 박경리가 사비를 털어 창작실을 만들고, 그들을 먹이기 위해 텃밭을 가꾸었으며, 매년 80여 명 정도의 작가와 예술가들을 초대해 이곳에 머물게 했다. 박경리의 외손자가 그곳의 이사장으로 있다.

그 뒷동산 소나무 숲에 김지하 부부의 묘가 있다. 김영주가 2019년에 먼저 자리를 잡았다. 숲속의 빈터에 자리잡은 작고 예쁜 두 개의 묘가 인상적이다. 그 숲에 햇살이 들어오고, 새가 우짖고, 문득 김지하와 김영주 두 부부가 소곤거리는 듯한 소리가 들린다.

- **걸은 곳** 치악산둘레길(국형사-관음사-운곡 원천석 묘역)

- **차로 간 곳** 해월 최시형 묘소(여주 금사면 주록리 산138 성혈사 경내 500미터), 흥원창, 손곡 이달 시비(원주 부론면 법후리), 토지문화관(흥업면 매지리, 김지하 묘소), 최시형 피체지(원주 호저면 고산리), 장일순 묘소(소초면 수암리), 생명협동교육관(행구동, 장일순관), 무위당기념관(밝음신협 본점), 원동성당, 박경리문학공원(박경리 옛집, 단구동)

2부
동학과 파레시아

정읍은 동학의 땅이다. 김개남과 손화중, 최경선, 차치구 등이 정읍에서 태어났고 전봉준은 태인과 고부에서 살며 활약했다. 김덕명은 태인과 김제의 경계인 원평에서 살면서 이들을 이끌었다. 이런 동학장수들의 이야기를 박태원과 송기숙이 고부 조소리를 중심으로 만들어내고 있다. 그들은 전봉준과 동학장수들을 역사에서 끌어냈지만 다소 아쉬운 점도 없지 않다. 박태원이『갑오농민전쟁』에서 전봉준의 영웅적 행위보다 민중 중심으로 봉기를 이끌어낸 점을 강조한 것은 북한의 이념에 맞춰야 했기에 수긍을 하더라도, 최시형의 동학적 실천을 소홀히 다룬 점은 아쉽다. 송기숙이 광주 5·18을 체험한 뒤에 혁명의 필요성을 강조한『녹두장군』을 썼는데, 그것이 너무 자료를 중심으로 풀어가려다가 오히려 자연스럽지 못한 아쉬움을 주고, 또한 전봉준이 당시 산적들과 결탁한 것으로 끌고 간 점은 동학의 가치를 변질시킬 가능성이 많다. 사실 동학은 현재 정읍시에 포함된 고부(전봉준), 태인(김개남), 정읍(손화중)의 세 장수와 원평(김덕명)의 연합으로 발생했다는 점에서 당대의 향회와 두레, 그것이 민회로 발전한 과정을 조금 더 세밀히 바라보면 더 좋을 뻔했다.

4장
정읍과 전봉준, 19세기 혁명의 조건
—박태원의『갑오농민전쟁』과 송기숙의『녹두장군』

1. 정읍에 들어서며

장성 사거리에서 입암산과 방장산 사이로 난 삼남길을 오르면 갈재다. 전라북도와 전라남도의 경계인 '갈재' 표지판 앞에서 정읍 시내를 바라본다. 동학혁명의 땅이다. 서남쪽 산줄기로 방장산이 이어지고, 우측 산줄기로 백암산과 내장산이 펼쳐진다. 유배 떠나온 이들이 뒤돌아서서 눈물 흘렸을 자리다. 정읍 땅을 지나 원평, 삼례, 논산, 공주, 천안을 넘어야 서울 언저리에 이르니 거꾸로 그 길을 따라 여기까지 온 사람의 심정은 어땠을까. 서북쪽으로 두승산 너머 배들평야가 펼쳐지고, 동북쪽으로 시야를 멀리 잡으면 상두산이 보인다. 그 속에서 전봉준, 김개남, 손화중이 젊은 나날을 보냈다.

"왜 이곳만 오면 비장해질까?"

O가 말했다. 그는 부쩍 동학에 관심이 많아졌다.

"알프스 앞에 선 한니발 군대를 떠올려봐."

"농민군은 그보다 더 무모했지. 죽창 들고 일본군 소총과 싸웠으니 말이야."

"세상에 누가 그런 용기를 가질까?"

이곳에서 많은 사람이 목숨을 걸었다. 자신에게 보장되는 부귀영화가 없었지만 온몸을 던져 자기 목소리를 냈다. 세상을 바꿔라. 왜놈을 몰아내라. 그리고 그들이 죽창 하나 깎아 들고 나섰다.

입암산 갓바위를 바라보며 천원천을 따라 걷다보면 과교리 초산봉 부근에서 손화중의 생가터가 나온다. 이곳에서 태어나 어린 시절을 보내고 두루 방랑하다가 동학교도가 된 그는 고창으로 넘어가 대접주가 되었다. 반면에 고창에서 태어난 전봉준은 감곡과 태인에서 젊은 시절을 지내다가 고부 조소리로 이사와 서당을 차렸다. 십 리쯤 떨어진 곳에 우뚝 선 두승산 앞자락은 전봉준이 활동한 공간이다. 그때 전봉준이 조병갑의 학정에 봉기하자 손화중은 시기상조라고 일단 거절했지만, 막상 전봉준이 봉기한 뒤에는 뒤에서 적극적으로 지원했다. 손화중은 그 부근에서 가장 큰 포를 지휘하는 대접주였다.

갈재에서 원평까지가 삼남길이라면, 상두산에서 백산까지가 동진강 물길이다. 동진강 물길에 정읍천, 고부천이 연결되면서

동학혁명 고부봉기 상징물　　　동학혁명 백산창의비

그 안으로 고부가 자리 잡았고, 그 너머로 내장산, 상두산 자락에 정읍과 태인이 자리 잡았다. 태인 사는 김개남은 전주를 들락거리다가 자주 원평에 들러 김덕명과 전봉준을 만났고, 그러면 정읍 사는 차치구, 손여옥, 태인 사는 최경선, 원평 사는 김인배도 덩달아 모여들었다. 그들은 서로 먼 외척이거나 사돈, 친구, 선후배 관계로 얽혔다. 자기 지역에서 향회의 영좌로 성장한 그들은 서로 연락을 주고받으면서 더 큰 뜻을 품었다.

　전봉준이 고부에서 봉기하자 원평의 김덕명과 태인의 김개남이 농민군을 대기시켰고, 손화중의 농민군은 언제든지 나설 채비를 했다. 손화중은 인천강 부근의 야산을 내주어 전봉준의 농민군에게 숨 고를 틈을 주었고, 그 기간에 김덕명, 김개남과 만나 동진강 하구 백산에서 혁명을 결의했다. 고부 봉기 이후 두 달만에 전봉준은 동도대장, 김개남은 전라좌도 총관령, 손화중은 전라우도 총관령의 직책을 맡았다.

"처음부터 호남을 좌도와 우도로 나누고 장악할 계획을 짠 거지?"

"안핵사 이용태가 설칠수록 폭발 직전의 분위기가 되었을 거야. 이미 호남은, 최시형이 공주와 익산, 태인을 들락거릴 때부터 동학의 물결로 뒤덮였어. 공주취회를 하면 삼례에서 받고, 보은집회를 열면 금구에서 받으면서, 포와 접을 통해 순식간에 1만여 명을 모으곤 했지."

"최시형만 몰랐나?"

"아냐, 최시형을 모욕하지 마. 그들은 성향이 달랐을 뿐이고, 뭔가 일이 터지리라고 예상하지 못했더라도, 최시형은 전봉준을 배격한 적이 없어. 20여 년 전에 이필제를 경험했는데, 왜 그런 일이 오리라는 걸 몰랐겠어?"

봉기 이후 장흥부사 이용태가 역졸 800명을 이끌고 와 고부를 쑥대밭으로 만들었다. 그는 주모자를 색출한다는 구실로 마을마다 수색하며 닥치는 대로 농민들을 죽이고 재물을 약탈하고 여자들을 강간했다. 손화중은 농민군 수천 명을 거느리고 태인, 부안 등지로 다니며 관에 불법 약탈당한 농민들의 재산을 다시 빼앗아 돌려주거나, 정읍 연지원 주먹거리에서 이용태의 일당을 만나 몰매를 가하기도 했다. 이미 원평 김덕명 포에는 2000명의 농민들이 집결했고, 태인의 김개남 포로 1300명, 정읍의 손여옥 포에 1200명이 집결했다. 그리고 고창, 흥덕, 김제, 금구 포로도 많은 농민군이 대기하고 있었다.

"놀라워, 그럴 정도로 미리 동원해두었다는 말이야? 어떻게 농촌에서 그 많은 사람을 모을 수 있었을까?"

"이미, 바꾸자는, 공동 목표와 연대의식이 있었던 게지."

혼자 봉기하면 폭동으로 끝나지만 같이 일어나면 혁명이 된다. 전봉준은 임술민란의 교훈을 잘 알고 있었다. 민심을 이어주는 것. 뜻이 다르더라도 소통하는 것. 서로 힘을 합하는 것. 혁명을 위해서는 분명한 전략과 엄정한 군기도 가져야 했다. 모으려고 하기보다 모이도록 만들어야 했다. 그런 점에서 동학 지도부는 탁월했다.

원평 김덕명의 집에서 전봉준, 김개남, 손화중이 만나면, 조소리 전봉준의 서당으로 최경선, 차치구, 손여옥, 김인배와 같은 이들이 모여들었다. 그들은 또 각각 자기 지역으로 돌아가 다른 지역의 접주들과 접촉하며 위에서 결의한 사항들을 전달했다. 그것은 향회의 방식에서 발전해 다른 지역과 연대하는 새로운 방식이었다. 실제로 동학의 포접제는 농민을 동원하는 데 놀라운 효과를 보였고, 전봉준과 그의 무리는 봉기 전에 이미 사발통문을 썼고, 백산에 모였을 때에는 창의문이나 행동강령, 폐정개혁안을 이미 가지고 있었다. 그들은 광화문복합상소와 보은집회를 거쳐 혁명의 명분을 확보했고, 외국인 공관에 괘서, 방문, 격서를 붙이면서 민중의 호응을 받는 구절을 터득했다. 일단 목표는 보국안민輔國安民이었지만, 멀리 보자면 '척양척왜'의 반제로 나아가야 했다.

전봉준은 주도면밀했다. 그는 봉기 이전에 손화중, 김개남, 김덕명의 동의를 구했고, 이미 사발통문을 쓰면서 봉기를 준비했고, 고부 봉기 직후에는 줄포의 세미창을 털어 식량을 준비했다. 전봉준은 이미 최고의 전략가였고, 문장이 탁월했고, 대안을 제시할 줄 알았다. 그를 따르는 사람들은 작은 체구의 빛나는 눈동자에서 거인의 모습을 보았다. 최경선과 차치구, 손여옥이 그를 받쳐주었고, 심지어 남도의 끝 장흥, 보성, 흥양(고흥) 등지에서도 그를 찾아왔다. 장흥 대접주 이방언이 장성 황룡촌 전투에 참여해 장태라는 신무기를 제안해, 그것으로 홍기훈의 관군에 대승을 거두었다. 황룡촌 전투의 승리는 호남 전역에서 모여든 동학농민군의 협조 때문에 가능했다. 대다수의 동학군이 갑자기 모인 오합지졸에 불과했더라도 그들은 전투시 명령을 잘 따랐고 질서를 지켰고 가진 것보다 더 큰 힘을 보였다.

삼남길을 따라 정읍으로 올라가자 손화중의 집터가 나타났다. 거기에는 팻말 하나가 달랑 세워져 있을 뿐, 손화중을 되새길 만한 기념비조차 없었다. 동학농민혁명 당시에 가장 인기 있는 장수이고, 가장 많은 농민군을 이끌었던 장수였건만, 정읍 사람들은 그를 너무 기억하지 않았다. 다른 지역 같았다면 그의 성공과 실패에 대한 평전이나 소설 한 권쯤 나오지 않았을까 하는 생각이 들었다. 부근에 있는 손화중 묘소를 찾아갔다. 나는 그게 시

손화중 생가터

신이 없는 묘라고 할지라도 손화중을 위한 기념비라고 생각하며 참배했다. 어쩌면 그가 있어 전봉준이 혁명을 시도했을지 모른다.

초산봉 자락을 넘어 정읍천을 지나 정읍시청에 이른다. 정읍시청 건물 위에는 '약무정읍 시무민주若無井邑 是無民主'라는 말이 붙어 있다. 그것은 '호남이 없다면 국가도 없다若無湖南 是無國家'는 이순신 장군의 말을 살짝 바꾼 조어로서, 이순신이 1589년 정읍 현감으로 1년 4개월간 근무했다는 사실을 일깨워주면서, 7년간의 임진왜란 기간에 호남 사람들과 어떤 관계로 지냈는지 추측하게 해준다. 이순신은 둔전병을 만들어 농민들을 독려하며 생산성을 높이고 성을 쌓고 판옥선을 만들어 전투에 임해 이순신과 호남 사람들은 찰떡궁합으로 일본군에 대처해 그들의 함대가 남해를 거쳐 인천으로 나아가는 것을 막았다. 정읍시에서는

충렬사 이순신장군상

그 말을 조금 바꾸어, '만약 정읍이 없었다면 민주주의가 없었을 것'이라고 표현한 것이다.

'시무민주' 정읍을 동학혁명과 연결시킨다. 동학농민혁명으로 민중은 근대적 주체성을 획득하고, 신분 타파를 이뤄냈으며, 하나의 민족운명체를 이뤄냈다. 혁명이 있었기에 양반과 천민이 평등해지고, 서로 힘을 합해 독립운동을 하고, 마침내 민주주의를 실현했다는 것이다. 그런 점에서 정읍을 동학혁명의 성지에서 한 걸음 더 나아가 민주주의의 성지로 만들 생각을 한 정읍시청의 기획은 훌륭했다. 정읍(당시 고부, 태인 포함)이 동학혁명의 발상지이고, 혁명을 통해 집강소 시대를 열었고, 그런 정신에서 민주주의를 지켰다는 게 전혀 어색하지 않았다.

2. 정극인의 고현 향약과 일재 이항의 정신

충렬사 뒤편으로 성황산에 오르니 멀리 내장산 서래봉이 다가오고 북으로 펼쳐진 칠보산이 지척이다. 그 칠보산 자락에서 정극인이 고현향약을 만들었고, 일재 이항이 호남의 성리학을 열었고, 무성서원에서 최익현이 의병을 일으켰다.

무성서원은 전라북도에서 유일하게 유네스코 세계유산으로 등재된 서원이다. 신라 말 유학자 최치원은 태산(태인)군수로 왔고, 피향정에서 시를 읊으며 나라가 기우는 것을 지켜보았다. 그 옆에 원촌마을은 정극인이 「상춘곡」을 읊은 곳이고 고현향약이

무성서원

출현한 곳이다. 태산선비문화권으로 불리기도 하는 이곳은 호남 지역에서 선비가 가장 많이 배출된 곳이고, 향약으로 마을의 규칙을 만들고 향회를 통해 지방자치를 실시한 곳이다. 거기서 남서쪽으로 10킬로미터쯤 내려가면 일재 이항의 남고서원이 나온다. 태인은 조선시대에 호남 선비들의 중심지였고, 일재 이항의 성리학이 뿌리내린 곳이다.

원촌마을에서 남고서원에 이르기까지 이곳 산자락은 선비들의 고장이었다. 정극인은 고현동 향약을 만들어 마을이 지켜야 할 규약을 만들었고, 마을 사람들은 향약의 규칙 속에서 저희만의 민주주의를 실현해나갔다. 마을이 부당하게 불이익을 당할 때에는 향회에서 선출된 영좌가 나서 고을의 수령과 면담하고 그것의 시정을 요구했다. 김개남의 일족인 도강 김씨들은 연산군에 항거했고, 많은 이들이 향약에서 적극적으로 활동했고, 임진왜란 때 의병활동에 적극적으로 참여했다. 그리고 김개남과 그의 일족은 동학혁명에 주도적으로 나섰고, 그뒤에 의병 활동에도 적극적이었다.

19세기 들어 임금의 외척과 세도세력의 발호로 나라의 법도가 무너지고 수령의 탐학이 심해지자 사족들은 뒤로 물러서고 몰락 양반이나 중인들이 리더로 나섰다. 임술민란 당시의 주모자들 대부분이 향회의 영좌 출신이었고, 갑오년의 전봉준과 그의 무리도 향회의 영좌들이었다. 더욱이 갑오년에 영좌들은 서로 연대하며 호남을 하나의 연결망으로 이었다.

정극인 동상

상춘곡 노래비

한편 정읍에서 백제 시대 가요인 「정읍사」가 출현했다.

"달하 노피곰 도다샤 어긔야 머리곰 비취오시라."

우리 머리 위를 비추는 '달님', 그것이 내 마음속에 들어오면 하나의 이상이 되고, 또한 나를 지켜주는 '시천주侍天主'의 하느님이 된다. 사람들은 모두 가슴속에 달님 하나씩 품고 사는데, 그런 점에서 누구나 대등한 하느님을 모신 셈이고, 누구나 평등하게 살 권리를 갖는다. 멀리 떠난 임을 비추는 달빛은 임을 바른길로 인도한 뿐만 아니라 나 자신에게도 바르게 살 방법을 제시한다. 동학교도들이 그런 달을 모시듯, 내 안에 모신 하느님의 손을 잡고 밖으로 나와 풍물놀이를 하면 얼마나 신났을까.

원촌마을의 중심에 무성서원이 있고 그 모퉁이를 돌아가면 정극인의 동상과 「상춘곡」을 새긴 노래비가 나온다. 옛날에는 그곳을 '고현 마을'이라고 했는데 시산리, 와우리, 무성리, 반곡리 네 개 마을을 합한 명칭이었다. 정극인은 그 마을들을 중심으로 삼아 유교적 이상을 가르쳤고 공동체의 규약을 만들었다. 무성서원에서는 최치원과 정극인, 신잠을 배향했는데, 그곳에서 주민들에게 향약을 가르쳤다. 주민들은 현재까지도 고현향약의 규약을 지키며, 유교의 예법을 지키며 상부상조한다.

공명도 날 꺼리고 부귀도 날 꺼리니
맑은 바람과 달 이외에 어떤 벗이 있겠는가?

정극인이 노래한다. 여기서도 '달'이다. 「상춘곡」에서 명예와 부富를 초탈한 유학자는 '청풍'과 '명월'을 벗 삼아 살아간다. 그런 맑은 벗을 가졌을 때 사심이 사라지고 더 좋은 세상을 만드는 일에 나서게 된다. 또한 자연 질서에 순응하며 성리학의 이상에 다가가고자 할 때 모두 함께 살아갈 공동체가 만들어진다. 그때만 해도 조선은 주자학의 이상을 실현하며 선비들은 자기가 좋아하는 세상을 만들기 위해 노력했다. 그곳에서는 사람과 사람 사이, 혹은 사람과 자연 사이에서 생명의 교류가 일어나고, 세속과 초탈 사이를 넘나들며 자유롭게 살았다. 500년 전, 퇴계와 편

남고서원

지를 나눠 유명해진 기대승은 서울로 올라갈 때마다 남고서원에 들러 일재 이항을 만나고, 무성서원에 들러 최치원을 참배했다.

  퇴계보다 두 살 많은 일재 이항은 서경덕과 율곡 사이에서 '기氣' 중심의 일원론을 펼쳤다. 그것은 호남의 근왕勤王 정신의 뿌리가 되었고 김천일과 같은 의병장을 배출했다. 동학도 크게 보면 기氣 중심의 유학이라고 말할 수도 있는데 동학에서 자기 내부에 하느님을 모신다는 사상은 "자기의 사욕私欲을 이겨내고 다시금 천리天理를 회복하게 된다"는 이항의 논리를 조금 변형시킨 것처럼 보이기도 한다. '천리'를 '지기至氣'로 바꾼다면 말이다. 다시 말해 '맑은 기'만 가져도 하느님을 모시고 세상 밖으로 나가 잘 살게 된다는 말은 이항의 기의 철학에서 멀리 나아간 것으로 보이지 않는다. 이런 지역적 전통에 익숙한 정읍 지역의 농민들은 더욱 쉽게 동학사상을 받아들였다.

향약에서 가장 중요한 덕목은 덕업상권德業像勸과 환난상휼患難相恤이다. 좋은 일을 서로 권하고 어려울 때 서로 돕는다는 것이다. 그렇듯 권하고 돕는 마음은 나라가 위기에 처했을 때 의병 창의에 나서고, 임금과 조정이 부패했을 때 목숨 걸고 상소문을 올리게 된다. 그런데 19세기 들어 그 파레시아의 기능이 멈추었다. 안동 김씨와 집권세력들이 '반청'과 '북벌'이라는 거짓 이념으로 백성을 공황장애자로 만들어 청나라를 무시하면서도 사대를 하고, 그런 식으로 일본을 배척하다가 개화파가 협조하고, 끝내 갑오년에 일본군을 도와 농민군을 학살하더니 아무런 생산력도 갖지 못한 국가를 만들고 말았다.

남고서원의 마루에 앉아보면 유학자들의 단아한 모습이 떠오른다. 기대승은 퇴계에게 편지를 보내기 전에 일재 이항의 집에 들러 미리 편지를 보여주며 토론했고, 퇴계에게 이항의 소식을 전하기도 했다. 퇴계와 기대승 사이에 논쟁이 벌어질 때에는 이항이 기대승에게 이런저런 제안을 하기도 했다. 그 길을 따라서 과거시험 보러 지역 인재들이 올라갔고, 동학농민군이 치고 올라가기도 했다. 한편 그 길을 거꾸로 다산 정약용이나 추사 김정희와 같은 이들이 유배를 떠났고, 그럴 때 지역의 선비들은 어김없이 그들을 찾아뵙고 배움을 청했다. 죄인에게 배움을 청하는 독특한 문화가 호남에 만들어졌고, 실제로 호남에서는 유배 온 김굉필의 영향을 받아 호남 유학자들이 배출되기 시작했다. 아무튼 그런 가운데 다산은 엄청난 저술을 했고, 추사는 독특한 서체를 창안했으며, 심지어 방랑시인 김삿갓은 화순에 와서 노래하다가 죽었다. 그럴 정도로 호남은 기인과 예인, 비판적 지식인을 품에 안는 땅이었다.

정읍은 550년 전 고현 향약을 만들어 한 번도 끊이지 않고 지속한 곳이다. 어떤 점에서 아테네의 '귀족 민주주의'와도 같은 것을 실현했다고 할까. 300명에 이르는 사람들이 향약이라는 엄격한 규칙 속에서 서로 제안하고 토론하며 마을의 발전 방향을 찾았고, 공동체를 위해 대안을 내놓았다. 그것은 조선의 토론 문화를 형성시켰고 거기서 합의된 사항을 가지고 영좌가 지방 수령을 찾아가 담판을 지었다. 그 향회를 모티프 삼아 두레, 촌계村契가 생겨났고 주민들은 그것들을 통해 단합하고 일하며 함께 즐겼다.

그런데 18세기 중엽부터 대동법과 환곡 같은 좋은 시스템도 망가지기 시작한다. 가난한 자를 돕던 환곡은 할당제로 바뀌어 탐관과 아전들의 수탈의 도구가 되었고, 그것이 가난한 자의 목을 더욱 조여 결국 사람들은 집을 떠나야 했다. 그래도 시장이 커진 시대라서 장터에서는 농악대가 사물놀이판을 벌이고 광대들이 판소리 한마당을 열었다. 그런데 그것이 민중의 폭발적인 관심을 받은 것은 웃음을 자아내기도 했지만 사회 비판적 내용이 사람들의 가슴을 시원하게 해주었기 때문이다.

탐관들이 물불 가리지 않고 나서자 사족들이 향회의 영좌 자리에서 뒤로 빠졌고, 그러자 전봉준 같은 몰락 양반들이 향회를 장악하면서 새로운 상황을 만들었다. 전봉준은 각 지역들과 연대하면서 향회를 민회의 형태로 발전시켰다. 1837년 영천의 수령은 이에 대해 불만을 터뜨린다. "향회란 사론士論이나 읍사邑事로서 크고 중요한 일이 아니고서는 한두 사람이 함부로 소집할 수 없는 것인데, 이 몇 년 사이에 하나의 일만 있어도 모이고 지시 하나만 내려도 모여, 선비를 협박하고 민심을 소란케 하는 등 장차 그 피해가 어디까지 이를지 모르겠다."(「영천향회中下帖」) 그때 이미 향회는 비판적 지식인, 혹은 저항세력의 수중에 들어가 그 수장들이 혁명의 기운 속에서 중요한 역할을 했다.

  1862년 임술민란의 시기에는 향회가 활성화되었고, 1894년에 이르면 향회가 민회의 형태로 발전했다. 임술년의 농민항쟁은 일시적으로 폭발했더라도 각 지역이 서로 연계되지 못했다면, 갑오년에 이르면 서로 연대하며 '공론의 장'을 만들었고, 그 민회의 스타들은 서로 힘을 모으며 대안을 찾았다. 그런 움직임 속에서 공주와 삼례의 집회가 광화문복합상소로 이어지고, 그것이 다시 보은취회로 그리고 혁명 전야와 같은 금구 집회로 이어졌다. 주모자들이 모여 혁명을 결의하면 전봉준은 눈앞의 대책을 넘어서 사회 개혁 방안까지 내놓았다. 향회와 두레에서는 그것에 대해 토론했고, 특히 두레는 지주층의 간섭을 철저히 배제한 독자적 기구였기 때문에 더 많은 논의를 할 수 있었다. 전봉준이 고부에서 봉기할 때 향회, 두레, 촌계가 모두 열렸다. 그리고 당시 농한기였기 때문에 각 조직의 절대적인 지원을 받았다. 특히 그것들은 동학의 포와 접으로 흡수되어 엄청난 폭발력을 가졌다. 1907년 일본 통감부가 서둘러 향약을 폐지할 정도였다.

3. 19세기와 혁명의 땅

현재 정읍시는 태인면과 고부면을 포함해 14개 면과 신태인읍 그리고 8개의 동으로 이루어져 있다. 19세기의 태인, 고부, 정읍이 하나의 시로 묶인 셈이다. 그런데 19세기만 해도 고부와 태인의 인구가 정읍 인구의 세 배 정도였다. 1789년 가구수를 조사한 것에 따르면, 정읍이 1만 호였다면, 태인이 3만1000호, 고부가 2만9000호 정도였다. 한 집에 4명 정도가 산다고 가정한다면 정읍에 4만 명, 태인과 고부에 12만 명이 살았다는 것을 추측할 수 있다. 세 개의 군을 합하면 정읍의 평야지대에 28만 명 정도의 사람들이 북적거리고 살았으니, 어쩌면 제법 인구밀도가 높았던 지역이다.

"동진강 유역은 그 당시 가장 돈이 많은 곳이었네."

조병갑이 고부군수가 되고자 안달했던 것은 동진강 유역의 배들평야, 화호평야, 백산평야에서 빼돌릴 것이 많았기 때문이다. 만서보 쉼터 전망대에 올라 동진강 하구로 펼쳐진 들판을 바라보면 탐관과 아전, 요호부민들이 일제강점기까지 누렸을 풍요

만석보유허비

만석보 동진강 풍경

가 떠오른다. 만석보에서 시작해 김제, 옥구, 익산까지 드넓은 평야지대가 펼쳐지는데 곧 호남평야다. 만석보 왼편 배들평야에 전봉준이 훈장을 하기 위해 정착했고, 그 뒤에 오른편 화호리에 일본인들이 정착했다. 일본인들이 화호리를 쌀 수탈의 교두보로 삼아 본격적으로 전답을 사들이기 시작했다. 또한 그곳에 '신태인'이라는 기차역을 만들었고 1899년에는 군산항을 개항해 그곳에서 쌀을 실어 날랐다.

만석보는 조병갑의 착취의 상징물이자 일본의 쌀 수탈을 지켜본 현장이다. 현재 정읍근대역사관은 그 당시 쌀 창고로서, 그 뒤로 우리 국토 1050만평을 소유한 구마모토 리헤이의 부를 짐작케 한다. 지금도 일본인 가옥과 창고, 병원, 우체국 등이 그

화호리 일본인 가옥

대로 남아 있는데, 그 건너편 조소리에서 살았던 전봉준이 '척왜양'의 깃발을 들고 일어난 이유를 뒤늦게 알 것만 같다. 전봉준은 자신의 삶의 터전을 빼앗길 것을 미리 예측했던 것이다. 1916년 일본인이 차지한 토지 소유 면적은 그 부근 경지 면적의 58퍼센트에 달했다. 1910년대 초반 전북의 쌀 생산량이 연간 112만 석이었다면, 1930년대에 200만 석을 돌파했다. 그리고 그 20년 사이에 일본인이 군산항에서 반출해 간 쌀의 양이 네 배로 늘어났다.

   조선의 19세기는 자본의 시대로 진입했지만 나라의 곳간은 갈수록 비었고 백성이 먹고 살 길은 갈수록 막막해졌다. 누구도 자본의 시대에 새로운 대책을 내놓지 못한 채 서로 자기 살만 뜯어먹다가 서양과 일본 오랑캐들에게 봉변을 당했고, 그로 인해 성리학의 이상 자체가 송두리째 흔들렸다. 무엇보다 백성을 하나로 묶을 중심적인 사상이 나타나지 않았다.

"19세기 들어 모든 게 엉망이 되고 말았어. 안동 김씨 같은 외척과 세도세력이 나라를 빈 깡통으로 만들었고, 그들은 시종일관 중화만 외쳤지. 그런 거짓이 모든 걸 무너지게 만든 거야."

"왜, 중화를 거짓이라고 해?"

"자신을 속이면 자아를 잃고 자아를 잃으면 결국 나라도 잃게 만들어. 우리만의 독자적인 것을 찾으려는 노력을 나쁘게 볼 필요야 없지만, 청국에 대한 조공과 반청이라는 모순이 자꾸 거짓을 낳고, 또 거짓을 가리기 위해 소중화를 만들다가, 나중에는 주희의 묘를 만들고, 명나라 마지막 임금에게 제사를 지내고, 그것도 부족해 제갈공명과 관우의 사당을 만드는 황당무계한 일들을 벌이게 되지. 그러다가 나라가 해야 할 일을 다 놓친 것이지."

모든 정상이 비정상으로 바뀌었다. 중앙정부가 지역에 세금 할당을 하면 탐관과 아전들은 그것을 달성하기 위해 할당제를 만들었고 백성을 더 쥐어짰다.

"그 숭고한 성리학의 이념이 그 정도로 타락했어?"

"타락이야 언제나 순식간이지. 모두 쥐떼처럼 벼랑으로 치달으면서도, 그 피리소리가 자신들을 죽이는 소리라는 것을 아무도 몰랐을 따름이지. 그리고 시스템 자체가 무너지니 모두가 자기 살 길만 찾은 셈이지. 그게 자기 죽을 길인 것을 알지도 못한 채, 쇠갈고리로 백성만 긁어낸 것이지."

그랬으니 농토가 줄어들고 양민들이 집을 떠났고 또 사람들이 죽어나갔다. 그런 가운데 서양과 일본의 외국인들은 끝없이 들어오고, 언뜻 볼 때 시장이 확장되고 보부상이나 요호부민이 늘어났지만, 백성은 살 길이 없어졌다. 관아의 아전들은 더 악랄해졌고, 기술이 좋은 중인들은 돈을 벌어도 허전해졌다. 그래서 어떤 이들은 인왕산 자락 송석원에서 모여 양반 흉내를 내며 시와 노래를 즐겼지만 그 허전함을 메꾸지는 못했다. 그런 가운데 신재효가 판소리를 집대성해 정악과 대비될 만한 음악 장르로 만들었다.

"놀라운 일이야. 나라는 망해가는데 백성은 흥을 잃지 않았으니 말이야. 그런 분위기였으니 최제우가 살 길 찾는 내용을 한글 노래로 만들었고 또 동학으로 무장한 혁명세력이 나타난 것이지."

최제우의 한글 노래는 민중의 마음속에 파고들었고 동학은 급속도로 퍼져나갔다. 왕실과 조정은 부패하고 인플레이션은 극성을 부리고 일본과 서양 세력들이 나라를 유린하는 가운데, 동학은 백성을 살리는 실현 가능한 대안으로 자리를 잡았다. '시천주 주체성'의 위력은 점점 더 커졌다.

박태원의 『갑오농민전쟁』에서 삼돌이 여동생 서분을 구하는 장면을 보면 그런 시대 변화가 느껴진다. 서분은 1냥의 빚 때문에 이 진사댁에 맡겨져 여종 살이를 하는 시세다. 삼돌이 5년 후에 돈을 벌어 동생을 찾으러 갔으나, 이 진사 부인은 해마다 두

배의 이자를 쳐서 32냥을 내놓으라고 요구한다. 서분을 돌려주기 싫다는 말이었다. 그럴 경우 관아에 신고해도 힘없는 사람은 핀잔 듣고 곤장만 맞고 나오기 쉬웠다. 그래서 대부분 눈물을 머금고 포기하고는 했는데, 새로운 주체들은 달리 방법을 찾는다. 오상민은 삼돌에게 억지에는 억지를 써야 한다고 말하며 방법을 제시했다. 활빈당의 힘이라도 빌려 서분을 찾아오자는 것이었다. 그리하여 이 진사댁이 장터 인근에 도착했을 때 업구렁이를 던져 그 일행을 멈추게 한 뒤, 사람들에게 서분이의 사연을 알리고, 활빈당의 위협과 사람들의 의분으로 서분을 구해내는 것이다. 상민의 예상대로 장터 사람들이 서분의 사연을 듣자 분노한다.

"저년을 때려 죽여라!"

익명의 민중이 들고 일어날 판이었다. 올바르지 못한 일에 분개한 민중은 어느 순간 폭도로 바뀔 수 있다. 자기 일이 아니더라도 "죽여라!"와 같은 추임새가 나올 때 언제 돌팔매질이 날아올지 몰랐다. 특히 저마다 그렇게 당한 억울함이 한둘씩 있다면, 무슨 일이 벌어질지 몰랐다. 심상찮은 분위기에 새파랗게 질린 이 진사댁이 달아나고 사람들은 환호성을 지른다. 그러면서도 이 진사댁이 서분에게 새 신발을 내놓으라고 잇속을 챙기자, 서분은 신짝을 주인아씨 이마에 내던진다. 서분은 비로소 해방되어 오빠의 품에 안긴다. 그것은 새로운 주체의 탄생으로 비롯된 일이다.

이 사례는 활빈당을 이용해 동생을 찾는 것이라서 문제가 없지 않지만, 어쨌거나 환곡으로 붙잡혀간 양민의 딸을 구해내는 장면으로, 민중이 서로 힘을 합해 문제를 해결하는 모습을 보여준다. 그것은 또한 민중이 혁명세력에 어떻게 협력할지, 농민군에 어떻게 가담하게 될지 짐작하게 해준다. 사람들은 사람 사는 세상을 만들어보자고 동학에 들어갔고, 시스템 자체가 붕괴된 시대에 '시천주 주체성'을 획득하고서 각자의 '서분이'를 구하기 위해 나섰다.

고부 조소리에서 서당을 차린 전봉준은 혁명 동지를 모았고, 각 지역의 접주들과 연대하면서 힘을 키웠다. 손화중의 주도로 금구집회를 성공적으로 마치자 이제 남은 것은 혁명이었다.

금구집회 때 원평의 학수재와 구미란 전적지 산자락 아래 펼쳐진 장터에 모여든 1만여 명은 이제 언제라도 농민군으로 변할 태세였다.

"저들에게 선물을 줄 수 있을지요?"

전봉준이 물었다.

"10만 명이 모인다면 그럴 수 있지."

김덕명이 대답했다. 아직 사람들이 그 정도로 호응하지는 못했다. 그런데 대도시도 아닌 농촌 들판에서 만 명을 모았다는 사실은 이미 혁명 전야임을 나타낸다. 보은집회에는 동학교도 총집결이라는 명이 내려졌음에도 3만 명을 크게 넘기지 못했다.

전봉준은 원평에 모인 만 명의 사람들을 바라보며 그 10배가 되는 구름 같은 인파가 모일 날도 머지 않았다고 생각했다. 공주와 삼례 집회, 광화문 복합상소를 경험한 동학의 지도부는 보은집회를 열면서 더욱 고무되었다. 이제 조정의 신료들도 쉽사리 동학을 탄압하지 못했다. 또한 포접제의 위력은 더욱 놀라웠다. 위에서 한번 신호를 보내면 순식간에 전국에 명령이 하달되고 즉각 몇 만 명의 사람이 모였다.

"우리가 저들을 이끄는 게 아니라 저들이 우리를 나서게 만들어야 합니다."

"그렇지. 그래, 넌 개벽을 이뤄낼 것이야."

김덕명이 전봉준에게 말했다. 동학의 하느님은 서학의 하느님과 다르게, 너 스스로 주체가 되라고 요구하고, 그럴 때만이 함께 나가서 세상을 개혁할 수 있다고 말하는 점에서, 전봉준은 동학이 외부의 타자들을 한 곳으로 모을 힘을 가진 것처럼 받아들였다.

전봉준은 시천주 주체로서 세상을 바꿀 수 있다고 믿었고, 포접제를 활용해 사람들이 자발적으로 모이게 만들었다. 그는 견성수련에 빠지기보다 동료들을 만나고, 행동강령과 창의문을 만들고 농민군이 따르게 할 방법을 찾았다. 손병희와 같은 경우도 '보국안민'을 가장 큰 가치로 여겼는데, 최시형을 직접 모시고 따르되 종교적 체험, 즉 영성을 획득하거나 초월적 세계로 들어가기보다는 세상을 바꾸기 위해 고민했다. 한편 최시형의 경우에도 동학은 실천적인 삶의 문제였지, 종교적 초월로 날아가지는 않았다. 그럼에도 박태원이 『갑오농민전쟁』에서 동학을 종교로만 대하고, 종교로서의 동학을 극복해야 한다고 말한 것은 다소 아쉽다. 허구로 만들어진 소작농 출신인 오상민이 전봉준을 도와 썩어빠진 봉건사회를 때려 부수고 민중의 세상을 만들고자 한 것을 높이 사더라도, 그렇게 할 때 실재로서의 동학과 전봉준은 놓치고 만다.

오상민이 민중의 자각을 대표한다면 전봉준은 유학의 언어로 유학적 질서를 뒤집어엎는 방식을 택했다. 전봉준이 어윤중에게 보낸 글을 보면 "일본이 임금을 위협했으나 조정에서 이를 부끄러워하는 사람이 하나도 없으니, 이 땅에 의리는 어디에 있으며 우리 농민들이라도 일어나야 했다"고 말한다. 전봉준은 사대부를 질타하고 사대부의 언어로 충忠을 강조하면서 '부끄러움'을 모르는 자들이 어찌 유학자라고 할 수 있느냐고 묻는다. 우금티 출정식 직후 박제순 충청감사에게 보낸 글을 보면 더욱 그렇다. "양호창의 영수兩湖倡義領袖 전봉준은 삼가 호서순상湖西巡相 합하께 백번 절하고 글을 보냅니다. (…) 지금 조정 대신들은 구차하게 목숨을 보전하려는 생각에 위로는 임금을 위협하고 아래로는 백성을 속이며 동쪽의 오랑캐와 결탁하여 남쪽의 백성에게 원한을 샀으며 친병親兵을 함부로 움직여서 선왕先王의 적자赤子를 해치고자 하니 이것이 참으로 무슨 의도이며 도대체 무엇을 하려는 것입니까?"

여기서 전봉준의 태도를 보면 그는 철저히 유학자의 태도를 취하면서 관군의 수장이나 관찰사에게 서신을 보내면서도 스스로 '양호창의 영수'라고 말함으로써 관찰사와 대등한 위치에 있다는 것을 밝힌다. 그렇다면 전봉준의 예절은 농민군들에게는 안심을 시키되, 관군의 수장이나 관찰사에게는 더욱 불편하게 만드는 전략이다. 그것은 관료들이 나라를 망쳤으니 너희가 정신 차려 나의 역모에 가담하라는 말로 들리기 때문이다. 그런 점에서 전봉준은 철저히 유학의 언어로 관료들을 불편하게 하면서 자신의 정당성을 이야기하는 방식을 택했다. 그럴 정도로 전봉준은 유학에 능한 사람이고, 어떻게 말해야 관리들이 더 불쾌할지 알 뿐만 아니라 너희의 잘못을 우리 농민군이 시정할 테니 나라를 우리에게 맡기라고 질책한다. 겉으로는 너희가 우리를 도와 올바른 나라를 만들자고 말하지만, 사실은 그들에게 모욕을 주면서 그들의 사기를 저하시키려 한 것이다.

전봉준은 향회에서 대표자를 맡으면서 유학의 언어에 익숙해졌을 뿐만 아니라 수령과 만나 담판을 벌였을 때 이런 방법을 택했을 것이다. 그는 철저하게 현실적으로 인식하면서 상대방의 실수를 조장하고, 농민군의 현실적 한계를 인식하면서 그 다음의 대책을 세웠다. 특히 그는 전주성을 함락시킨 뒤에 서울까지 그대로 밀고 나가는 것이 옳은지, 여기서 멈추는 일이 옳은지 나름대로 판단했다. 전주를 점령한 기세를 그대로 밀고 나가는 것도 중요했지만 죽창 하나 들고 나선 농민군들에게 돌격만 시킨 다고 모든 일이 해결될 수 있는 것도 아니었다. 완산칠봉에 자리 잡은 홍계훈의 화력은 농민군을 압도했고, 서울까지는 먼 거리를 치고 올라가자면 그 사이에 어떤 일이 벌어질지 알 수 없었다. 만약 서울에 당도하더라도 단숨에 조정 신료들을 몰아내는 것이 아니라면, 치고 빠지며 도중에 성과를 거두는 게 더 나을 수도 있었다. 그것이 김학진 감사와의 전주화약을 이루게 하고 집강소 시대를 열게 했다. 혁명이란 전투 한두 번 이긴다고 이뤄지는 것이 아니라, 혁명의 이념을 실현해보는 일이 더 중요할 수도 있다. 그러면 그것을 체험한 민중은 두고두고 혁명의 불씨를 되살려낼 것이기 때문이다.

우리는 상두산 자락의 지금실로 들어섰다. 김개남 생가터에는 잡초만 무성한 채 버려져 있었고 사람 산 흔적조차 찾기가 힘들었다. 골목 어귀를 돌아 저수지 아래에 자리 잡은 김개남의 묘소를 찾았다. 그는 가장 혁명가다웠던 사람이다. 그는 잘못된 시스템을 과감하게 쳐내며, 바뀐 세상을 받아들이지 못하는 수령이나 양반들을 호되게 다루었다. 그래서 훗날 체포되었을 때 험한 꼴을 당했다.

김개남이 들었던 칼은 최제우가 들었던 용천검이 아니었던 모양이다. 그이 칼춤은 백정과 포수, 천민들을 환호하게 만들었지만 적들에게는 원한을 심어주었다. 그런데 하필이면 묘소가

김개남 묘소

김개남 생가터

저수지 밑일까. 누란의 위기 속에서, 혁명가는 저런 위기 속에서 살아가야 하는 사람일지 모른다. 어느 쪽인가 택해야 하고 자기 행동에 대해서는 자신이 책임져야 한다. 만약 홍수로 저수지 둑이 터진다면 김개남의 묘소는 흔적도 남지 않을 것이다. 다행인지 아닌지 그 묘소에는 김개남의 시신이 없었다. 빈 묘에 추모비가 세워졌을 따름이다.

그런데 전봉준의 발언도 점점 거칠어졌다. 그가 전라도에 붙인 격문을 보자. "지금 왜놈과 양놈 도적들이 나라의 심장과 폐에 들어와 혼란이 극에 달했다." 그러니 "우리 수백만 백성이 힘을 합쳐 죽기를 맹서하고 왜놈과 양놈을 깨뜨려 타도하자."(『녹두장군』, 4:356) 그는 국민 전체에게 말을 걸고 발언의 수위를 점점 더 올렸다. 여기서 핵심은 '수백만 백성이 힘을 합쳐 죽기를 맹서하고' 나서자는 것이고, 그는 이 말 속에 혁명의 모든 것을 담았다는 점이다. 스스로 목숨 걸고 나선 자는 금기로 되어 있는 진실을 말할 수 있는 용기를 지닌다.

4. 동학과 파레시아

"어찌 바른길을 구하며 살기를 원한단 말이오?"

이순신은 이런 말을 하며 적과 맞서 싸웠다. 그는 전투에 임해 하늘의 뜻은 하늘에 맡기고 사람의 힘으로 할 수 있는 일을 다했다. 그리고 그는 최후까지 싸우다가 죽었다.

"내 죽음을 알리지 말라!"

이순신이 노량 전투에서 총탄을 맞자 아들에게 대신 북을 치게 하며 말했다. 그는 죽음으로써 나라를 지켰다. 왜군은 그 뒤로 250년 동안 한반도를 넘보지 못했다.

"이순신과 호남 사람은 으떤 배짱이 서로 맞아부렀을까?"

O가 사투리를 쓰며 말했다.

"죽을 때 죽을깝시 쪽팔리진 말아야제!"

L이 사투리를 쓰며 단호하게 대응했다.

"그라제. 그렇게 말해놓고는 죽도록 싸웠겠제."

그렇기는 했다. L은 '쪽팔리는' 것을 제일 못 견뎌 했다. 그것은 호남 사람들의 핵심적 정신일지 모른다. 살자고 하면 죽고, 죽자고 하면 산다. 그런 식으로 결사적으로 달려들면 자기 능력보다 더 큰 힘을 내고 불가능하다고 여겨졌던 싸움도 이기기도 한다. 그래서 죽기를 각오하고 싸우는 게 무섭다. 진실을 밝히면 손해를 볼지언정 쪽팔리진 않는다. 그래서 죽을 각오로 싸우면 세상이 바뀐다.

'파레시아'는 푸코의 개념으로, 정치적 장에서 자기 자신의 의견을 목숨 걸고 말하는 것, 위험에 맞서는 용기, 위험할지라도 진실을 말할 수 있는 용기를 일컫는다. 대화 상대자가 권력자일 경우에 아래서 위로 치받을 때 당연히 목숨을 내놓고 말한다.

"지금 왜놈과 양놈 도적들이 나라의 심장과 폐에 들어와 혼란이 극에 달했다. 오늘날 수도는 오랑캐 무리의 소굴이 되었다. 가만히 생각건대 임진년의 원수와 병자년의 치욕(1876년 강화도 조약)을 어찌 차마 참고 말하지 않을 수 있으며, 어찌 차마 잊을 수 있다는 말인가."

무장 기포 때 전봉준은 이미 죽기를 각오하고 이런 격서를 붙였다. 이런 내용을 보았을 때 임금이든 조정의 신하든 대로할 것이다. 어지간한 시절에는 역모로 몰아 죽이기도 했을 것이다. 외세의 침략을 지적하고 있지만 더불어 조정의 무능함을 지적하고 있다. 그래서 임금 자신이 모욕당했다고 생각할 수 있다. 한 걸음 더 나아가 "간신이 조정에 가득하여 백성이 도탄에 빠졌다" 혹은 "백성이 곤궁한데 가렴주구는 더욱 심하구나." 이런 말을 들었을 때 어땠을까? 이는 영조 시절 나주 객사에 붙은 괘서의 내용으로, 그로 인해 20여 명이 죽고 소론이 멸문을 당하다시피 했다. 그런데 전봉준은 그런 정도의 말을 밥 먹듯이 하고 있다. 목숨 걸고 말하기가 생활화된 것이다. 선비들은 역모와 충언 사이에서 자기 길을 찾아야 했고, 전봉준은 목숨을 내놓고 말했다. 죽기를 각오하고 말하지 않는 한, 아무도 듣지 않고 그것을 진실로 알아주지도 않는다.

전봉준은 파레시아를 통해 지도력을 획득했다. 시천주 주체의 상태에서 나라의 시스템을 고쳐라, 간신들을 쫓아내라, 왜놈을 몰아내라, 이렇게 말한다면 자신의 권위에 도전하는 것처럼 여겨진다. 그러니 조정에서 그것을 용납할 리 없다. 소크라테스가 "너 자신을 알라!"고 말한 것 때문에 죽었다면, 그것은 네 목소리로 말하고, 네가 신과 구별되는 별개의 존재이므로 네 생각대로 행동하고, 네 판단대로 살라는 말이 된다. 그리고 그것은 주체가 되라는 말이다. 그런데 그것을 모르는 자에게 '너 자신을 알라'고 말한다면 그것은 '네 무지를 스스로 인정하라'는 말이 된다. 그럴 경우 주먹이 날아오는 것은 인지상정이다. 결국 소크라테

스는 처형당했다.

이순신이 자신의 죽음을 설계했다면, 전봉준은 자신의 죽음을 공론의 장에 올려놓았다. 그는 재판받으면서 심문관에게, "올바른 도를 위해 죽은 것은 원통하지 않으나 역적의 누명을 받고 죽는 것이 원통하다. 어찌 나를 컴컴한 도둑 소굴에서 남몰래 죽이려 하느냐? 종로 네거리에 내놓고 피를 뿌려라"고 나무랐다. 내 죽음을 만천하에 공개하고 백성의 평가를 받아라. 내가 바라는 세상이 곧 올 것이라는 전봉준의 확신이 그 속에 담겨 있다. 한편 최제우도 경상감사 서헌순의 취조를 받으면서 "오늘날은 순상이 비록 나를 죽이나 순상의 자손대에 가서는 반드시 내 도를 쫓으리라"고 말했다. 결국 최제우는 요즘 말로 내란음모죄인 좌도난정左道亂正이라는 죄목으로 죽었는데, 형을 집행하는 수령에게 네가 얼마나 잘못을 저지르고 있는지 알라고 말을 한 점에서 전봉준의 발언과 흡사하다. 그런 말을 들은 사람들은 얼마나 섬뜩했을까. 최익현, 안중근, 황현이 죽으면서 그런 말들을 남겼고, 일제강점기와 해방 후 독재권력의 탄압 속에서 시위를 하다가 붙잡힌 주모자들이 판사 앞에서 한 말들이 그랬다.

내 내부에 하느님을 모신 자는 얼마나 당당하겠는가. 최제우는 「검가」를 부르며 칼춤을 추며 '게으른 무수장삼'의 세상을 잘라내자고 말했다. 때로다, 때가 왔도다. 혁명의 때가 왔도다. 그러니 세상의 잘못을 용천검으로 잘라내고 '다시 개벽'으로 나아가자. 이런 뜻으로 노래했다. 결국 그는 내란 선동의 죄목으로 죽었다. 저 정도의 내용이 내란 선동급인 것이다. 그런데 그것을 행동하자고 나선 게 이필제고, 이필제의 자인 '명숙'을 똑같이 사용하면서 행동에 나선 자가 전봉준이다. 전봉준은 세상이 거짓으로 가득 찼고, 거짓 속에서 외척과 세도세력이 준동하고, 대동법이나 환곡도 백성을 수탈하는 제도가 되었으니, 모든 것을 잘라내고 뜯어고쳐야 한다고 직접적으로 말했다. 반면에 최시형은 훨씬 우회적이다. 그는 천민 출신 남계천을 전라좌도 편의장으로 세워 지금까지 한 번도 없었던 천민 지도자를 리더로 모시라고 메시지를 보냈다. 많은 이가 반발했다. 그러자 최시형은 남계천에게 전라우도까지 맡겨 전라좌우도 편의장으로 만들었다. 그것은 세상에 대한 강력한 발언이었고, 백정이나 천민과 같은 이들도 높은 자리에 올라갈 수 있다는 신호였다. 사실 동학 혁명은 그때부터 시작되고 있었다.

"지방 수령은 백성을 다스리는 도道를 알지 못하고 백성을 돈이 나오는 근원으로 바라본다. 더욱이 전운轉運을 창설하여 많은 폐단이 심하게 생기니 백성이 도탄에 빠지고 나라는 위태롭게 되었다. 우리가 비록 초야의 유민遺民이지만, 차마 나라의 위태로움을 앉아서 볼 수가 없다. 각 읍의 군자君子들은 한 목소리로 의기를 내어[齊聲奔義] 나라를 해치는 적을 제거하여 위로는 종사宗社를 돕고 아래로는 백성을 편안하게 하기를 바란다."(고부봉기 포고문, 1894. 1. 10.)

그것은 나라의 위태로움을 폭로한다. 수령은 백성을 수탈하고 백성은 도탄에 빠졌으니 이제 나라를 해치는 적을 치겠으니, 군자들이 힘을 보태 나라를 새로 세우자고 말한다. 이걸 읽은 손화중이 봉기가 시작되자 전폭적으로 지원했다.

전봉준은 '4대 강령'에서 사람을 죽이지 말고, 재물을 파괴하지 말고, 충효를 다하라고 말한 뒤에 왜적을 물리치고 권귀를 몰아내라고 말한다. 이는 거꾸로 성리학의 시대에 사람을 죽이고, 재물을 빼앗고, 충효가 무너지고 있다는 것을 우회적으로 공격하며, 우리는 나라를 위해 나섰다는 것을 자신 있게 말한다. '농민군의 기율'에서는 가난한 자는 먹이고, 곤궁한 자는 구제하고, 병든 자에게 약을 주고, 항복한 자는 사랑으로 대하고, 도주한 자는 쫓지 않는다고 말한 뒤에 불충, 불효, 탐학, 거역한 자를 벌한다고 말한다. 이는 유교의 이상국가를 세우겠다고 말하는 것처럼 보인다. 전봉준은 목숨을 걸었으되 성덕을 베풀고 모두 잘 사는 나라를 만들겠다고 선언하고 있는 것이다. 얼마나 무서운 전략인가. 마치 요순임금이 새로 오실 것 같다. 그랬으니 전봉준은 적에게 더 두려운 존재였다. 매천 황현도 『오하기문』에서 관군의 노략질과는 반대로 전봉준의 농민군은 백성에게 폐를 끼치는 일은 하지 않았고, 심지어 쓰러진 보리를 일으켜 세우며 행군했다고 말했다.

오지영의 『동학사』에 나오는 '폐정개혁 12개조'를 보면 노비문서 소각, 과부 재가, 토지 균등 분배와 같은 '반봉건'의 실천을 고지한다. 또한 반상과 귀천의 차별을 없애고 토지를 균등하게

황토현 전적지 '울림 기둥'

조형물 '불멸 바람길'

나눠 모두 먹고 살 수 있는 공동체를 만들겠다는 의지를 보인다. 사실상 양반 중심, 남성 중심, 장남 중심의 사회를 해체하고 서자건 천민이건 과부건 동등하게 살 수 있는 세상을 만들자는 것이고, 모든 걸 균등하게 분배해 다 함께 먹고 살 수 있게 만들자는 것이다. 그간 모든 실천적 논리가 역모로 몰리던 세상에서 이제 보다 구체적인 방안들이 나열되었다.

정읍 동학농민혁명기념공원에 가보면 연못 주변에 하얀 말뚝들이 서 있다. 거기에 동학혁명에 나선 90개 지역들의 이름이 새겨진 '울림 기둥'이 장관이다. 그것을 멀리서 바라보면 하얀 옷을 입은 농민군처럼 보인다. 그리고 그 기둥에 맑은 기운이 서려 있다. 백산에서 배들평야를 지나 황토현에 도착한 전봉준의 부대는 토성을 쌓고 관군을 유인해 대승을 거두었다. 기념공원 뒤뜰의 「불멸, 바람길」(임영선이 만든 조형물)이 그것을 잘 형상화했는데, 전봉준이 농민군을 이끄는 모습이 '사람 인人' 자의 형태를 이루고 부조에서 죽창과 총과 깃발을 든 채 걸어나온다. 맨 앞에 갓을 든 전봉준이 눈을 부릅뜬 채, 세상을 향해 무언가 발언하고 있는 듯하다.

농민군은 전봉준의 지휘 아래서 '반란' 혹은 '역모'라는 공포심에서 벗어났고, 자신들이 나라를 위해 나섰다는 자부심을 느끼게 되었다. 그것은 농민군의 자존감을 높여주고 농민군을 더 강하게 만들었다. 농민군은 관군보다 명분에 앞섰고 군기도 엄정해 행군길에 민가에 피해를 주는 일이 없었다. 그래서 백성의 신뢰를 더 얻었다. 농민군은 정예화된 군인이 아니었고, 무기를 다루는 데 능숙하지 못했지만, 그들의 사기만은 하늘을 찔렀다. 또한 관군 중에서 포로로 잡혔다가 풀려난 사람들은 전봉준을 신화화했다. 살려줘서 고맙다는 표시겠지만, 전봉준의 배포와 관대함을 칭찬하고 거기서 한 발짝 더 나아가 총탄이 그를 비껴가고, 그를 겨눈 적군 총구에서 물이 나왔다고까지 설레발을 쳤다.

그런 분위기 속에서 농민군은 우금티로 돌격한다. 모두 여한이 없다. 4월 27일 전주성을 함락하자, 4월 29일 고종이 청나라에 군대 파견을 요청했고, 5월 5일 청국 군대가 아산에 상륙하자, 5월 6일 일본군이 기다렸다는 듯이 인천에 상륙한다. 그다음 날 비로소 전주화약이 이루어지고 집강소가 설치되었다. 이런 급박한 상황 속에서 몇 달간의 집강소 생활은 꿈만 같았지만, 우리가 합심해 일본군을 몰아내면 더 좋은 세상이 올 것이라는 희망이 부풀었다. 농민군은 그 희망을 위해 다시 나섰고, 온몸으로 파레시아를 뿜어내며 일본군을 향해 진격했다.

김상준은 『봉새의 날개, 문명의 진로』에서 동학혁명을 세계 혁명 사상 전대미문의 사건이라고 평가한다. 전봉준과 농민군이 전주화약을 맺고 집강소 정치를 실시하며, 일본군에 맞서 죽창 하나에 의지하며 몸을 던진 것은 세계 혁명사에도 유례가 없는 일이라는 것이다. 정읍의 네 곳, 즉 고부 조소리(전봉준), 정읍의 과교리(손화중), 태인의 지금실(김개남), 정읍의 경계인 원평장터(김덕명)에서 네 명의 동학장수들은 서로 뜻을 펼치면서 연대해 혁명의 기운을 호남 전역으로 퍼져나가게 만들었고, 마침내 그것을 전주(전봉준), 남원(김개남), 나주(손화중), 순천(김인배)이라는 큰 마름모꼴로 확산시켰다. 그리고 그들은 넉 달 후에 다시 삼례에 모여 서울로 진격하고자 했다. 하지만 그들의 꿈은 불꽃처럼 피어났다가 사그라졌다.

결국 우금티 전투는 수많은 농민군의 희생을 냈고, 전봉준은 잡혀 심문을 받은 뒤 1895년 4월 23일 사형언도를 받고 4월 24일 새벽 2시에 교수형으로 처형되었다. 하지만 그의 발언과 그가 행한 것들은 살아남았다.

사족으로, 하루 만에 전봉준을 처형한 것은 이유가 있었다. 그 다음 날인 4월 25일부터 재판에서 2심제를 하도록 결정되어 있었기 때문이다. 일본과 조선의 심문관들은 그를 서둘러 죽여야 했다. 그들은 전봉준을 붙잡고 심문하면서도 그가 두려웠던 것이다. 그의 파레시아가 세상에 어떻게 작용할지 몰랐던 것이다. 우리의 법조인들은 하필 2003년에 4월 25일을 '법의 날'로 정했다. 아무리 갑오개혁 때 제정한 「재판소구성법」 때문에 그랬다고는 해도, 그날이 전봉준을 처형한 다음날이라는 점에서, 법조인의 선택이 얼마나 역사의식 없이 이루어지는지 알려준다. 전봉준을 죽인 다음날엔 종일 비가 내렸다 한다.

5. 박태원의 『갑오농민전쟁』과 송기숙의 『녹두장군』

두 명의 뛰어난 작가 덕분에 전봉준의 서사화가 이루어졌다. 다만 박태원은 사회주의 정치체제에서 동학을 종교로 보았기에 그것을 무시한 채 민중의 힘을 부각시키려 했고, 송기숙은

박태원의 『갑오농민전쟁』　　　송기숙의 『녹두장군』

　5·18항쟁을 체험한 뒤 동학혁명을 민중 중심의 서사로 만들었으나 선운사 마애불 이야기나 『정감록』의 도참설을 활용하는 것으로 보아 동학혁명의 근대성을 놓치고 있다. 박태원은 거의 실명 상태에서 『갑오농민전쟁』을 썼는데, 대가의 솜씨를 충분히 엿보게 하면서도 마무리를 못한 채 죽어, 대신 집필한 부인 권영희가 그의 사상을 제대로 녹여냈는지 의문이 가게 한다.
　송기숙은 『녹두장군』에서 1980년대를 관통하는 민중의 힘을 부각시키려 했으나 서사 진행상 활빈당을 끌어들여 새로운 주체의 탄생을 애매하게 만들었다. 특히 전봉준을 자료에 의지해 서사화했는데, 그가 활동한 시공간에서 분출한 에너지의 흐름을 붙잡지 못하고 그 가운데서 전봉준의 성격 변화와 발전 같은 것을 잡아내지 못했다. 그런 가운데 전봉준을 무작정 신뢰하는 달주와의 관계나 연엽과의 사랑은 상투적인 것이 되고 만다.

박태원은 『갑오농민전쟁』에서 민중의 각성과 자주의식을 부각시켰다. 그래야 프롤레타리아 혁명의 전 단계를 보여주고, 계급투쟁과 반제 투쟁을 강조할 수 있었기 때문이다. 다만 동학의 발생이나 최제우 사상을 제대로 파악하지 못했고 동학을 유사종교로 취급하는 정도의 이해를 보여주었다. 특히 최시형을 부정적으로 그렸는데, 보은집회에서 군수와 담판할 때 군수가 '나라의 법을 우습게 알고 관령을 거역하는 게' 바로 반역이라고 경고하자, 최시형이 벌벌 떠는 것으로 그린다. 박태원은 그럴 정도로 동학과 최시형에 대한 이해가 부족했다. 물론 창조된 인물인 오상민 일가의 각성과 헌신을 훌륭하게 그렸다.

오상민의 조부인 오덕순은 익산민란 주동자의 한 사람이었고, 아버지인 오수동은 갑신정변에 참가해 김옥균을 도운 사람이었다. 오상민은 반봉건과 반제 의식으로 무장하고서 전봉준을 보좌한다. 그런 점에서 『갑오농민전쟁』은 임술민란에서 갑신정변을 거치면서 동학혁명에 이르기까지 민중의식의 성장을 보여준다. 오상민은 전봉준에게 영향을 받으면서 모순된 현실을 각성하고 의식화를 이루며 사회적으로 성장한다. 소설은 농민전쟁 발발 전야의 정황과 모순된 사회 구조, 거기서 벌어지는 대립들을 효과적으로 나타낸다. 지배세력의 수탈과 민중세력의 의식화, 외세의 교활한 침탈 등도 효과적으로 그렸다. 그런 가운데 소작민 출신 오상민은 양반과 부자의 계급을 딛고 서서 인민의 대표자가 된다.

다만 오상민의 아버지 오수동이 갑신정변에 실패한 뒤 일심계와 충의계를 만들고 활빈당을 활용해 전투력을 갖추었다는 이야기는 억지스럽다. 갑신정변의 세력을 얼치기 개화파라고 할 수 있는데, 일본의 힘을 빌려 권력 투쟁에 나선 김옥균과 같은 이들에게서 민중을 위한 혁명성을 찾아보려는 태도는 수긍하기 어렵다. 그들은 일본에 거사자금을 빌려 정변을 일으켰을 뿐만 아니라 일본의 배신으로 거사에 실패한 자들이다. 게다가 미국과 일본에 유학을 다녀온 뒤 그들은 다시 벼슬길에 올랐다가 동학농민군을 탄압하는 데 앞장섰다. 그러니 갑신정변에 참여했던 오수동이 그 일파들 속에서 느낀 정신적 갈등, 근대성에 대한 인식, 시대가 어떤 인물을 필요로 하는가에 대한 질문 없이 활빈당을 활용해 농민전쟁을 일으킨다고 하는 것은 받아들이기 어렵다. 그것은 혁명의 순수성을 더럽힐 소지가 많기 때문이다. 무엇보다 박태원은 전봉준으로 대표되는 비판적 지식인의 사회에 대한 안목과 그들이 내놓은 대안을 제대로 살펴본 결과를 보여주지 못하고 있다.

다시 살펴보자. 우금티 전투에서 패한 전봉준이 자책한다. "피로써 얻어낸 전주성을 놈들에게 내어주지 말아야 했고, 그곳에서 지체 말고 서울로 곧장 쳐올라갔어야 했다."(『갑오농민전쟁』

6:93) 전봉준은 후회하면서 전략상 착오를 인정한다. 그것도 일본군이 청국 군대를 물리친 뒤에 삼례기포를 했고 전봉준은 농민군의 숫자만 믿고 공주로 진격했다고 후회한다. 박태원은 그것을 아쉬워하듯 '전주화약'을 실책으로 규정짓는다. 그런데 그것이야말로 혁명의 복잡한 상황을 너무 단순화시킨 것이다. 전주화약과 집강소의 자치 실현은 그 내부 주민들에게 행복을 주었고, 그것을 체험하지 못한 다른 지역의 주민들에게는 갈망을 남겼다. 그것은 어떤 것보다 값진 혁명의 효과여서, 넉 달에 지나지 않았다고 하더라도 민중 전체의 가슴을 희망으로 가득 차게 만들었다. 그래서 호남의 농민들보다 호서와 기호 지역 그리고 강원도 지역의 농민들이 공주로 몰려들었다. 그들은 외세를 몰아내지 않고서는 혁명을 성공할 수 없다는 것을 알았다. 무엇보다 왕실이 능멸당했는데 국민이 앉아서 구경만 하고 있을 수 없다고 생각했다. 그렇다면 일본군과 맞서 싸워 이겨야 했다.

전봉준은 동학의 지침을 따르며 집강소 시대를 열었다. 동학과 전봉준은 사회주의적인 요소를 지녔는데 박태원은 그것을 보려고 하지 않고, 동학이 종교라서 사회주의 혁명에 방해가 될 것으로 보았다. 동학이 천도교로 이름을 바꾼 뒤에 김기전이나 이창림이 마르크스의 사적유물론을 받아들여 '신문화운동'을 일으켰고, 최동희가 상호부조의 공산사회를 지향한 '고려혁명위원회'를 만들었고, 심지어 조소앙은 '조선공산당'에 가입하기도 했다. 박태원은 동학의 근대성을 놓친 채 동학을 종교로만 보면서 동학을 몰아내야 할 것으로 만드는 실수를 범했다.

　박태원이 『갑오농민전쟁』에서 민중의 분노와 보복으로 고부 봉기가 일어난 것으로 그렸다면, 송기숙은 『녹두장군』에서 전봉준의 주도면밀한 계획과 끈기로 이뤄낸 것으로 그린다. 특히 전봉준이 두레와 포접제를 활용해 혁명에 다가간 것으로 본 것은 송기숙의 세밀한 자료 검토로 인해 가능했을 것이다. 다만 『녹두장군』에서 인내천의 '인간=하늘' 도식을 너무 빨리 끌어온 것은 문제다. 그것이 주체적 개인을 등장시키기 위해 필요한 일이라고 하더라도, '시천주'만으로도 얼마든지 혁명이 가능했는데, 시천주에서 사인여천을 거쳐 인내천에 이르는 과정을 놓치고 인내천을 앞세우자, 동학 자체가 일그러진다.

　'인내천'은 20세기 들어 천도교 시대에 만들어졌고 그 이후로 동학은 유사종교로 인정받았다. 시천주 단계를 놓치고 곧바로 '나=하늘'로 보는 인내천 사상은 인간중심주의로 변질된다. 인내천 주체가 정신개벽, 사회개벽, 민족개벽을 이루자고 말할 때 그것이 곧 다가올 줄 알았다. 하지만 우리는 주권을 빼앗긴 식민지 상태였고, 그것을 말한 사람이 약자라는 것을 인정해버린 순간 인간은 '하늘' 밑에 한없이 작은 존재가 되고, 개벽이나 계몽은 끝도 없이 먼 나라의 이야기가 된다. 아무리 『개벽』『신여성』『어린이』 같은 잡지를 만든다고 해서 단번에 의식이 바뀌는 것도 아니고 나라를 되찾게 되는 것도 아니었다. 그것을 자책하고 한탄하다가 적지 않은 천도교 '신파'들은 일본이라는 강자에게 무릎을 꿇었다. 동학이 만들어낸 '시천주 주체성'이 강력한 힘을 가졌으면서도 한없이 겸손하며, 부족하더라도 타자와의 교류를 통해 현실의 어려움을 타개해나가자고 했다면, 인내천의 주체는 성급하고 오만했다.

송기숙이 전봉준을 두레의 장두에서 혁명가로 나섰고 민회를 통해 대중의 지지를 받는 것으로 그린 점은 탁월하다. 전봉준과 그의 무리는 그런 과정을 통해 리더를 만들었고 서로 연대했다. 다만 소설의 서두를 선운사 마애불의 비결을 꺼내는 이야기로 시작해 민간신앙적인 요소를 강화한 것은 아쉽다. 혁명을 이야기하는 시점에서 그것이 자칫 동학농민군을 신비한 힘에 의존하는 세력으로 만들기 쉽기 때문이다. 오지영이 『동학사』에서 그것을 강조했던 것은 자신이 그 사건에 개입되어 있었기 때문이다.

『녹두장군』의 농민군은 길농악을 앞세워 신바람을 내며 진군한다. 풍물패들의 놀이에 전봉준이 끼어드는 장면도 훌륭하다. 어떤 점에서 송기숙의 소설에서 가장 뛰어난 점은 두레와 풍물패를 부각시킨 점인데, 시대적 흥을 포착했다는 점에서도 의미가 있다. 또한 당대 민중들의 이름을 '이쪼르르, 시또, 이싯뚜리, 기얼은복이, 어아나리, 땅쏘내기, 장고두쇠, 확실이……' 등으로 붙인 점도 매우 인상적이다. 이름에도 흥이 담겼고 민중에 대한 애착이 엿보인다. 그런 가운데 '연엽'과 '달주'가 두드러지는데,

그들을 통해 전봉준의 사랑과 이상을 부각시키기는 하지만, 전봉준을 절대적으로 받아들이는 평면적 인물로 그쳤다는 점에서 아쉽다.

한편 송기숙은 농민군 스스로 일어나 힘을 폭발시킨 것이 아니라 화적패에게 무술을 배우고 전략을 짜는 데 도움을 얻어 성공한 것처럼 그리는데, 자칫 그것은 도둑을 찬양하는 꼴을 만들기 쉽다. 혁명에서 '임군한(갈재)과 임문한(대둔산) 같은 화적패들에게 도움을 받았다는 것은 마치 3·1운동이나 4·19혁명에서 깡패들에게 도움을 받았다고 말하는 것과 비슷해진다. 화적패는 혁명에 나서지도 않을 뿐만 아니라 결코 그렇게 될 수 없다. 박태원이 사회주의리얼리즘을 강조하다가 동학의 영향력과 전봉준의 혁명성을 놓쳤다면, 송기숙은 제5공화국의 암울한 억압 속에서 반미와 반봉건을 강조하며 민족주의를 정초하려 했지만, '화적패'를 중시함으로써 더 많은 것을 놓쳤다.

그래도 송기숙이 우금티고개를 치고 올라가는 농민군의 어깨를 풍물 소리에 맞춰 들썩이게 만든 점은 놀랍다. 전투시에 '돌격 앞으로!' 소리치면, 농민군은 죽을 줄 알면서도 흥을 잃지 않고 진군한다. "그렇게 우화등선 기분으로 징치고 메구치고, 노래하고 웃고, 시시덕거리고, 속댁이고 이로코롬 지내는 맛이 어뜨크롬 좋아불든지, 관속배 즈그놈덜 금침에 잣죽 게트림보다 열배 스무배 백배 이백배 아니 천배 이상 낫다." 실제로 전투에서 그렇게 했을 리 없지만 농민군은 일본군의 자동소총에 속절없이 쓰러지면서도 계속해서 돌진했다. 어디 갈 곳도 없었지만 총구 앞에서 그들은 마지막 고함을 지르며 뛰어올랐다. 흰옷 입은 농민들의 함성은 하늘을 가득 채웠다. 그것은 훗날 맨손으로 광장에 나선 시민들의 모습으로 되살아난다. 우금티고개를 치닫던 농민들은 죽은 것이 아니라 죽을 줄 알면서도 진격했기에 되살아난 것이다. 바로 송기숙은 시민의 탄생을 그렇게 노래했다.

한편, 박태원은 동학과의 관련성을 제거하기 위해, 송기숙은 전봉준을 돋보이게 만들기 위해 최시형을 겁 많은 종교인으로 그렸다. 그것은 동학을 전체적으로 보지 못해 발생한 일이다. 최시형은 최제우의 사상을 한반도 전체에 퍼뜨린 사람이고, 갑오년까지 동학의 시스템을 만들고 조직한 사람이다. '사인여천'에서 비롯된 그의 평등사상은 최제우의 관념철학을 하늘에서 땅으로 이끌었을 뿐만 아니라, 천지자연을 대상화한 데카르트의 인식철학과는 다르게 사물과의 소통 가능성까지 유지할 수 있게 만들었다. 그것은 근대성에 대한 비판 이후로 현대철학에서 다뤄지는 주제이기도 하다. 특히 전봉준은 최시형을 지도자로 모시고 그의 영향 속에서 혁명을 일으켰다. 전봉준은 최시형을 비판한 적이 없고, 성향이 다르다고 해서 싫어한 적이 없다. 특히 전봉준은 성격이 다른 사람들과 연대해 더 큰 힘을 얻은 사람이다.

그들은 모두 삼례 2차 봉기에서 단합된 힘을 보였다. 일본과 맞서 싸워야 한다는 가치에 모두 공감했기 때문이다. 송기숙은

전봉준 피로리 피체지   피로리 전봉준관

전봉준과 김개남이 갈등을 하는 것처럼 그리는데, 사실 그들은 다른 의견이 나와도 자신의 의견을 끝까지 고수한 적이 없다. 그들은 끝까지 협의한 뒤에 절충하거나 양보하면서 최선의 방식을 택했다. 그들은 우금티 전투에서 패하고 후일을 도모하며 헤어졌지만 서로 만나지 못한 채 체포되어 죽는다. 그래도 그들이 붙잡힌 곳이 회문산 자락이라는 점에서, 그들의 믿음이 변하지 않았다는 것을 보여준다. 전봉준은 순창 쌍치면 피로리, 김개남은 정읍 산내면 종성리에서 붙잡혔으나 거리상으로 지척이었다. 다만 전봉준은 심문관 앞에서 당당하게 자신의 신념을 피력하며 죽었지만, 김개남은 잡히자마자 전주 초록바위에서 처형당해 그의 신념이나 정신세계를 보여줄 기회를 얻지 못했다. 한편 최시형은 전봉준과 김개남이 죽은 뒤로도 3년을 더 살아 동학을 생명 존중의 위대한 사상으로 만들었다.

박태원과 송기숙의 작품들은 전봉준과 동학농민혁명을 되살려내기에 충분하다. 그들은 당대 현실을 재현했고, 전봉준의 혁명성을 부각하며, 허구로 만들어진 인물과 플롯을 통해 당시 민중들을 생생하게 되살려냈다. 다만 그 시대 현실 속에서 그 엄청난 사건들이 발생하는 과정을 그릴 때 활빈당의 힘을 빌린다거나 동학을 종교의 차원에서만 해석하고 최시형과 김개남을 부정적으로 일반화시킨 경향이 있다. 그것들을 제자리로 돌려놓는 것은 독자의 몫이다. 그들의 위치를 바로잡아주고, 집강소의 실현과 우금티 전투에 대해서도 상투적인 평가만 할 것이 아니라 새롭게 긍정적인 측면을 찾아낸다면, 그때부터 집강소 시대는 '파리 코뮌'과 비교해도 손색이 없는 모범적 사례가 되고 동학혁명은 더욱 돋보일 것이다. 파리 코뮌이 74일 지속되었다면 호남에서 실시된 집강소 정치는 4개월 이상 지속되었다.

6. 통곡의 벽, 더 큰 '마른모'를 위해

「정읍사」의 여인이 하늘을 바라본다. 달은 고요하게 세상을 비춘다. 정읍은 KTX 열차가 서는 곳이라지만 주민들은 자꾸 줄어들고 태인과 고부는 주민들이 줄어들어 아예 사라질 지경이다. 일제강점기에 쌀과 돈이 쏟아지는 황금 지역이었건만 이제 그곳들은 어느 바닷가보다 소득이 없는 시골 마을이 되었다.

정읍은 훌륭한 문화유산을 지닌 곳이다. 무엇보다 동학혁명이 발생한 곳이고, 동학 장수들을 배출한 곳이고, 그들의 혁명 정신이 싹튼 곳이다. 그런데 정읍은 고부와 태인을 품었으면서도 아직 전봉준의 혁명정신을 제대로 밝혀내지 못하고, 김개남, 손화중, 최경선, 차치구 등의 내러티브를 발굴하지 못하고 있다. 그들 각각의 지도력은 정읍이라는 토양에서 만들어져 호남 전체 농민들에게 희망을 주었고 전국의 민중이 하나가 되게 만들었다. 그리고 그것은 훗날 3·1운동과 4·19혁명, 5·18민주화운동과 촛불항쟁으로 되살아났다. 그래서 정읍을 동학의 성지, 민주주의의 발생지라고 말할 수도 있는데, 아직 130년 전 동학혁명을 위해 목숨 바친 사람들을, 그것도 가장 중심이 된 리더들의 행위와 발언들을 제대로 밝혀내지 못하고, 제대로 추모하지도 못하고 있다.

"5·18의 정신이 동학의 정신이지."

O가 5·18의 비극을 떠올린다.

"맞아. 갑오년 이후 집 나간 동학장수들의 혼령이 아우내와 광화문과 광주를 떠돌았지."

아마 그랬을 것이다. 돈 되는 일도 아니고, 먹고 사는 일을 해결해주지도 않는데, 한반도의 주민들은 자꾸 들고 일어났다. 일본인들이 동학교도와 농민군을 그리 철저히 학살한 것도 이유가 있었다. 그 뒤로 고부와 태인은 황폐하되었고, 동학혁명과 관련된 지역은 대체로 축소되거나 이름까지 사라졌다. 그래서인지

원평 집강소   구미란 전적지

이 지역 사람들은 한 번 밖으로 나가면 다시 돌아오지 않았다. 슬픈 일이다. 살기 위해 떠나고, 떠난 뒤에 멀리서 기웃거리기만 하는 사람들. 그래서 그들이 부르는 「새야 새야」라는 노래는 더 슬프다. 하지만 「정읍사」의 남편도 돌아와야 하고, 길 떠난 전봉준의 가족들도 돌아와야 한다. 그래야 정읍이 동학의 성지, 민주주의의 성지가 되고 이곳에 동학의 정신을 구현한 공동체 마을을 만들 수 있게 된다.

    태인에서 삼남길을 따라 올라가면 원평에 이른다. 신작로 왼편 학수재 고개에 오르면 김덕명을 기리는 추모비가 서 있고, 신작로 건너 계단을 오르면 구미란 고개가 시작된다. 산길을 따라 한참 걷다보면 그 나지막한 언덕에서 죽어간 구미란 동학농민군 무명용사들의 무덤이 나온다. 우금티 전투에서 패한 뒤 전봉준은 다시 여기서 일본군과 전투를 벌였고 다시 패했다. 거기서 모악산을 바라보다가 울면서 입암산성 쪽으로 피신했을 전봉준이 떠오른다.

원평장터 교차로에 동록개가 기부한 집강소가 있는데, 그곳 마루에 앉아 김덕명과 대화를 나누는 전봉준, 김개남, 손화중을 떠올려본다. 나이 어린 김인배는 옆 구석에 쪼그려 앉아 귀를 기울이고 있었겠지. 전주화약 이후에 원평은 전라우도를 호령하는 대도소大都所가 되었는데, 그 전에 김덕명은 바로 이곳에서 전봉준과 그의 무리들을 모아놓고 토론회의 좌장 노릇을 했을 것이다. 지금도 원평 집강소는 최고원 씨의 활약으로 매달 다양한 행사를 열고 있다.

정읍은 동학의 땅이다. 농민군들은 길농악과 두레풍장 속에서 일하면서 '시천주'를 읊조렸고, 시천주 주체들이 '집강소'를 만들었다. 그것은 현실 속에 만들어진 천국이었다. 그래서 그들은 풍물 가락 속에서 어깨를 들썩이며 놀다가도 옳은 것을 옳다고 말하고 그른 것을 그르다고 말한다. 그리고 그것이 정의라면 기꺼이 목숨을 내걸 자세를 갖춘다. 실제로 호남 사람들은 임진왜란 때 전국에서 가장 많이 의병 창의를 했고, 임술민란 때에는 38개 지역에서 탐군을 몰아내자고 봉기했다. 그들에게는 올바른 가치를 위해 목숨을 거는 기개가 있었다. 동학혁명은 정읍 지역 향회 출신이 리더들이 동학을 받아들이고 미래 비전을 제시하고 결정적으로 서로 연대하면서 발생한 사건이다. 그들은 관찰사와 임

동학농민혁명 장성 황룡촌 전적비

금께 직접적으로 상소문을 올리고 그 요구가 받아들여지지 않자 직접 행동에 나섰다. 그들은 모두가 평등한 세상, 제도 개혁, 외세 추방을 위해 힘을 합했다. 그들의 폐정 개혁에 대한 요구는 대부분 갑오개혁으로 받아들여졌고, 적어도 지식인이라면 어떤 발언을 하고, 시위를 하자면 어떤 방식으로 해야 하는지 알려주었다. 그런데 동학혁명의 '개벽 정신'을 보지 못한 채 아직도 일본이 우리를 개화시켰다고 믿는 어리석은 자들이 많다.

아, 개벽의 땅이여.

정읍의 황토현전적지, 삼례의 동학봉기 기념공원, 장성의 황룡촌 전적지 전투 기념탑을 보라. 높이 솟은 기념탑이 일어서고, 죽창이 되어 하늘을 찌르고, 쇠스랑을 불끈 쥔 농민군의 주먹이 땅에서 솟아나온다. 심지어 황토현에서는 부조 속에서 농민들이 앞장선 전봉준을 따라나선다. 그들은 조선을 침략하려던 외세에 맞선 사람들이 아닌가? 그런데 아뿔싸, 일본군의 총격에 속절없이 쓰러진 농민들은 아직도 명예 회복이 되지 않고 있다. 삼남길 따라 올라가다보면 장성, 정읍, 원평, 삼례, 우금티에서 죽어간 동학농민군의 영혼들이 아우성친다. '넌 뭐냐, 지금까지 뭐 했냐?' 아, 총칼 앞에 죽창 하나 들고 대든 농민들의 용기여! 죄송합니다.

삼남길을 걷는 우리는 부끄러워진다. 우금티의 동학농민군들이 광화문에서 경찰의 총격에도 맨손으로 대든 4·19의 학생들, 페퍼포그 차량을 향해 화염병을 던지며 저항하던 6·10 항쟁의 학생들, 그리고 촛불 하나에 목숨 걸고 나선 광화문 시민들의 모습으로 바뀐다. 농민군은 일본군의 스나이더 소총과 맞서 싸운 게 아니라 우리 자신의 미래를 위해 싸웠다. 죽을 때 죽더라도 제대로 된 세상 한번 만들어보자던 그 기개, 그 열망. 우리는 그 장소에 통곡의 벽을 세워야 한다.

이제 우리에게는 그들을 추모할 공간이 필요하다. 3·1운동의 불복종 정신, 4·19혁명의 독재 타도 정신, 그리고 5·18민주화운동 때 정의를 위해 죽어간 넋들을 경배해야 한다. 그들은 무엇을 위해 그 무모한 투쟁에 나섰는가. 정읍은 파레시아의 발원지다. 황토현 전적지에 '민주주의 출정식의 언덕'을 만들고, 우금티에 '통곡의 벽'을 세운다면, 원동학과 전봉준의 정신은 되살아날 것이다. 우리는 동학혁명으로부터 만들어진 주체성, 근대성, 민주주의를 기념하고, 그것이 훼손될 때마다 이곳들을 찾아와 통곡해야 한다.

- **걸은 곳** 삼남길(백양사역-갈재-보천교-손화중생가터-초산(호남고)-정읍시청(충렬사)-성황산-피향정(태인)-원평장터(동록개 집강소, 구미란고개)

- **차로 간 곳** 남고서원(일재 이항), 무성서원(정극인 노래비, 원촌마을), 김개남 묘소(지금실 생가터), 원평 집강소, 만석보, 동학혁명백산성지, 회호리 구 일본인 **농**장 기욱, 말목장디 **등학농**민혁명기념공원(황토현 전적지, 정읍시 이평)

금강은 공주, 부여, 익산 등 백제시대에 영화를 누렸던 도시를 끼고 흐른다. 최시형은 공주와 익산에서 크게 활동했으며, 영남과 영동의 산악지대에서 나와 호서와 호남으로 나서려고 했을 때 금강 상류의 보은과 옥천에 자리 잡았다. 금강변 부여에서 나고 자란 신동엽은 백제의 정신을 물려받아 동학의 정신을 '한반도의 정신'으로 되살려내고자 한 것으로 보인다. 신동엽은 동학농민군이 마지막으로 항쟁한 우금티 전투를 패전으로만 보지 않고 거기서 흘린 피가 '거름'이 되어 3·1운동으로 일어나고, 4·19혁명으로 부활했다고 노래한다. 조선의 몰락 양반과 농민, 천민들이 중무장한 일본군과 맞서겠다고 우금티고개를 치고 올라갔으나 일본군의 무라타 소총에 의해 농민군 10만 명 이상이 죽었다. 그 뒤에 조정과 일본군은 '갑오개혁'을 발표하고, 민중들의 저항에 양반들도 각성해 구한말 의병을 일으켰으며, 그로부터 양반과 농민, 천민이 하나로 뭉치는 민족이라는 개념이 생겨났다.

5장
우금티, 신동엽의 『금강』, 동학의 부활

1. 동학의 길을 따라, 정읍에서 공주로

해남 땅끝마을에서 강진, 영암, 나주를 거치고 장성, 정읍, 원평, 금구, 삼례, 논산을 지나야 공주에 이른다. 호남에서 과거시험 보러 가거나 벼슬길에 오르자면 가야 하는 길이다. 거꾸로 한양에서 유배 가던 사람들이 지나던 길이다. 그들은 한강과 금강에서 나룻배를 타고 갈재 고갯길을 넘다가 눈물지었다. 언제 다시 한양에 가려나. 살아서 돌아갈 수는 있을까. 이광사와 정약전은 유배지에서 죽었다. 정도전은 나주에서 돌아가 조선을 건국했고, 정약용은 『목민심서』와 『경세유표』를 저술했고, 김정희는 추사체를 완성했으니 유배가 꼭 나쁜 것만은 아니리라. 방랑시인 김삿갓은 몇 번이고 이 길을 지나 나주, 장흥까지 갔다가 화순에서 죽었다. 그들 말고도 수많은 사람이 이 길을 걸었다. 우리 일행 세 사람도 이 길을 걷는다. 김굉필은 순천 유배 길에서 호남 유학의 씨를 뿌렸고, 유배 떠난 행주 기씨(기대승 집안)와 연일 정씨(정철 집안)는 장성과 창평에서 일가를 이루었다.

또 하나 마주치는 게 있다. 삼남길 따라 올라가는 곳마다 동학농민군의 함성을 듣는다. 나주성에서 손화중이 나주 목사 민종렬과 전투를 했고, 장성 황룡촌에서 전봉준은 장태를 굴려 싸워 관군에게 대승을 거두었다. 갈재를 넘어 고부 두승산을 바라보면, 그 너머 황토현 전투에서 관군 1600명을 죽이고 혁명을 일으킨 이들이 떠오른다. 그곳에 동학농민기념공원이 자리 잡고 있다. 말목장터에서 봉기한 전봉준이 고부 관아를 치고 조병갑을 잡자고 대든다. 다 두승산 언저리에서 벌어진 일이다. 백산성에서 김개남, 손화중과 무장 기포를 결의한 뒤 전봉준은 황토현에서 대승을 거둔 것이다. 정읍은 전봉준, 김개남, 손화중이 태어나고 묻힌 곳이다. 가묘라 할지라도 그들이 뫼자리를 얻은 곳이다.

정읍 시내를 관통해 시청 넘어 성황산을 올라 북면, 태인, 원평으로 넘어가면 그곳들은 모두 동학장수들이 뛰놀던 공간이다. 구미란 언덕은 나지막하지만 그곳에서 수많은 무명의 동학농민군이 죽었고, 구미란 산자락에 펼쳐진 원평 장터로 내려오면 모악산이 훤히 보인다. 그곳이 김덕명의 터전이고, 김덕명을 바라보고 많은 이가 원평을 찾았다. 원평 집강소 마루에 걸터앉아 이곳을 오가며 우정을 나누었을 김덕명, 전봉준, 김개남, 최경선, 김인배 등을 생각해본다. 어쩌면 이곳은 책을 읽고 토론하며 작당하기 좋은 곳이다. 사실상 김덕명, 전봉준, 김인배의 생가터는 이곳에서 지척이고, 김개남과 손화중, 최경선의 집도 채 십 리가 되지 않는다. 전주 장터 가는 길에 누구나 들러 인사하고 의견을 나누다가 토론하고 결의를 나누었을 것이다. 거기서 남쪽 길로 태인과 정읍으로 가고, 북쪽 길로 전주로 가며, 서쪽 길로는 동진강과 고부로 나간다. 북쪽 길에서는 금구를 지나 삼례까지 한나절도 걸리지 않는다. 고부나 태인까지도 반나절이면 된다. 그러니 전봉준은 원평에서 준비해 삼례와 고부에서 결행했고, 1892년 삼례취회에서 부각된 전봉준이, 이듬해에 금구·원평 집회를 열었고, 또 그 이듬해에는 마침내 백산에서 모여 혁명을 성공시키고 삼례 2차 기포를 결행한다. 삼례와 원평(금구)은 동학혁명 전에 호남의 민회가 열렸던 곳이고, 원평과 태인은 우금티에서 패한 전봉준이 마지막으로 일본군과 전투를 벌인 곳이다.

"동학농민군은 무모했어."

뜬금없이 L이 말한다. 같이 걷던 두 사람이 그를 돌아본다.

"죽창 하나로 세상을 바꾸겠다고 나선다는 게 말이 돼? 1000명이 덤빌지라도 일본 자동소총 한 자루를 당해낼 수 없었을 거야."

L은 동학농민군의 실패를 아쉬워하는 것이리라.

"그런 무모함이 역사를 바꾼다고 생각하지 않아?"

『금강』 표지

O가 정색하며 말한다. 삼례가 가까워지는 모양이다.

"차라리 그때 전주화약을 하지 말고 서울로 치고 올라갔어야 해."

"그러면 이겼을까?"

"그래도 끝장을 봤으면 억울하지는 않지."

당시 강경파인 김개남이 그런 주장을 했고, 신동엽의 『금강』에서 하늬가 그렇듯 아쉬움을 토했고, 박태원의 『갑오농민전쟁』에서 우금티 전투에서 패한 전봉준이 자책하기도 했다. 그냥 밀고 올라가 임금을 끌어내려야 했어. 정말로 그게 가능했을까. 역사에서 가정이란 없지만 깊이 고민하지 않고 말하면 다양하게 생각해볼 기회를 놓치게 된다. 그래서 작가들이 전봉준을 결단력 없는 지도자로 몰아가기도 한다.

"난 그렇게 생각하지 않아. 고부 봉기 때 전봉준은 동학 교주 최시형의 협조를 이끌어내지 못했고, 깃발만 든다고 전국의 백성이 다 따른다는 보장도 없었어. 무장 기포 후 백산에서 고부로 이동하면서 황토현 전투에서 승리를 거두었는데, 그때 곧바로 전주로 올라가지 않고 장성과 영광, 함평 일원으로 방향을 튼 점에서 전봉준은 전략을 가진 위대한 장수가 되었지. 그렇게 해서 남도 전체를 동학 세상으로 만들고, 장성 황룡촌에서 승리한 뒤 곧바로 전주성을 치러 올라갔기에 호남 전체를 장악한 거야. 그랬으니 전라감사 김학진과 협약을 이루고, 53개 집강소를 실시하게 되었지. 그렇지 않았다면 동학혁명은 그저 폭동으로 끝났을 수도 있어. 동학이 '집강소 정치' 4개월을 실현했기에 그게 우리의 꿈으로 남게 된 것이지."

돌이켜보면 동학혁명은 채 1년도 그 영광을 누리지 못한 채 일본군에 패하고 말았다. 그래서 「새야 새야」라는 노래도 구슬프고, 형장에 끌려가는 작은 체구의 빛나는 눈동자를 한 전봉준의 표정도 슬프다. 훈장 출신인 그는 당대 최고의 비판적 지식인이었고 전술가이자 혁명가였다. 그는 민중에게 자부심을 심어주고, 반대자인 양반들을 끝까지 설득하며, 대의를 위해 일본과 싸우기를 자청했지만, 그 꿈을 다 이루지 못한 채 비극적으로 죽었다. 그래도 그에 대한 지지와 열광은 그치지 않았다. 그는 민회의 스타였고 집강소 정치를 창안한 사람이다. 한반도 전역에서 역사상 그만큼 민중의 마음을 사로잡은 혁명가는 없었다.

아, 삼례다. 만경강 철교를 걸어서 건넌다. 철교 위에서 기차

만경강 철교

비비정

카페로 넘어가 차를 마시며 만경강을 바라본다. 삼례는 전봉준을 스타로 만든 곳이다. 최시형의 공주취회에 이어 전봉준은 곧바로 삼례취회를 열었고, 갑오년에 일본에 선전포고한 2차 기포도 이곳에서 했다. 비비정에 들러 만경강을 돌아본다. 동학혁명 당시만 해도 삼례까지 배가 들어왔다. 삼례는 전주와 바로 연결되는 관문이었다. 지금 조그마한 소읍이 된 삼례의 영화를 살펴보기 어려워도, 삼례 봉기 역사광장에 가면 땅 밑에서 솟아오른 조형물, '쇠스랑을 움켜쥔 팔뚝'을 만날 수 있다. 땅에서 솟아오른 분노라 할까. 하늘을 움켜쥐려는 의지라고 할까. 그 이상으로 동학농민군의 마음을 잘 표현할 방법이 있었을까. 전봉준은 일본군이 임금을 능멸하고 경복궁을 유린한

삼례봉기 역사광장 조형물

삼례동학농민혁명봉기비

것에 대해 분노해 일본과의 전투를 선포했다. 처음에 삼례에 4000명이 모였는데, 그들은 대부분 호남 사람들이었을 것이다. 그런데 전봉준의 부대가 논산에 이르자 1만 명이 되고, 노성에서는 4만 명에 이르렀다. 그것은 호서와 내포 지역 사람들이 자발적으로 참여한 것을 짐작하게 한다. 그들도 바뀐 세상을 보고 싶었으리라. 한번 멋지게 살아보고 싶었으리라. 호남처럼 집강소 시대를 열고 지역 자치를 이뤄보고 싶었을 것이다. 어디 그뿐인가. 최시형과 손병희를 따르는 농민군 수만 명이 집결했고, 또 남원에서 김개남을 따르는 농민군 수만 명이 청주 쪽으로 올라오고 있었다. 호남과 호서 그리고 영동·영서 지역에서 동학농민군이 공주로 몰려들고 있었다.

신동엽의 『금강』을 다시 꺼내 읽는다. 그는 동학을 어떻게 다루었고, 동학을 통해 무엇을 이루고자 했을까? 그리고 하필 '금강'일까? 갑오년에 금강과 부여에서는 아무런 일도 발생하지 않았지 않은가? 이런 생각을 하며 주인공 '하늬'의 이름이 무엇을 의미할지 생각해본다.

그 장시 전체를 한 구절로 요약하면, '동학이여, 부활하라'다. 군사쿠데타에 의해 4·19의 민주화가 짓밟힌 지 6년째 되는 해에 『금강』이라는 시집이 출간되었다. 그 당시 군사독재 시절에서 '4·19여, 다시 일어나라'고 외치기는 어려웠기 때문에 동학의 부활을 노래했을지 모른다. 신동엽은 동학을 노래함으로써 4·19 정신의 부활을 해결했다. 그것도 저 우금티고개를 향해 치달았던 농민들의 정신을 되살려냄으로써 그 뜨거운 피가 4·19까지 지속되고 있다는 것을 보여주었다.

껍데기는 가라.
東學年 곰나루의, 그 아우성만 살고
껍데기는 가라. (「껍데기는 가라」)

'껍데기'를 벗겨내야 제대로 된 세상이 온다. 그러니 동학의 정신만 남기고 거짓과 탐욕을 몰아내라. 신동엽은 4·19의 실패를 보며 알맹이 찾는 일을 시작한다. 그 결실이 『금강』이다. 그래선지 그 시를 읽으면 예속에서 벗어나 저항해야 할 것만 같다. 쿠데타 이후에 군사 문화 속에서 모두 침묵하며 살 때 신동엽은 제대로 살라고, 시퍼렇게 저항을 부추기는 것이다.

2. 금강 유역에서 피운 동학의 꿈

논산에서 노성을 거쳐 경천으로 이어지는 길, 오른편에는 계룡산이 보이고, 왼편 그만큼 떨어진 곳에는 금강이 흐른다. 신동엽이 태어난 부여는 삼남길 혹은 동학농민군의 진격로에서 다소 떨어져 있다. 하지만 공주 아래, 논산 옆이니 바로 지척이라고 해도 틀린 말은 아니다. 더욱이 공주에서 흘러내린 금강이 부여를 거쳐 강경, 익산으로 흘러가니 뭉뚱그려 금강 공동체라고 할 만하다.

계룡산

갑오년에 공주, 이인, 효포 지역은 피바다를 이루었지만 부여는 다소 조용했다. 그랬기에 하늬의 부인이 ㄱ곳에서 몸을 풀 수 있었는지 모른다. 유복자 '어린 하늬'가 태어났으니 말이다.『금

돈암서원

사계고택

강』의 시적 화자와 겹쳐지는 신동엽은 하늬의 손자처럼 여겨지고, 자신이 동학농민군의 후예라는 사실에 자부심을 드러낸다. 부여에서 태어난 하늬 3대는 각각 동학혁명, 3·1운동, 4·19를 경험했다. 그런데 경천에서 공주에 이르자 다른 것은 떠오르지 않고 '우금티고개'가 막아선다. 그것은 내 숨통을 조이며 모든 것을 막막하게 만든다. 농민군은 왜 죽음을 무릅쓰고 저 고개를 향해 치달았을까.

"패배한 전투도 기억해야 하나?"

노성산이 가까워질 무렵, L이 다시 묻는다. 조금 당황스러워진다. 뭘 요구하는 거지? 그는 우리의 화제가 동학에만 국한되는 것에 불만이다. 논산의 돈암서원에 들르고, 강경의 임리정과 죽림서원도 찾고, 사계고택(김장생)이나 신원재(김집의 고택)에 들러 병자호란 이후에 김장생과 김집이 어떻게 노론의 세상을 만들었는지 알아보고 싶어 했지만, 우리는 그에 앞서 우금티전적지를 방문하기로 결정했더니 그게 좀 불만스러웠던 모양이다.

"우금티 전투는 원균이 패한 칠천량 전투와는 다르지. 원균이야 일본군보다 2배가 넘는 함선을 가지고 몰살당해 나라 망신뿐만 아니라 거의 나라를 망할 위기로 몰아넣었지만, 농민군 십만 명을 희생시킨 우금티 전투는 오직 외적의 침략에 맞서 나라를 지키겠다고 자발적으로 나선 사람들이 그랬다는 점에서 다르지. 그들은 비록 몰살당했지만, 전투 이후에도 농민군의 함성은 큰 울림으로 남아, 정부가 갑오개혁을 실행하고자 했고, 이 사건에 자극받은 양반과 사대부들이 훗날 의병에 나서게 만들었지. 정예군도 아닌 농민들이 나라를 지키겠다고 나서서 일본군과 싸우다가 몰살당한 건 어느 세계사에서도 찾아보기 힘든 일일세. 그들이 이겼건 졌건 간에 그것은 관군들과 조정의 벼슬아치들 그리고 일본군들에게도 충격을 주었지. 아무리 죽여도 끝없이 달려드는 흰옷 입은 농민군을 생각해보게. 청일전쟁 때 2만 명의 뤼순 학살을 자행한 일본군이 조선에서는 5만 명 이상을 죽였으니, 일본군은 놀라고 겁에 질려 자꾸 잔인해진 셈이지. 그래서 그 전투 이후에 동학장수 유골을 가져가 홋카이도대학에 전시해놓기도 했다지."

"아무리 전투를 모른다지만, 화력 좋은 일본군과 저렇게 미련하게 싸워야 해? 난 농민들을 사지로 몰아넣은 전봉준을 이해하기 어렵네."

"가장 아픈 부분이네. 최시형은 끝까지 살아남을 동학을 추구했고, 강증산은 종교적 동학을 추구했고, 손병희는 근대화된 동학을 추구했다면, 전봉준은 풀뿌리 민중이 이 땅의 주인이 되려면 그 정도로 다부지게 마음을 먹어야 한다고 말한 것만 같아."

"그래도 너무나 많이 죽었어!"

"그랬지. 그 뒤로도 원평 구미란 전투, 장흥 석대들 전투, 보은 북실 전투에서 죽임을 당했지. 일본군에게 철저하게 학살당한 것이지. 그런데 생각해보게. 그런 희생이 없었다면 세상이 바뀌었겠나? 양반이 농민이나 천민을 대등한 사람으로 받아들였겠어? 언제나 머슴이고, 노비이고, 도구였을 따름이지. 일본은 그 뒤로 개화파 양반들에게 백작이니 남작이니 자작이니 하는 감투를 주며 계층 간을 이간질시켰는데, 갑오년의 저항 때문에 모든 게 수포로 돌아갔다네. 농민들이 일본군과 싸우다 죽었으니 평범한 양민들도 친일파인 양반을 사람으로 보지 않았고, 심지어 그런 감투를 쓴 자들을 암살하겠다고 나섰지. 그랬으니 작위를 받은 양반들이 놀라 그걸 감추기 위해 쩔쩔매고, 문제 많다고 소문난 양반들은 길거리도 제대로 걸어다니지 못했지. 의병 창의를 하지 않은 양반은 아예 사람 취급을 받지 못했달까, 아무리 일본이 계층 간의 틈새를 벌려놓으려 해도 씨도 먹히지 않았지. 그때부터 신분이란 것은 휴지조각만도 못한 것이 되고, 양반이나 상놈이나 잘 살면 장땡인 세상이 되고, 또 서로 힘을 합해야 나라를 구할 수 있다는 것도 알게 되었어. 아마 동학혁명이 없었다면 우리 민족은 지금까지 양반과 상놈으로 갈라져 싸우고 있을지 몰라. 영국이 인도에서 카스트제도를 고착화시켜 지금까지 계층 간 갈등을 조장했듯이 말이야. 일본도 그런 농간을 부렸는데 우린 빠져나온 것이지."

"동학혁명을 너무 엄청난 사건으로 만드는걸."

"좀 그러면 안 되는가? 난 프랑스혁명과 러시아혁명 사이에 동학혁명이 있다고 말하고 싶네. 아시아에서 이런 민중혁명이 어디 있었고, 그런 이론적 배경을 가지고 인간 존중, 신분 해방을 이뤄낸 나라가 우리 주변에 또 어디 있나? 동학혁명은 폐정개혁을 하고, 민중에게 주인 의식을 심어주고, 집강소 정치를 통해 잘 사는 법을 알려주었지. 또한 나라를 빼앗긴 뒤로는 통합적 민족의식이라는 것을 깨우쳐 서로 힘을 합해 나라를 구하기 위해 나섰지. 결국 농민군이 그렇게 죽은 것도 그렇게 헛된 일만은 아니었던 거야."

"우와, 당신, 동학혁명을 프랑스혁명과 동급으로 생각하는 거야?"

L이 큰소리로 반응했다. 말이 안 된다는 것이다.

"왜, 안 되나? 조선 500년 역사에서 최고의 사건인걸."

정신적으로 충만하지만 문약에 빠지고, 중화라는 가치를 지켰지만 거짓의 굴레에 빠진 조선에서 동학은 우리 민족에게 마지막으로 부활할 기회를 주었다. 짧은 동학혁명 기간에 사람들의 의식은 완전히 바뀌었다. 이제 세상은 이념 따위는 중요하지 않고 배부르게 밥 먹는 일이 더 중요했고, 교육받아 도구를 만들고 무기를 만들고 장사를 잘해 돈을 더 잘 버는 일이 중요해졌다. 동학은 조상 그만 모시고 자기 자신을 향해 상을 차리라고, 정치를 잘못 하면 대창을 들고서라도 일어나라고, 상전 그만 모시고 자기 잘난 맛에 살라고 깨우쳐주었다.

동학은 19세기 최고의 발명품이었다. 19세기 초에 정약용이 『목민심서』와 『경세유표』를 썼지만 대중화되지 못했고, 홍경래의 난이나 임술민란이 일어났으나 국가 시스템을 바꾸지 못했고, 대원군의 개혁은 그저 미봉책에 그쳤다. 추사의 발명품이 돋보였으나 민생에 영향을 미치지는 못했다. 반면 제국주의가 밀려오는 시대에 최제우는 나라를 뜯어고칠 근원적인 대책을 마련했다. 그는 하늘 아래 모두가 평등하니 모두가 준비해 세상을 뒤집자고 말했다. 최제우의 '다시 개벽'의 논리는 성리학의 형식논리를 단숨에 뛰어넘었다. 최시형은 화전을 일구고 짚신 삼으면서 최제우의 관념적 언어를 실천적 언어로 바꾸었고, 전봉준은 그것을 통해 민중이 주인이 된 세상을 열었다.

전봉준은 농민들의 집회를 민회 형식으로 만들었고 집강소를 통해 민중이 통치하는 지방자치를 실험했다. 그것은 민과 관의 협치를 이루었고 사회주의 공동체를 선보였다. '가진 것을 서로 나누자有無相資'는 논리는 유토피아적 이상으로 손색이 없었다. 그러니 사람들이 열광하지 않을 수 없었다.

"동학이 무산계급의 해방을 시도한 러시아혁명보다 못할 것도 없다는 말이지?"

"어떤 점에서는."

"그래서, 지금 우리가 가고 있는 공주가 중요하다는 거고?"

"그렇지. 동학이 힘을 가진 것은 공주취회부터이고, 동학혁명이 끝난 것은 우금티 전투이니, 두 가지 사건을 시작과 끝으로 본다면, 우리가 가고 있는 공주야말로 중요한 곳이지."

금강은 공주뿐만 아니라 보은과 옥천, 익산 등을 품고 흘렀는데 그곳들은 모두 최시형이 거점으로 삼았던 곳이다. 정지용의 고향도 옥천이니 「향수」에 익숙한 우리에게도 금강은 굽이굽이 휘돌아 흘러가는 우리의 고향이었던 셈이다. 신동엽은 금강이 마한과 백제의 땅이면서 동학을 백두대간 동쪽의 산악지역에서 서쪽의 평야지대로 전한 곳으로 의미를 둔다. 최제우가 순교한 뒤로 강원도의 산악지역에서 가까스로 명맥을 유지하던 동학이 상주에서 보은과 옥천으로 빠져나오면서 호서와 호남으로 확산

금강

되었다. 특히 목천에서 경전을 간행하고 공주에서 포접包接제와 6임제로 조직을 갖춘 뒤 동학은 더욱 강력해졌는데, 그때마다 금강 유역은 중요한 역할을 했다.

동학은 개인적 구복求福보다는 나라를 뜯어고치고, 외세를 몰아내자는 대의명분을 내걸었다. 그리고 봉건의식 타파를 통해 개혁을 이루고자 했다. 공주와 보은에서 취회를 열자, 호남에서는 곧바로 삼례와 금구에서 더 센 집회를 열었다. 호서와 호남은 서로 주고받으면서 혹은 함께 서울로 올라가 동학을 인정하라는 광화문 복합상소를 올리면서 혹은 전봉준이 여기저기서 괘서를 붙이고 상소를 올리면서 역량을 더욱 키워나갔다.

1892년 10월 공주에서 최시형이 충청감사에게 요구한 내용을 보자. "지금 서양 오랑캐의 학이 우리나라에 들어와 뒤섞였으며 왜놈 우두머리의 독수毒手가 다시 외진에서 날뛰니 도리에 벗어난 흉악한 짓이 임금님 수레 밑에서 일어나고 있다. (…) 지금 일본 상인들은 각 항구를 통해 장사하여 얻은 이익을 독차지하고, 나라 안의 쌀을 갈취하여 백성이 생계를 지탱하기 어려울 지경이다. 목 좋은 곳을 다 차지하고 산림과 천택川澤에서 사금을 채취하여 독차지하니 이 또한 땅을 치고 통곡할 일이다." 이 글은 임금께 올리는 상소문의 형식을 갖추었는데, 서학과 제국주의의 침략을 경계하면서 우리 것을 지키자는 관점을 보인다. 또한 일본의 경제적 침탈을 뱃속까지 들여다보고 있다.

그것이 바로 11월 초에 삼례취회로 연결되었고, 전봉준이 공개적으로 등장하며 자기 목소리를 내기 시작한다. 그것은 공주취회의 발언 내용보다 한 걸음 더 나아가 동학교도를 탄압하지 말라고 구체적으로 요구하며 앞으로 동학교도가 무슨 일을 저지를지 모른다는 협박까지 하고 있다. 최시형이 동학의 인정에 초점을 맞추었다면 전봉준은 현실의 부조리 타파에 더 신경을 썼다. 전봉준은 광화문 복합상소에서 조정이 반응을 보이지 않자 외곽을 때리는 전술을 사용한다. 그는 독자적으로 일본이 거리와 프랑스공사관 그리고 길포드학당에 대자보를 붙여 외국인들에게 '돌아가지 않으면 봉변을 당할 것'이라고 겁박한다. 전봉준은 임금에게 요구하거나 공격하기에 앞서 외국인에 대한 협박을 시작함으로써 조정의 위기감을 불러일으켰고, 동학의 역량을 국제적으로 인지시켰다. 또한 '척왜斥倭'를 들고 나와 근왕勤王의 의병임을 주장해 민중이 양반 사대부보다 명분상 우위에 있다는 것을 강조했다.

순무사 어윤중이 보은집회를 보며, 보국안민의 개혁성을 말하는 동학교도를 역모로 몰기는 힘들다고 말했다. 그는 동학교도를 "유생의 복장을 한 '민당民黨'이라고 부르며 행동거지가 단정하고 문(글)과 무력이 동시에 능한 집단"이라고 설명했다. 전봉준은 글로써 오면 글로 대우하고, 무기로써 오면 무기로 대응한다는 전략을 가졌다. 그는 언제나 괘서와 방, 격문을 통해 자신의 의지를 밝혔고, 조정의 시스템을 교란함으로써 민중들에게 절대적 뒷받침을 받았다. 수많은 농민들이 그의 뒤를 따랐다.

3. 우금티고개, 맨몸으로 맞선 전투

고부에서 일어난 전봉준이 손화중, 김개남과 힘을 합해 무장에서 다시 기포를 하자 남도는 이내 동학 천지가 되었다. 정읍 황토재와 장성 황룡촌에서 대승을 거두고 완산칠봉을 치달아 전주성을 함락시켰다. 민중들의 신바람을 신동엽이 잘 묘사한다.

깨진 항아리 속에서/ 무엇을 보았단 말인가/ 휘장을 찢고 무엇을 보았단 말인가// 맑은 江물을 보았단 말인가 / 안창에서 흐르고 있는 / 붉은 江물을 보았단 말인가 // 살 속 숨쉬고 있는 / 하늘을 보았단 말인가 / 정신 깨치고 흐르는 하늘을 보았단 말인가 // (…) 신들린 사람처럼 / 힘이 전신에 솟구쳐 / 견딜 수 없어, 그저 달리고 있었다 // 그건 기맥힌 하나의 / 슬픔이었을까. / 수백 년의 누더기 속서 풀려나와 / 고삐를 스스로 끊고 / 뛰고 있었다 // 이유없이 얽매이었던 / 수십 대의 고삐를 끊고 / 뛰고 있었다. (『금강』17장)

농민군은 자기 '살 속의 하늘', 정신 속에서 깨친 하늘을 보고 달려들었다. 북과 꽹과리, 징 소리에 맞춰 '궁궁을을弓弓乙乙' 땅을 차며, '시천주조화정侍天主造化定' 주문을 외자, 하늘은 살 속에서 숨 쉬며 뭔가 번쩍 정신 들게 하면서, 살의 주인에게 '수백 년 누더기 속'에서 빠져나와 '고삐'를 끊고 달리라고 권했다. 그것은 자유였다. 시천주, 하느님과 함께 한다면, 언제 죽어도 한이 없었다. 농민들은 그 개벽의 기운 속에서 해방감을 느꼈고, 전투에 나가서도 위축되지 않았다.

호남 53개소에서 실시된 집강소는 농민들에게 대동법을 실시했을 때보다 열광적인 지지를 받았다. 영남과 호서지역 주민들

우금티고개 장승 　　　　　　우금티 동학혁명군 위령탑

은 부러운 시선을 거두지 못했다. 그 사이에도 영남의 양반들은 민보군을 만들어 농민들을 괴롭혔다. 그렇지 않으면 영남의 농민들도 호남의 농민들처럼 들고 일어설 것이었기 때문이다. 영남지역 주민들이 한탄했다. 심지어 호남좌도 총관령 김개남과 영호도회소 대접주 김인배가 몰려와 양반들을 쓸어버리고 자신들을 구원해주기를 바랐다.

"신하늬는 역사적 근거가 있는 인물인가?"

O가 묻는다. 『금강』을 읽고 온 뒤 동학에 관심이 부쩍 많아진 친구다.

"아니, 충청도 민중을 상징한다고 생각하면 돼. 허구적 인물이야."

『금강』의 주인공 '신하늬'는 백제와 호서지역을 대표하는 인물이다. '서쪽에서 부는 바람'이라는 뜻을 지닌 이름으로, 그는 금강 주변에서 나고 자랐으며, 거기서 사랑을 얻고 꿈을 실현했다. 그리고 호남에서 분 혁명의 바람을 호서에서 완성시키고자 했던 사람이다. 신동엽은 그를 통해 호서지역 민중의 자각과 새로운 세계에 대한 갈망을 보여준다. 하지만 동학과 전봉준을 이야기하다보니 그것을 뒤섞어 서울까지 이끌어가는 개연성을 끝까지 밀어붙이지 못하고 다소 중심에서 밀려난 사람을 극화하고 있다는 느낌을 준다. 워낙 큰 사건과 인물을 다루며 그것을 소개해야 했기에 허구적 인물을 제대로 형상화시키지 못한 것이다. 혹은 동학혁명과 4·19에 너무 사로잡혀 그것의 의미 부여에만 매달리다가 주인공의 서사화에 다소 신경 쓰지 못한 점도 없지 않다. 그래도 신하늬의 성장과정과 사랑을 잘 표현하고, 그의 죽음을 위대하게 만들었다.

하늬는 서소문 밖 객줏집에서 전봉준과 우연히 만나 의형제를 맺는다. 영웅들은 언제나 의기투합한다. 서로가 서로를 알아본다. 그리하여 하늬는 훗날 전봉준과 함께 봉기에 참여하고, 호서 쪽의 중요한 장수가 된다.

"난, 그래도 하늬가 좋았어. 다가갈 수 있는 인물이었거든."

O가 말했다. 받아들이는 것은 독자의 마음이다. 나는 수긍했다. 어느 부분에서 감동받든 그건 아무래도 좋았다 각자 다르게 해석할 수 있으니 말이다. 사실 나에게도 하늬와 진아의 사랑

송장배미

은 애틋했고, 공주 광장에 걸어 들어가 죽는 장면은 감동적이었다. 또한 시적 화자는 동학혁명과 4·19를 이야기하면서 계속해서 어딘가에 할아버지에 대한 그리움을 숨겨놓았다. 그래서인지 우금티 전적지에서 견준봉과 두리봉의 능선길 따라 송장배미까지 걸으면서 끊임없이 그 산마루를 기어오르는 농민군과 신하늬의 모습을 떠올리게 된다. 죽창 하나 들고 태평소와 북소리에 맞추어 산을 기어오르던 농민군의 함성. 그 함성 자체가 하늬로 형상화되었는지 모른다. 그런데 어쩌랴. 농민들의 흰옷이 일본군의 표적이 되고 그들의 가슴이 핏빛으로 번진다.

"하늬는 왜 그렇게 죽었을까? 순교자처럼."

하늬는 순절했다. 처형된 것이 아니라 스스로 찾아가 죽음을 맞이했다. 그런 점에서 자결했다고 말해도 틀린 말은 아니다. 호서 지역에서 그렇게 많은 주민이 죽었으니 누군가 책임도 져야 했을 것이다. 그 지역을 대표하는 누군가 순절함으로써 그 농민들의 죽음에 대해 책임지고 싶었을 것이다. 그것은 어쩐지 부여

낙화암

공산성

부소산성 낙화암에서 금강을 바라볼 때 느끼는 감정과 비슷했다. 금강은 백제의 멸망과 백성의 한을 안은 채 흘러간다. 공주 고마나루에서 올려다본 공산성은 난공불락의 성처럼 버텨 서 있다. 농민군에게 우금티고개는 그런 철벽의 성처럼 여겨졌을 것이다. 그래도 끝내 그 고개를 넘고자 했던 것은 새로운 세상에 대한 열망 때문이었다.

그러고보니 낙화암에서 떨어져 죽은 '삼천 궁녀'와 우금티고개를 치고 올라가다가 죽은 농민군 사이에서 유사성이 겹쳐진다. 그 작은 부소산성에 무슨 궁녀가 삼천 명이나 살았단 말인가. 이청준은 『춤추는 사제』에서 말하길, 그들은 그저 소복 입은 주민일 뿐이었고, 나라 망한 주민들이 뭐라도 해야 했기에 낙화암에서 뛰어내린 것이다. 그렇다면 갑오년의 농민군도 일본군의 침략 속에서 나라를 위해 뭐라도 해야 했기에 그토록 집요하게 우금티고개에 올랐다고 말할 수 있지 않을까. 백제는 뛰어내리면서 그 정신을 보여주었고, 조선은 치고 오르면서 민중의 위력을 보여주었다. 소정방은 패자를 능멸하기 위해 '낙화암과 삼천 궁녀' 이야기를 만들었고, 조선의 민중은 스나이더 소총과 무라타 소총 앞에서 죽음으로써 왕실을 능멸한 일본군에게 경고를 날렸다.

더 무얼 말하랴. 일본은 식민사관으로 우리의 역사까지 조롱한 나라다. 이번에는 우금티고개를 치고 올라간 농민들의 무지함을 조롱한다. 너희 지도자는 너무 무식해! 백성을 사지에 몰았어. 당대 최고의 비판적 지식인이던 전봉준은 삽시간에 일자 무식꾼이 된다. 그의 영웅적 행위를 작전 실수로 몰아가는 것이다. 그러할 때 모두 대등하게 권리를 누리는 세상을 만들자고, 그것을 위해서라면 기꺼이 목숨을 바치겠다는 농민군의 기상은 허망한 것이 되고 만다. 농민군의 항전 의지는 사라지고 그들은 무식한 지도자를 만나 억울하게 희생된 사람이 된다. 신동엽은 하느의 순절을 통해 그것을 바로잡았다. 백제와 조선의 주민들이 외세에 당했는데, 당나라 군사야 신라가 청해 들어왔다지만, 청하지도 않은 일본군은 조선에 들어와 우리 땅의 주민들을 무차별로 학살했다.

"전봉준은 우금티에서부터 게릴라작전을 펼쳐야 하지 않았어?"

L이 묻는다.

"아, 서울로 곧바로 치고 올라가지 않아 혁명에 실패했다 혹은 게릴라작전을 펼치지 않아 우금티에서 몰살당했다고 말하는 사람들이 있다는 거지?"

"우금티에서 일본군과 직접 맞선 건 나로서는 이해가 안 돼."

신하늬가 말한다. "봉준형,/ 밤으로, 산으로/ 오륙십 명씩,/ 2백여 개로 유격대 나누어/ 북상시키십시오."(『금강』 18장) 그랬으면 얼마나 좋았으랴. 그러나 농민군은 훈련되지 않았고 흩어지면 아무것도 할 수 없는 존재였다. 수많은 농민군을 데리고 한판 승부를 벌여야 했는데, 수적 우세를 활용할 어떤 방법이 있었을까. 스나이더 소총 한 발에 농민군 한 명이 쓰러지면 1000명이 오합지졸이 되었다. 하늬는 단지 후세에 쓰인 역사서에서 말하는 아쉬움을 피력해 보인 것이다. 물론 10여 년이 지나면 기삼연이 장성에서 의병을 일으켜 호남창의회맹소를 세우고, 후기의병에서 전해산과 안규홍이 게릴라작전을 펼치기도 한다. 하지만 갑오년 겨울에 최시형과 손병희의 부대가 공주로 진격했고, 김개남이 수만 명의 병력을 이끌고 청주 쪽으로 올라오고 있었다. 공주에서 한판 전투를 벌이는 것은 필연적인 일이었다. 손병희는 소토산에서 전봉준과 의형제 결의를 하며 말한다. 꼭 '보국안민'과 '광제창생'을 이룹시다.

농민군은 우금티고개 앞에 진을 쳤다. 저 고개만 넘으면 공주

고개와 하늘

를 함락하고 서울로 진격할 수 있었다. 그들은 고개 위의 '하늘'을 보았다. 바다가 열리던 '모세의 기적'을 바랐을까? 그들은 고개를 향해 달려들었다. 유토피아는 환영으로 나타나지만 포기할 수 없는 것이다. 그래서일까? 신동엽은 1894년 그 순간이 "우리 민족사상 순간이나마 가장 화려한 섬광이 반짝인 시점"이라고 말한다. 그 때죽음 당한 순간을 역사상 가장 화려한 순간이라고 말한 사람의 의도가 무엇일지 궁금해지는데, 그때 관군 선봉장 이규태가 말한 것에서 단서를 잡을 수 있다. "아, 몇 만의 비도 무리가 40~50리에 걸쳐 두루 둘러싸고 길이 있으면 쟁탈하고 고봉을 점거하여 동에서 소리치면 서에서 따르고 좌에서 번쩍하면 우에서 나타나고 기를 흔들고 북을 치며, 죽음을 무릅쓰고 앞을 다투어 기어오르니 그들은 어떠한 의리와 담락을 지녔기에 저러할 수 있는가. 그 정황을 말하고 생각하면 뼈가 떨리고 마음이 서늘하다."(「선봉진일기」)

그것은 공포였다. 일본군도 마찬가지였을 것이다. 아무리 죽여도 달려드는 농민군. 그들은 대체 어떤 믿음으로 그리한단 말인가. 농민군은 믿고 있는 세상을 위해 지도자를 따라 고개 위로 올랐다. 총탄 맞고 넘어진 농민들을 밟고 위로 위로 자꾸만 올라갔다. 그들은 훈련된 병사가 아니라 그저 순정한 마음 하나로 전투에 참여한 사람들이었다. 일본군은 그들을 죽이면서도 공포스러웠다.

"농민군이 일본에 본때를 보여주려고 했지. 그러면 몰아낼 수 있다고 생각한 거야."

"쇠스랑 들고서 말이지?"

"그러니까 더 훌륭하다는 거야. 한반도 주민이 호락호락하지 않다는 것을 보여주었으니 말일세."

신하늬는 우금티에서 패한 뒤 자발적으로 공주의 형장을 찾아갔다. 농민군 27명을 능지처참한 형장이었다. 그는 형장의 중앙에 걸어들어가 눈 위에 네 활개를 펴고 드러누워 온몸을 찢기우는 형벌을 감내한다. 하늬의 순절은 농민군의 죽음 전체를 상징한다. 그들은 자발적으로 총탄을 향해 달려들었다. 그것은 순절이었고 헛된 죽음이 아니었다. 하늬의 아내 진아도 그것을 받아들였기 때문에 남편의 죽음에 대해 비통해하지 않는다. 7분은 꼭 해야 할 일을 하다가 혹은 하고 싶은 일을 하다가 가신 것이다. 그래서 그녀는 유복자를 낳아 키우면서 자랑스러워한다. '영원의 얼굴'을 보았기 때문일까. 그녀는 '자신의 전부' '전 우주'였던 하늬를 애도하며 봄비가 내리는 산천에 진달래꽃이 피어나는 광경을 바라본다.

> 벗고도 싶었으리라, 굴레,
> 찢고도 싶었으리라, 알살 덮은
> 쇠항아리.
> 찢어진 쇠항아리 사이로 잠깐
> 빛난 하늘 (『금강』 23장)

농민들은 전투에서 졌고 다시 보복을 당했다. 학살과 방화, 강간, 추방. 이번에는 일본군이 나서서 그렇게 했다. 농민들은 언젠가 다시 욱죄이는 '쇠항아리'를 찢고, 언뜻 본 하늘을 위해 대창 들고 나서야 한다고 생각했다. 그들은 보복과 억압에 시달리면서도 대지에서 소생하는 기운을 느꼈고 언뜻 후천개벽의 순간을 보았다. 대지의 이야기에 귀 기울이며 열심히 일하고 사랑하며 살다보면 그런 날이 오리라고 확신했다. 우금티 전투 이후에 벌어진 일이다. 그리고 자기 삶의 주인이 된 농민들은 세계에 대해 발언하기 시작했다.

그래서일까. 신동엽은 우금티의 패전에서 긍정성을 본다. 어릴 적 할머니와 방물장수에게 그렇게 들어서였겠지만, 진달래

산천을 바라보면 할아버지가 죽어 대지를 비옥하게 만들고 소중한 정신으로 소생하는 것이 느껴졌다. 해마다 봄이 되면 천지에 동학의 정신이 피어났다.

다시 말하자면 일본군은 무서웠기에 더 철저히 농민군을 학살했다. 하늘을 믿고 하늘과 함께 한다면 무서울 게 없다고 생각하는 사람들, 죽여도 또 죽여도 하염없이 달려드는 사람들이 그들은 무서웠다. 일본군은 농민군을 이해하지 못했기에 더 잔혹하게 죽였다. 이미 청일전쟁에서 승리했고, 중국 본토까지 쳐들어가 뤼순 학살을 자행하기도 한 자들이다. 그런데 그 일본군이 기층 세력인 동학농민군의 저항에 당황했다. 양반들이야 개화파를 만들고, 일본에 유학시켜 친일파를 만들고, 작위를 주며 천황의 은혜를 받은 자라며 회유할 수 있었지만, 이 기층세력에 대해서는 채찍 말고는 준비한 게 없었다. 모조리 살육하라. 그것 말고는 다른 방법이 없었다. 일본이 감언이설로 내놓은 근대화도 사실 동학농민군이 패정 개혁에서 다 내놓은 정책이었다.

동학혁명은 기층세력들을 나라와 역사의 주인으로 만들었다. 나라를 위해 일본과 맞서 싸워 죽은 이들로 따지자면 양반들과 비할 바가 아니었다. 뒤늦게 최익현이나 유인석, 기삼연, 고광순과 같은 양반 의병들이 일어났고, 나라가 망한 뒤 민영환, 조병세, 황현 같은 사대부들이 자결했지만, 기실 우금티 전투에서 순절한 십수만 명의 농민들의 죽음에 비하면 보잘것없었다. 누가 더 제대로 싸웠고, 누가 더 진정한 의미에서 싸우다가 죽었는지, 그래서 순절했는지 새겨볼 일이다.

21세기 정부는 뒤늦게라도 이들의 항일투쟁을 인정하고 보상해야 한다. 한편 동학혁명 이후로 의병과 독립운동에 기층세력이 가담했고, 머슴 출신 안규홍과 같은 의병대장이 등장해 양반들을 이끌기도 했다. 마침내 3·1운동 때에는 동학이 주도하고 기독교 세력과 연합해 일본을 몰아붙였다. 그때부터 우리에게 하나의 '민족'이라는 개념이 발생했는데, 서자, 머슴, 여자, 학생, 종교인 가릴 것 없이 누구나 똑같은 인간이 되었고, 민족의 구성원이 되었다.

4. '껍데기'를 벗기고 알맹이만 남겨라

노성산 어귀에 자리잡은 명재 윤증의 고택을 돌아본다. 배롱나무 늘어진 연못과 단아한 한옥 옆으로 늘어선 항아리들, 그 속에서 간장이 익고 있다. 문득 디딤돌 위의 가지런한 흰 고무신을 보니 안채에서 대청마루를 거쳐 헛기침하는 누군가 수염을 쓰다듬으면서 나올 것만 같다. 저 소나무의 기품은 '착한 선비'로 이름을 남긴 윤증이 벼슬을 거부하고 학문만 남긴 결과로 얻어진 것이겠지. 현재 후손이 살아서 그런지 집안이 정갈하고, 연못과 우물가, 배롱나무 꽃잎이 떨어진 돌확들이 항아리까지 연결되어

명제고택 명재고택 항아리

있다.

"역사는 진실과 위선을 밝히는 일 같아."

"하긴, 많은 위선 속에 진실이 묻힌 경우도 있지."

이 평화로운 고택 주변에 농민군 4만여 명이 모여들었는데, 노성산 어디에도 그와 관련된 팻말이 없다. 이 집은 어쩌면 이리 잘 보존될 수 있었을까. 전봉준은 명망 있는 선비 집안 근처는 농민군에게 얼씬거리지도 못하게 했다는데, 그것이 사실일 것이라는 생각이 들었다. 윤증의 옛집은 고색창연하면서도 멀쩡했다. 그는 송시열과 대립하며 소론을 형성했다. 그러나 노론이 위세에 밀려 그의 제자들은 추방되었고, 그 뒤로 양명학을 받아들인 자들이 강화도로 이주해 '강화학파'를 이루었다.

병자호란 때 어린아이였던 윤증은 부모님과 함께 강화도로 피신했다. 오랑캐들이 몰려오자 윤증의 어머니는 자결했으나 아버지 윤선거는 어린 아들도 있어 차마 죽지 못했다. 그때 김상용은 임금의 명으로 양반가의 여인과 가족을 이끌고 강화도로 피신했으나 남문에서 화기를 잘못 다뤄 숨졌다. 군사책임자였던 김경징은 오랑캐 군사에게 대포 한 번 쏘지 못한 채 줄행랑을 쳤다. 그 뒤로 공적을 따질 때 윤선거는 죽지 않았다고 송시열에게 지탄을 받았고, 김상용은 안동 김씨 집안에서 임금에게 끝없이 상소문을 올려 순절로 인정받았다. 그런 것들을 보고 자란 윤증이 벼슬을 거부하고 책만 읽은 것이다.

김상용은 안동 김씨(장동 김씨)의 태두가 된다. 후손들이 강화산성 남문에서 화기를 잘못 다뤄 죽은 그를 순절했다고 『강도충렬록』까지 써서 기렸다. 그런데 사실 진실로 순절한 사람은 그때 강화도로 피신한 왕실과 조정 대신의 부인들이었다. 그들은 나라가 능멸당하는 모습을 바라보며 조강과 염하에 꽃잎처럼 뛰어내려 죽었다. 병자호란 이후로 송시열의 일파들은 겉으로 청국에 조공을 바치면서 속으로 오랑캐라고 무시하는 '반청反淸'과 '북벌北伐'의 정신을 강조했다. 안동 김씨는 그 거짓 기반 위에서 세도정치의 논리를 만들었다. 그것이 '소중화'라는 자부심으로 드러나기도 했지만, 사실 지극히 위험스런 거짓의 논리였다. 그 뒤로 우리는 청의 발전된 문화를 제대로 받아들이지 못해 국운이 쇠하는 형국에 이르렀고, 심지어 그것은 '척사斥邪'의 논리로 서구문화를 배척하는 데 이용되어 근대화에 치명적 방해가 되었다.

거짓은 나라를 썩게 만든다. 껍데기가 두꺼워질수록 진실을 뭉개고 온갖 방법을 동원해 사실을 말하는 자를 추방한다. 안동 김씨를 위시한 노론의 일파들은 소론과 남인을 쫓아내고, 양명학과 서학, 동학을 믿는 자를 배척했고, 심지어 저희끼리도 시파냐 벽파냐 따지면서 죽이고 귀양을 보내면서 한 세기를 다 소모했다. 그런 가운데 제국주의가 밀려오고 나라의 힘은 시들어갔다. 그래도 나라의 문제점을 찾아내지 못한 채, 오히려 한반도를 유린하면서 쌀을 수탈하고 금을 약탈해가는 일본의 위험성을 지적하는 사람들을 적으로 몰았다.

1960년, 시민들은 4·19를 통해 권력자를 몰아냈다. 대학생들뿐만 아니라 초중고 학생들까지 덩달아 일어났다. 심지어 대학교수와 회사원들도 거리로 나섰다. 최인훈이 『광장』으로 그 기쁨을 노래했듯이 신동엽은 『금강』을 통해, '4·19여 부활하라'고 외쳤다. 그는 금강과 동학혁명을 4·19의 기원으로 삼고, 거기서 비롯된 4·19 정신을 찬양했다. 그래서인지 『금강』을 읽으면 겉으로는 동학을 읽고 있는데 4·19의 불꽃이 타오르는 것이 느껴진다. 신동엽은 군사정권의 억압 속에서 4·19 정신을 노래했던 것이다.

광복과 함께 분단이 되고, 분단된 한쪽이 다른 한쪽을 미워하며 전쟁을 일으키고, 권력자들은 위선과 거짓으로 '반공'을 국시로 삼으면서 민중을 탄압했다. 그 공작과 술수를 알아차린 민중은 '껍데기'를 벗겨내기로 작정한다. 권력에 붙어 한 자리 얻으려는 세력, 외세에 붙어 한 밑천 잡으려는 세력을 몰아내자. 너희는 나라를 분단시키고 전쟁을 일으켜놓고 저희만 배부르겠다고 하는 자들이다. 그리고 그것을 비판하면 모두 빨갱이로 몰아 죽인 자들이다. 신동엽은 그들을 쓸어내야 한다고 소리친다.

껍데기는 가라.
四月도 알맹이만 남고
껍데기는 가라. (「껍데기는 가라」)

알맹이만 남아야 뛰쳐나간다. 그래야, "4월이 오면/ 산천은 껍질을 찢고/ 속잎은 돋아"(「4월은 갈아엎는 달」)난다. 껍질을 벗겨내야 알맹이에 새 생명이 깃든다. 쇠항아리도 땅속에 묻히면 녹슬고 갈라져 그 틈새에서 생명이 돋아난다. 흙은 그 모든 것을 해낸다. 흙 속 깊은 어둠 속에서 껍데기를 벗어던지고, 눈을 뜨고, 길을 낸다. 그것은 지극히 어려운 일이지만 자연현상 속에서는 노상 벌어지는 일이다. 신동엽은 "물팡개치는 홍수 속으로 물귀신 같은/ 몸뚱어리를 몰아쳐"(「강」) 넣어 자기 자신을 죽음으로 밀어넣는 것 같은 행위를 하는데, 그것은 궁극적으로 새 생명을 찾기 위한 몸짓이다. 그런 행위 없이 새 생명은 탄생하지 않는다. 또한 양질의 삶을 누리지 못한다. 그러니 껍데기는 가라, 알맹이로 대지와 만나라.

신동엽은 농민을 찬양한다. 농민은 대지에 씨앗을 뿌리고 생명을 키운다. 그 속에 하느님의 본성이 깃든다. 그러니 흙 속 어둠에서 '눈동자'를 키우고, 눈을 뜨게 만들어야 한다. "얼음 뚫고 새 흙 깊이 씨 묻어두자/ 새봄 오면 강산마다 피어날/ 칠흑 싱싱한 눈동자를 위하여."(「싱싱한 동자瞳子를 위하여」) 그것은 새싹이 돋아나는 광경, 즉 생명이 땅속에서 눈을 뜨는 광경에 대한 묘사다. 칠흑의 어둠 속에서 '싱싱한 눈동자'를 가져야 세상에 건강하게 나온다. 그럴 때 생명에 하느님이 깃든다. "오늘의 논밭 속에 심겨진/ 그대들의 눈동자여, 높고 높은/ 하눌님이어라."(「수운이 말하기를」) 결국 새 생명은 하느님의 작용이다. 씨앗이더라도 "냇물 구비치는 싱싱한 마음밭"(「향아」)을 가져야 새싹으로 돋아나고 '대지에 뿌리박은 정신'을 가져야 꽃을 피우고 결실을 맺는다. 새 생명을 얻는 일은 그야말로 '바위 찍은 감격' 속에서 하느님을 만날 때 이뤄진다.

현실에서 대다수의 사람은 억압받고, 소외되고, 헐벗기 마련이다. 그런데 삶에 찌들어 살다가 혹은 자기를 잊고 살다가, 불쑥 '자아 밖의 나'를 발견하는 순간이 있다. 그것은 갑자기 자기 자신을 부끄럽게 만든다. 자기 껍데기를 벗겨내야 세계와 소통하고 결국은 권력자와 악한 세력의 껍데기도 벗겨낼 수 있다. 자아 밖의 나는 "이승을 뚫어버린 정신의 눈"을 가질 때 부조리에 저항하고, 부패한 권력자를 끌어내게 된다. 동학의 '시천주侍天主' 사상은 한반도에서 나쁜 기운을 몰아내고, 자기 자신의 주인이 되라며 발상을 전환시킨다. 내 안에 하느님을 모시되, 그 하느님의 손을 잡고 밖으로 나가라. 그리고 자기 자신뿐만 아니라 권력의 껍데기, 부패의 껍데기, 문명의 껍데기를 벗겨내고 사람 사는 세상을 만들라. 동학은 그 원리로 신분 해방을 이루고 사회 개혁을 실행한다. 저기 고개 위에 이상적 공동체가 있는데 가지 않을 사람이 어디 있겠는가.

껍데기를 벗겨내고 '싱싱한 눈동자'를 가진 자, '영원의 얼굴'을 만난 자는 그 어떤 어려움도 감내한다. 하늬와 농민군은 신바람을 내며 고개 위로 올라갔지만, 그들을 조롱하고 싶은 세력들의 눈에는 널브러진 시신들만이 보인다. 그래도 그 죽음 속에서 '어린 하늬'가 태어나고 먼 훗날 부여에서 다시 '웃음소리'가 되 살아난다. 하늬는 죽었어도 새롭게 태어나고 다시 사람들은 춤추고 노래한다. 그것은 모두 어둠 속에서 알맹이로 살아남아 억압된 자아를 해방시켰기 때문에 가능해진 일이다.

5. 4·19로 살려낸 '영원의 하늘'

신동엽이 1960년대에 망각에서 건져낸 '동학'은 과거로서의 동학이 아니라 현재 진행 중인 동학이다. 4·19 상황에서 동학은 시위대의 길잡이가 되었다. 나라를 뜯어고치고(보국안민), 두루 백성을 구제하고자(광제창생) 하는 정신은 독재자를 몰아내고 지식인 계층을 각성시켰다. 4·19는 전후 제3세계에서 일어난 최초의 성공한 비폭력 시민혁명인 동시에 유럽의 68혁명, 미국의 반전운동, 1960년대를 휩쓴 세계적인 학생 저항운동의 시발점이었다. 그런데 그것은 우금티고개로 돌격하던 농민군의 모습을 재현한 것이기도 했다.

미치고 싶었다.
사월이 오면
곰나루서 피 터진 동학의 함성,
광화문서 목 터진 사월의 승리여. (「사월은 갈아엎는 달」)

신동엽은 절묘하게 4월에 동학의 함성을 듣는다. 그것은 갑오년에서 4·19까지 66년간 나라를 빼앗기고 독재자의 억압에 시달리면서도 그 정신을 놓치지 않았기 때문이다. "알맹이는 여기/ 언제나 말없이 흐르는 금강처럼/ 도시와 농촌 깊숙한 그늘에서/ 우리의 노래 우리끼리 부르며"(『금강』 6장) 생생히 숨어 살아 있었다. 동학은 사라진 것이 아니라 땅속 어둠에 묻혀 있다가 어느 순간 불쑥 솟아났다. 민중이 부패한 정권과 맞서야 할 때 '척왜'의 깃발을 들고 나선 농민군의 모습으로 나타났다.

그래서 다시 우금티로 돌아갈 수밖에 없다. 농민군은 우금티고개 위 하늘, 먹구름을 걷어내고 잠깐 바라본 하늘을 위해 목숨을 걸었다. 거기에 "바위 찍은 감격, 영원의/ 빛나는 하늘"(『금강』 2장)이 펼쳐져 있었다.

> 하늘을 보았죠? 푸른 얼굴,
> 영원永遠의 강은
> 쉬지 않고 흐르고 있었어.
> 우리들의 발밑에,
> 너와 나의 가슴 속에.
>
> 우리들은 보았어, 영원의 하늘,
> 우리들은 만졌어 영원의 강물, 그리고 쪼갰어,
> 돌 속의 사랑, 돌 속의 하늘.
> 우리들은 이겼어. (『금강』 22장)

농민군은 우금티에서 '영원의 강'을 만났다. 그것은 이후로 '너와 나의 가슴 속'에 새겨질 역사로서 두고두고 쉬지 않고 흘러갈 것이었다. 1960년 4월 소방차 앞에서 허리를 꺾었던 '남이'와 그를 지켜보는 소녀도 그 역사의 강을 건넜다. 그것은 단순한 저항이 아니라 '돌 속의 하늘'을 찍어 꺼내는 행위였다. 그렇게 죽어간 사람들이 있었기에 권력자는 물러가고 세상은 바뀌었다.

하늘을 내 안에 모실 때 사랑이 싹트고, 다른 사람들과 소통하게 되고, 저항의 힘을 얻게 된다. 우금티고개는 바로 그런 하늘 공동체에 이르는 길이었다. 죽창을 바위에 꽂으려는 무모함으로 "능력에 따라 일하고/ 필요에 따라 분배"(『금강』 6장)하는 세상을 맞이하기 위해, 그들은 우금티고개에 올랐다. 그때 영원의 하늘이 빛났다. 혁명은 섬광처럼 지나가도 그 정신은 영원히 남는다. 그리고 그것은 언젠가 다시 솟아오른다.

신동엽은 동학혁명을 부활시킨다. 그의 노래는 억울하게 희생된 자들을 망각의 심연에서 건져올리는 일종의 제의祭儀다. 우금티고개에서 죽은 자들을 구원할 때, 현재는 과거에 대한 빚을 갚게 되고 동력을 얻게 된다. 현재의 집단이 과거의 정신에 기대어 하나로 융합될 때, 앞으로 구현해야 할 이상理想을 마련하게 되고, 새롭게 혁명의 불길을 타오르게 할 수 있다. 신동엽의 시에서 자주 나타나는 '영원의 하늘'은 과거의 상像이 획 스치듯 지나가는 것이지만 사람들의 의식 속에서 깃발처럼 나부낀다.

'영원의 하늘'은 메시아적 해방의 시간을 나타낸다. 그것은 '잠깐 빛났다'가 사라지더라도 억압을 풀고, 해방감을 누리게 하며, 주체를 강하게 만든다. 또한 대지 속에서 자연의 순리대로 살아온 사람도 혁명의 길로 들어서게 만든다. 아무리 4·19가 군사쿠데타로 무너졌을지라도 메시아적 순간을 체험한 사람들이 있는 한, 그것은 언젠가 되살아난다.

전봉준이 고부에서 봉기해 서울에서 죽기까지 1년 남짓한 기간, 4·19에서 5·16까지 1년이라는 똑같은 기간에, 한반도의 주민은 해방의 기쁨을 맛보았다. 그 시간은 짧았지만 그 기억은 영원으로 남아 있다. 그래서 그 뒤를 이은 많은 이가 독립운동을 했고 혹은 평화통일운동과 민주화운동에 가담했다. 동학은 우금티고개에서 끝난 것이 아니고, 4·19는 '군홧발'에 끝장난 게 아니다.

잠시 전봉준의 육성을 되돌려보자. 우금티 전투에서 패한 전봉준은 순창 피로리에 몸을 피했다가 체포된 뒤에 1895년 3월 29일 광희문 밖에서 처형되었다. 그는 죽었지만 그의 정신까지 죽이지는 못했다. 전봉준은 형장에 끌려가는 처연한 눈동자를 사진으로 남겼다. 그는 가고 시신도 제대로 거두지 못했지만, 적어도 그의 최후의 심문을 지켜본 자들은 기록을 남겼다. 그의 육성은 언제라도 생생하게 들려오는 것만 같다.

"백성을 선동해 난을 도모한 이유를 밝혀라."
"6월 이후 일본군이 한반도에 속속 들어오는 것을 보고 망국의 위기라고 생각했다. 임오군란과 갑신정변 때 일본군이 벌인 짓을 생각해보라. 나는 국가의 멸망을 막아야 한다고 생각했다. 일본은 개화를 한답시고 선전포고도 없이 대궐을 침탈하고 임금을 능멸하지 않았는가."
"동학당은 조정이 금하는 대역불궤大逆不軌의 죄를 범했다."
"도가 없는 나라에 도학道學을 세우는 것이 잘못이란 말이냐?"

악정부惡政府를 고쳐 선정부善政府를 만드는 게 무엇이 잘못인가? 자국의 백성을 없애기 위하여 외적外賊을 불러들인 너희 죄가 크지, 어찌 나의 죄가 크겠느냐?"

"한양에 올라온 뒤 누굴 추대할 생각이었느냐?"

"국사를 한 사람의 세력가에게 맡기면 또 그 꼴이 날 것이니, 몇 사람의 명사들을 통해 합법적인 정치를 행하게 할 생각이었다."

심문관이 전봉준의 기세에 눌려 쩔쩔맨다. 판관 앞에서 판관을 꾸짖는 전봉준의 목소리가 쩌렁쩌렁하다. 민중의 지도자로 성장해 민회의 대의제와 집강소 정치를 실시하며, 우리만의 정치 시스템을 실험한 거인이, 죽는 순간까지 당당하다. 그 뒤로 그를 따라 독립운동을 하거나 민주화운동을 하는 이들은 언제나 당당하게 판관 앞에 섰다. 백성은 그런 목소리를 듣는 것만으로 '영원의 하늘'을 만난 것과 같은 희열을 누렸다.

전봉준은 죽었고, 동학은 지하화되었다. 그래도 대창 하나 들고 우금티고개를 넘으려 한 정신은 행복한 기억으로 남았다. 기미년에는 사람들이 일제의 총칼 앞에 태극기 들고 나타나 만세를 불렀고, 4·19 때는 경무대 앞에서 소총을 갈겨도 젊은이들이 맨몸으로 돌진했다. 그들은 무모하게 대들어 희생되었지만 권력자를 물러나게 만들었고, 싸움질이나 하던 지식인이나 지도층을 각성시켰다. 그래서 3·1운동 이후에는 상하이와 간도에 망명정부가 생겨났고, 4·19 뒤에는 민주화운동 세력이 생겼다. 5·18민주화운동 이후에 운동권이 공장에 위장취업을 하면서까지 민중과 일체감을 가지려고 한 것도 그 맥락이다. 『금강』에서 하늬가 죽은 뒤로, 갑오년에 태어난 '어린 하늬'는 3·1운동에 가담하고, 다시 '손자 하늬'는 4·19를 통해 민주주의를 되찾는다. 동학의 개벽 의지가 이런 반복적인 행위로 나타나고 아무리 짓밟혀도 다시 일어서는 민중의 저력을 전통으로 만든다. 포기할 수 없는 것이 하늘이다.

아직 끝난 것은 없다. 신동엽은 "반도 하늘 높이 나부낄 평화"를 고대하며 노래한다. "우리 사랑밭에/ 우리 두렛마을 심을, 아/ 찬란한 혁명의 날은/ 오리라."(『금강』 후화 2) 혁명은 끝나지 않았고 아직 이뤄야 할 것은 많다. 분단된 나라에서 주민들은 갈라져 살고 아직도 총부리를 겨누고 있다. 그래도 4월이 오면 대지에서 꽃망울을 터뜨리듯, 우리가 힘을 합해 노래하면 외세도 몰아내고 부패한 정권도 바로잡고 통일도 이루게 될 것이다.

촛불시위가 벌어지는 날. '증손자 하늬'의 손을 잡고 광장에 나온 젊은 엄마를 만난다. 그들이 광장에서 춤을 추고 노래를 부른다. 아이의 이름이 '강하늬'란다. 그 많은 사람이 광장에 있는 한 권력자는 나쁜 짓을 못한다. 강원도 양양골에서 '황하늬'가 태어나고, 또 해남과 부여, 여주, 통영에서도 또 다른 성을 가진 '하늬'가 태어났다. 그들은 부모의 바람대로 민중을 대표하는 인물들이 될지 모르지만, 적어도 이 나라가 바른 길로 이끌려고 노력하고 이 땅에 뭔가 작은 기여라도 할 사람들이다. 그래서 동학은 실패한 혁명이 아니라 지금 부활하는 혁명이 된다.

6. 부여, 신동엽의 꿈

신동엽은 동학의 시인이고 4·19의 시인이다. 그의 시는 거칠되 생명력이 넘치고 말하는 대상의 기원을 돌아보게 한다. 그런 점에서 그의 시는 깊다. 겉으로 보아 "유린과 착취가/ 무한대로 자유로운/ 버려진 땅" "약탈, 정권 만능/ 노동 착취/ 부정이 분수 없이 자유로운/ 버려진 시대"(『금강』 13장)라고 노래할 때, 너무 직접적으로 대상을 타격해서 묘미가 덜한 듯해도 그의 시를 읽다 보면 타격해야 할 대상이 분명해지고, 찾아야 할 일이 분명해진다. 더욱 놀라운 것은 순간으로 포착한 영원성이다. 그의 시어들은 리듬감을 가지고 반복해서 읊조리면 그것이 힘을 얻고 실천적 구호로 바뀌기도 한다.

신동엽의 시는 오래 남는다. 읽다보면 노래가 되고 기억이 되며 하나의 장소를 떠올린다. 그것이 처음에는 시위대의 구호나 노래처럼 들려도 "동학이여. 동학이여/ 금강의 억울한 흐름 앞에/ 목 터진, 정신이여."(「삼월」)라고 되뇌어 부를 때 독자가 금강의 흐름에 빨려들어가게 하고, 무득 동학혁명의 한복판에 던져진다. 「삼월」은 3·15 부정선거와 같은 부정적 현실 속에서 변화를 촉구하기 위해 만든 시이지만, 동학을 '목 터진 정신'이라고 말함으로써 더욱 그것을 생생하게 만든다. 그리고 아직 무르익지 않았더라도 때가 오면 곧 터질 것만 같은 무엇인가를 불러낸다.

한편 그의 시를 속으로 되뇌이면, 굽이굽이 흐르는 부드럽고 우아한 곡선의 금강이 다가온다. 거기서 들려오는 태평소, 북소리가 행군하는 농민군을 떠올리게 하지만 때로는 "흰 젖가슴의 물결치는 아우성 소리"를 듣게 한다. 지척에 우금티고개가 있어서일까. 거친 바람이 불 때 풍물패의 소리와 농민군의 함성소리가 뒤섞여 진격하는 것 같으면서도, 자세히 들어보면 생명이 움트는 사랑의 소리로 바뀐다. 그것은 거짓과 억압에 맞서며 생명의 진실을 찾는 이만이 들을 수 있는 소리다. 그것은 다르면서도 새롭게 반복하고 그러다보면 묘한 화음을 이루는 그런 소리다. 신동엽의 시는 망각의 강물 속에서 생명의 물을 긷는 의식을 통해 대지를 풍요롭게 만든다. 공주에서 부여, 강경, 서천까지 충청남도를 굽이굽이 도는 금강에 햇살이 반짝이고 그 위를 하늬바람이 거슬러 간다.

"'하늬'는 결국 신동엽의 할아버지란 말이지?"

"시적 화자에게 그런 장치가 필요했겠지. 충청도 주민의 비원을 담아내야 했으니까."

"금강이 한반도 전체를 의미할 수도 있을 텐데."

"맞아, 우리의 DNA 속에 박힌 뭔가를 꺼내다보니 '금강'이라는 시어가 필요했던 거지."

『금강』은 충청도의 산천을 저항의 땅으로 만들었다. 그곳 주민들이 우금티 전투에 나서서 죽었다. 그것도 자발적으로 전투에 참여해서 끝까지 싸우다가 죽었다. 신동엽은 고향에 대한 향수에 빠지기보다 고향에서의 도약을 준비한다. 농민들의 죽음이 결국 금강의 끈질긴 생명력과 연결되고, 그 저항의 힘이 하늬바람을 타고 전국으로 번진다. 즉 우금티에서 억울하게 죽어간 영혼들이 대전으로, 천안으로, 서울로 퍼져나가 3·1운동을 일으키고, 4·19항쟁에 불을 지핀 것이다.

앞마을 뒷동산 해만 뜨면
철없는 강아지처럼 뛰어다니는 기억 속에
그래서 그분들은 이따금
이야기의 씨를 심어주고 싶었던 것이리.

그 이야기의 씨들은
떡잎이 솟고 가지가 갈라져
어느 가을 무성하게 꽃피리라. (『금강』 1장)

다시 처음으로 돌아가보자. 그랬다. 어린 시절 신동엽은 동학의 이야기를 듣고 자랐고, 그것은 할머니의 심장 박동과 연결된 어떤 것이 되었다. 사실, 정읍에서 태어난 나에게도 동학은 고개만 돌리면 고부 두승산에서 수런수런 들려오는 「새야 새야」라는 노래였다. '청포장수'가 전봉준인지 청나라 군인인지 잘 파악되지 않았지만, '팔왕八王새'가 전봉준의 '전全' 자가 분명하다면, 그래서 더 구슬픈 노랫가락을 읊으며 전봉준을 추모하는 마음을 가졌다. 그런데 신동엽의 『금강』을 읽으면서 동학이 실패한 민란이 아니라 성공한 혁명이라는 사실을 배웠다. 내가 동네아이들과 함께 부른 노래는 한이 아니라 동학을 되살아나게 하는 주문과 같은 것이었다는 사실도 깨달았다. 신동엽이 나고 자란 부여가 나를 만든 두승산과 황토재를 더욱 빛나게 만들었다. 누구나 자기 자신을 이룬 절대적인 성역을 찾는다. 그곳이 신동엽에게는 부여라면, 나에게는 정읍이었다.

부여. 그곳은 백제가 남긴 평화공동체, 북부여에서 내려와 금강가에 자리 잡은 왕국의 수도였다. 공주에서 부여로, 금강의 물줄기 따라 자리 잡은 부소산성은 당대 세계의 중심을 꿈꾸었다. 공주에서 부여, 익산으로 내려온 금강의 꿈은 백제를 동북아시아의 중심으로 만들고자 했으나 그것을 다 이루지는 못했다. 그런 점에서 백제의 꿈은 아직도 계속되고 있다.

신동엽은 1969년에 죽었고 묘소는 능산리 백제왕릉 앞산에 있다. 신동엽 생가에서 조금 걸어나가면 금강 나성터에는 신동엽의 시비가 있다.

부여 부소산성 옆, 신동엽의 생가 자리에 '신동엽 문학관'이

신동엽 시비

들어섰다. 그 문학관에 가보면 신동엽을 만날 수 있다. 승효상이라는 건축가가 만든 작은 문학관은 그 자체로 아름답다. 그 속에서 신동엽이 살아 있고 그의 동학의 정신을 느낄 수 있다. 임옥상이 그린 깃발들이 인상적인데 문학마당, 안마당, 옥상마당에 전시된 신동엽의 흉상과 작품들과 잘 어우러진다. 또한 그것들이 하늘로 연결되고, 개방적으로 생가인 초옥과 연결된다. 건물 벽에 부조된 신동엽은 아내 몰래 어느 도시 구석을 돌아 시위장으로 달아나는 것만 같다. 거기에는 먼저 떠난 남편을 지키려는 지어미의 마음까지도 담겼다.

시인이란 얼마나 허약하면서도 아름다운 사람인가. 아내 사랑 하나만으로 만족 못하는 아사달이 미적 세계로 도망치려고 하는데 그런 남편이 돌아오기를 학수고대하는 아사녀의 마음이랄

신동엽문학관

신동엽 흉상

까, 죽지 않아도 되는데 농민군을 대표해서 공주 광장에 자발적으로 걸어나가 죽음을 맞이한 하늬를 그리워하는 진아의 마음이랄까. 우금티고개 위 하늘을 보며 바른 정신을 가진 사람들이 힘을 합하면 바른 길로 갈 수 있다고 말한 전봉준에 대한 신뢰일까. 신동엽문학관에서 깃발이 나부끼고 동학의 정신이 펄럭인다. 어째서 그런 것들이 승효상의 건축물에서 튀어나오는 걸까. 그게 신동엽의 부인 인병선이 사랑으로 만든 것이라서 그럴 것이다.

인병선은 "우리는/ 살고 가는 것이 아니라/ 언제까지나/ 살며 있는 것이다"고 신동엽과의 지난날을 추억한다. 건물 뒤로 돌아가면 툇마루에서 기타를 치는 신동엽의 전신상을 만나게 되는데, 꼭 그게 신동엽이 아니어도 좋지만, 이런 좁은 공간에 시인을 살리는 여러 장치가 눈물겹다. 하늬의 부인 진아가 손자 동엽을 업고 어르던 금강가. 그의 손자며느리는 그 할머니의 정신을 이렇게 멋지게 표현해냈다. 나는 하늬의 부인인 진아에게 말을 건네고 싶을 정도로 아름다운 문학관에 빠져들었다. 그게 신동엽문학관이라서 더욱 좋았다.

그러고보면 신동엽은 복 받은 시인이다. 「서둘고 싶지 않다」라는 글에서 "내 인생을 시로 장식해봤으면/ 내 인생을 사랑으로 채워봤으면/ 내 인생을 혁명으로 불질러봤으면" 하고 말했는데, 그런 욕심을 다 채운 시인을 신동엽문학관에서 만나게 된다. 신동엽은 일찍 죽어 떠났지만 여전히 하늬는 태어나고 있다.

■ **걸은 곳**   삼남길(삼례–익산–논산–노성–경천–공주 공산성–정안), 우금티–견준산–일락산–송장배미

■ **차로 간 곳**   동학혁명 삼례 봉기 역사광장, 강경(임리정, 죽림서원, 옥녀봉), 신동엽 문학관(부여), 명재 윤증 고택, 돈암서원, 사계 김장생 고택, 신원재(김집), 우금티 동학혁명군 위령탑

3부
외면, 숨김, 드러냄

서정주 생가와 김성수 생가 사이에 손화중이 피체된 침명제가 있다. 선운산을 중심으로 질마재와 인천강은 손화중, 전봉준, 차치구와 인연이 많은 곳이다. 손화중이 선운산 마애불의 비결을 풀어냈고, 전봉준이 고부 봉기에 성공한 뒤에 농민군을 이끌고 와서 인천강 부근에서 훈련을 시켰으며, 차치구가 아들 차경석을 낳은 태몽을 꾼 곳이기도 하다. 또한 손화중 휘하에 홍락관을 위시로 한 재인부대가 있었는데 신재효 사단이 들어온 것이라고 말할 수 있다. 그리고 인근 줄포만은 군산이 들어서기 전에 중요한 항구였고, 그곳을 개간한 인촌 김성수 일가가 한반도 최고 부자가 될 수 있도록 만든 곳이다. 서정주는 『질마재 신화』라는 시집을 통해 질마재를 한반도에서 가장 원시적인 곳으로 묘사하면서 동학에 관한 이야기는 한 마디도 꺼내지 않았다.

6장
고창과 서정주, 그리고 새로 쓰는 '질마재 신화'

1. 고창, 질마재 가는 길을 찾아

고창을 가자면 어느 곳을 먼저 가야 할지 망설여진다. 선운사와 고창읍성(모양성), 고인돌과 운곡습지, 고창의 붉은 황토와 좌치나루의 뻘, 학원농장의 청보리밭 그리고 동학농민군의 유적지를 찾아 무장 기포지와 무장읍성을 찾아볼 수도 있다. 고창읍성을 돌며 혹은 좌치나루에서 서해랑길을 걸어보며 신재효의 판소리를 떠올리고, 질마재길을 걸으면서 서정주의 시를 떠올려보는 것도 제격이다. 서정주 생가로부터 시작해 소요산 고개를 넘어 선운사 동구에 이르는 길, 그리고 인천강을 따라 병바위, 두암초당, 한매바위를 들러 운곡저수지에 이르는 길에서 얼마든지 서정주의 『질마재 신화』의 현장을 확인할 수 있다.

『질마재 신화』　　　　　선운사 동구 미당시

"미당을, 미당을 말야, 어떻게 생각해야 해?"

O가 묻는다. 고민 끝에 미당의 친일에 대해 묻는 것이다.

"뭐, 그냥 그의 시를 좋아하면 되지."

"시만 좋으면 다인가? 그의 시엔 시대적 통찰이나 아픔이 없어."

"그는 백치고 무당이니까. 한데 고창 황토밭 깊은 곳으로부터 울려나오는 듯한 그 기막힌 가락은 누구도 따를 수 없지. 어떻게 그의 시를 좋아하지 않을 수 있겠어. 다만 우리가 백석과 이용악, 조명희를 배우지 못했으니 미당과 김소월과 정지용만이 전부인 것처럼 여겼지만."

서정주는 시만 쓴 게 아니라 1948년 정부 수립 당시 문교부 초대 예술과장에 취임했다. 그때 그는 초중고 교과서 편수위원까지 겸해 국어교과서의 모든 시를 선정한 사람이다. 그런 점에서 우리는 서정주의 시적 안목 속에서, 그가 골라놓은 시를 외우며 학창 시절을 보낸 사람들이다. 그 가락 속에서는 서정주가 가장 압도적이었다. 서정주 생가와 미당문학관을 가기에 앞서 떠올린 생각이다. 그의 영향력은 1980년대까지 미쳤고, 그 기간에 시를 배운 학생들은 서정주의 기호대로 시를 읽고 좋아했다.

그런데 서정주 생가터 부근에 동학장수 손화중 피체지와 인촌 김성수 생가가 있다. 서정주의 아버지가 김성수 집안의 마름을 했으니 가까이 살았겠으나 두 집안 사이에 있는 손화중 피체지 이야기를 서정주는 왜 한 번도 언급하지 않았을까? 실제로 그의 시에서 손화중 이야기가 나온 적이 없다. 김성수와 서정주의 생가 사이에 있는 손화중 피체지는 뭔가 많은 것을 생각하게 한다.

고창은 신재효(1812~1884)로부터 서정주(1915~2000)로 이어지는 한국의 전통적 가락을 만들어낸 터전이다. 좌치나루에서 신재효의 애첩 진채선의 생가터까지 걸어보고, 부안 쪽으로 소리꾼 김소희 생가를 둘러보면 그 사이에 있는 손화중의 피체지에서도 그 판소리의 가락이 들려오는 듯하다. 갑오년에 가장 많은 농민군을 모았던 동학의 3대 장수 손화중(1861~1895)의 수하에는 홍낙관의 재인부대가 있었다. 그들이 어떤 소리를 내며 농민군의 선두에 섰을지 상상해본다. 손화중 피체지 바로 부근에서 서정주가 태어났는데, 어떤 점에서 서정주는 신재효와 이날치, 진채선, 김소희의 가락 속에서 「선운사 동구洞口」를 썼을 것 같다.

> 선운사 골째기로
> 선운사 동백꽃을 보러 갔더니
> 동백꽃은 아직 일러
> 피지 않했고
> 막걸리집 여자의
> 육자배기 가락에
> 작년 것만 상기도 남었습니다.
> 그것도 목이 쉬어 남었습니다.

서정주는 꽃술을 항아리째 내놓으며 육자배기를 부르던 주막집 여인을 잊지 못한다. 전쟁과 좌우익의 갈등 속에서 10년 만에 그 주막을 다시 찾았으나, 그 여인이 경찰에게 밥을 지어주었다는 이유로 빨치산에게 처형당했다는 소식을 들었기 때문이다. '육자배기 가락'에 핏빛 동백이 피고 그 위에 '목이 멘' 가락이 걸린다.

질마재길은 서정주의 시집 『질마재 신화』(1975)가 발간된 이후 널리 알려졌다. 그곳은 서정주의 고향이면서 그의 시 정신의 원형이 담긴, 우리 모두의 고향을 떠올리게 하는 곳이다. 회갑을 맞이해 고향을 그리워하며 쓴 시편의 울림은 질마재를 정말로 신화의 세계로 만든다. 누구나 거기서 나온 것 같은 느낌 속

줄포만

미당시문학관

에서 질마재를 우리나라에서 가장 오지라고 생각하게 한다. 하지만 그것은 오해다. 줄포만의 질퍽한 뻘밭과 인천강 가의 황토밭은 김성수(1891~1955) 일가를 호남 제일의 갑부로 만들었고, 군산항이 개항되기 전에 줄포항은 호남에서 가장 중요한 항구였다. 한적한 바닷가 마을에서 아무런 연유 없이 우리 현대사에서 중요한 역할을 한 서정주와 김성수 같은 인물이 나온 것은 아닐 터다. 그렇다면 과연 질마재란 곳은 어떤 곳일까?

미당시문학관과 서정주 생가를 돌아보고 질마재길을 걷기 시작하는데, 인적을 찾기 힘든 시골길에서 표지판을 찾지 못한다면 그 입구에 들어서기도 어렵다. 그래서 서정주는 질마재를 우리나라에서 가장 오지 마을로 표현했을까. 고향에다가 오지라는 신비를 보태면 시가 더 아름다워지겠지. 그런 생각을 하며 산길로 접어든다.

1시간 남짓 올라가니 소요산으로 넘어가는 고갯길에 들어선다. 서정주는 이 길을 따라 선운사 동구에서 잠시 쉬고, 버스를 타고 흥덕으로 갔다가, 거기서 또 버스를 타고 정읍역으로 나가 서울로 올라갔을 것이다. 19세기만 해도 무장이 고창이나 흥덕을 합한 것보다 인구수에서도 많았는데 지금은 잊힌 시골 마을이 되었다.

　부통령을 했던 김성수의 가계 이야기를 통해 20세기 초기에 번성했던 무장과 줄포 상황을 더 이야기해보자. 김성수의 할아버지 김요협은 장성에서 질마재로 이사 와 1000석 부자가 되었고, 그에게 쌀 200석을 재산으로 물려받은 그의 아들 김경중은 만석 부자가 되었다. 그 부근에 줄포항이 있었을 뿐만 아니라 줄포만을 간척해 만든 농토를 싼값에 불하받을 수 있었기 때문이다. 김성수는 그것을 바탕으로 우리나라 최고 부자라는 말까지 들었다. 서정주의 아버지는 김경중 집안에서 마름 역할을 했고, 그 속에서 서정주는 서울로 유학 가며 신식교육을 받았다.

　동학농민군 총관령 손화중은 무장 대접주였다. 19세기 말까지 무장은 성송, 대산, 심원, 해리, 부안면을 합한 큰 지역이었고 동학농민군의 함성이 진동했던 곳이다. 풍문에 의하면, 전봉준의 아버지가 이곳 질마재 입구인 소요산을 한입에 삼키는 태몽을 꾸고는 전봉준을 낳았고, 전봉준의 수하였던 동학접주 차치구는 질마재에서 차경석(보천교 교주)을 낳고서 정읍으로 이사를 갔다. 그뿐만 아니라 전봉준은 1894년 1월 고부봉기에 성공한 뒤 농민군 병력을 이끌고 줄포의 세고稅庫에서 쌀 4000석이라는 식량을 마련해 질마재 부근에서 농민군을 훈련시키며 무장 기포를 준비했다. 또한 손화중은 정읍 과교동에서 살다가 그 당시 무장현 성송면 괴치에 대도소를 차리고 동학을 포교하다가 선운산 마애불의 비결을 풀어낸 뒤로 동학의 중심인물로 떠올랐다. 이래저래 질마재는 당대에 부유했던 지역이고, 동학의 인재들이 연결된 곳으로서 동학의 텃자리라 할 만한 곳이다.

서정주가 떠난 지 20년이 지났지만 그의 서정시의 뛰어남에 매료되면서도, 일제강점기의 친일시와 신군부 시절 독재자에 대한 헌시 때문에 아직도 그에 대한 논란이 그치지 않는다. 그를 추모하기 위한 여러 방법이 시도되어야 하겠지만 그가 살던 터전을 밟아보며 그의 시를 새롭게 정리해볼 필요성도 느낀다. 사실 나는 문학평론가로서 소년문사 시절부터 서정주의 시에 깊이 빠져, 시뻘건 황토로부터 싹이 돋아나는 듯한 그의 언어에 매료되어 그 구절들을 암기하고 그 가락들을 흉내내어 시를 지어보려고 노력한 적도 있었다. 하지만 나는 그런 재주에 이르지 못했고, 문학평론가의 길에 들어서서 근대적 합리성의 차원에서 그의 작품을 들여다보려고 했으나 난관에 부딪혔고, 조금 더 냉정하게 역사 속에서 그의 위상을 읽어내야 한다고 생각했지만 길을 잃고는 했었다. 그런 점에서 이번 질마재길을 걷는 것은 뒤늦게 그런 의문을 조금이나마 풀어보고자 하는 시도에 속했다.

2. 고창 부자의 두 양태: 신재효와 김성수 집안

고창읍성 앞에는 판소리를 집대성한 동리 신재효 생가가 있다. 단출한 초가로 남아 가난한 소리꾼을 떠올리게 하지만, 고창 판소리박물관을 둘러보면 신재효의 위상을 느끼게 되고, 아전 출신 천석꾼 부자였던 신재효가 재산을 늘리기보다 재산을 털어 판소리 사설을 정리하고 소리꾼을 가르쳤다는 사실을 알게 된다. 그것은 바로 그다음 세대에 천석꾼인 김요협(김성수의 조부)이 질마재에 자리 잡고 재산을 모았는데, 두 아들 기중과 경중에게 재산을 물려주어 호남의 대자본을 이루게 한 것과는 사뭇 다른 재산 활용법이다. 그래도 고창의 판소리가 왕실에 초대받을

고창읍성

고창판소리박물관

정도로 그 품격을 높였으니, 신재효가 대단한 일을 했다고 말할 수 있다. 그는 소리꾼들이 거칠고 투박하게 장바닥에 판을 펼쳐 장꾼들을 사로잡던 노래를 수집해 양반 사대부도 즐길 수 있는 판소리로 만들었다. 어떤 학자들은 그런 그를 '한국의 셰익스피어'라고 칭찬하기도 한다. 다만 그 과정에서 민중성을 약화시키고 판소리를 지배계층의 언어로 변질시켰다는 비판을 받기도 한다. 하지만 판소리를 정본화시키자면 어쩔 수 없이 겪을 일이다.

신재효의 작업으로 판소리의 저항적 요소가 완전히 사라진 것이 아니다. 「춘향가」에서 나오는 춘향과 변학도의 법리논쟁이나, 「수궁가」에서 토끼가 어리석은 왕을 조롱하는 장면, 「흥보가」에서 흥보가 어려운 삶을 극복하는 장면 등은 여전히 날카롭게 시대적 각성을 촉구한다. 관객들은 얼쑤, 하고 추임새를 넣으면서 변사또를 몰아내고, 왕을 조롱하고, 가난한 사람들에게 행운이 깃들길 빈다. 그 당시 민중은 어떤 점에서 춘향의 신분 타파와 토끼의 지혜와 흥부의 개벽을 꿈꾸었다. 그리고 춘향이나 심청이처럼 자기 몸을 던져 바른길을 가다보면 언젠가 복을 받을 것이라는 믿음을 가졌다. 사실 그런 세상이 다가오고 있었다. 신분제도가 흔들리고, 돈을 버는 중인계급이 많아졌고, 장터 판이 커졌다. 그럼에도 불구하고 세도세력의 탐학과 삼정의 문란으로 양민들 살기가 어려웠다. 당연히 불만이 쏟아질 수밖에 없는 형국이었다.

사람들은 '박' 터지게 신나게 살 수 있는 세상을 염원했다. 우리의 슬픈 19세기에 나라의 존망이 위태로우면서도, 한편에서는 개인주의가 자라고, 교육에 대한 열의가 넘치고, 사회에 대한 발언권이 커졌다. 성리학은 자체 성찰을 통해 실학과 위정척사를 내놓고 때로는 양명학을 받아들이려는 태도까지 보였으나 사람들의 불만을 해소하기에는 역부족이었다. 민중들은 향회에서 토론하고, 의식 있는 자들은 아이들을 교육시키고, 돈을 번 중인들은 시와 소리와 글씨를 배우고, 민중들은 판소리나 탈춤, 농악을 즐기며 새바람을 불러왔다. 동학농민군은 그런 난장 속에서 고부와 무장에서 들고 일어났다.

손화중이 고창으로 근거지를 옮기면서 고창과 무장은 조선에서 가장 강력한 동학농민군을 지닌 지역이 되었다. 손화중이 선운사 도솔암 마애불의 비결을 풀어 신비로운 분위기를 만든 탓도 크지만, 동학의 지향점을 분명하게 제시하며 항상 민심을 챙기는 덕장다운 면모를 보였기 때문이다. 그래서 전봉준이 고부 봉기를 하자, 처음에는 시기상조라며 주저했던 손화중이 원평의 김덕명 대접주와 함께 바로 농민군 병력을 지원했고, 전봉준의 농민군들이 숨어 지낼 장소를 제공했고, 마침내 백산봉기에서 김개남과 함께 혁명 동지로서 참여했다.

손화중이 살았던 정읍 과교동에서 서남쪽으로 20리쯤 되는 곳에 고창읍성이 있고, 또 거기서 서남으로 20리쯤 되는 성송면 괴치리에 손화중의 도소가 있었다. 그렇다면 그가 고향에서 도소를 가자면 반드시 신재효 생가 부근을 들러야 했고, 거기서 신재효의 제자들과 어울려 판소리를 즐겼을 가능성도 얼마든지 있다. 손화중 수하에 홍낙관의 재인부대를 만든 것도 그 때문이리라.

내가 눈발이 날리는 2월 어느 날 성송면 괴치를 방문했을 때 지금도 손화중 도소 옆집에 살다가 도시로 떠난 정수인이라는 소리꾼을 우연히 만날 수 있었는데, 신재효 소리의 맥이 지금까지도 고창에서 이어지고 있다는 것을 확인했다. 그런 맥이 서정주에게도 이어졌을 것이다. 신재효와 서정주는 백 년의 차이를 두고 태어났지만, 서정주는 고창의 가락 속에서 성장했고, 그 부근에서 활약했던 김소희, 공옥진 등과도 자연스럽게 어울렸을 테니, 그의 시에 담긴 판소리의 박자, 추임새 효과, 열거법과 반복법, 각운 등의 효과를 따져보는 것도 의미가 있다. 그것을 입

괴치 손화중도소

손화중 피체지

증한다면 우리 민족의 가락의 근원이 질마재의 황토와 좌치나루의 뻘에서 나왔다는 것을 확인하게 된다.

『질마재 신화』의 시편들은 판소리 가락을 흡수했다. 해학과 과장, 알레고리의 방식으로 전통적인 것들을 끄집어내 돋보이게 하고, 규범을 넘지 않되 그 규범의 경계를 자꾸 건드리는 방식도 서로 닮았다. 신재효가 양반 사대부도 함께 즐길 수 있는 판소리 형식을 찾았듯이, 서정주는 우리 민족이라면 누구나 즐길 수 있는 서정시의 가락을 찾았다. 서정주는 비속한 이야기에 '영원'을 집어넣는 방식을 판소리에서 가져왔고 그의 시를 읽는 독자들에게는 질마재 공동체에 속하게 만드는 마법을 부렸다. 판소리가 당대 현실을 풍자하며 날카로운 비수를 감췄다면, 서정주는 다소 질퍽거리는 진흙탕에서 뛰어노는 어린아이 심정을 갖도록 만들었다.

아쉬운 것은 동향 출신 김성수가 송진우와 백관수 등과 어울리며 민족정당을 만들고, 국가산업을 이루고, 무엇보다 교육입국의 토대를 세운 것을 보면서도 서정주가 역사의 방향을 생각해보지 못한 채 전통에 대한 맹목적 집착으로 나아간 점이다. 그것은 당대의 현실과 대면하기를 거부하는 그의 성격에서 비롯된 것인데, 그로 인해 그는 '질마재'라는 이상한 왕국을 세우게 된다. 비록 그의 아버지가 김성수 집안의 마름을 했다지만 '애비는 종이었다'고 말할 정도로 낮은 신분계급도 아니었다. 1930년대 한국 최고의 부자였던 김성수 집안 마름의 위세는 대단했을 터다. 게다가 서정주의 아버지는 훈장을 했고, 관청의 측량기사를 하고, 지방 백일장 대회에서 수상한 경력도 있었다. 그는 줄포만의 개간지를 관리하고 대지주의 마름 역할을 하면서 서정주를 서울로 보내 공부시키고 집안을 일으켰다. 그런데 '애비는 종이었다'로 모욕을 당하다니 조금은 억울할 듯도 했다. 서정주는 자신의 처지를 비극적인 양 과장하고 시의 이마에 얹힌 '몇 방울의 피'를 말함으로써, 기만적으로 자신을 부각시키는 기법을 터득했다. 그가 질마재를 떠나야 할 곳이라고 생각했더라도 그곳이 두메산골이 아니었고 그의 처지가 비극적일 정도가 아니었다는 점만은 분명하다. 서정주 생가에서 김성수 생가를 걸어가자면, 반드시 20분 거리에 있는 손화중의 피체지 침명제枕溟齊를 지나야 하건만, 서정주가 평생 쓴 시에 손화중 이야기를 하지 않는다. 그는 그 길을 걸으면서 대관절 무엇을 생각했을까.

서정주는 동학을 부정하고 김성수 일가를 찬양했다. 내선일체에 함몰된 수당 김연수 송덕비에 "수당님의 어지심이여 이 땅에 그득하사 이 두메 길마재에까지 닿도다. 하늘이 열린 뒤 처음으로 선왕산에 차 다니는 길을 내주시고"라고 쓴 글을 보면 정말로 그렇다. 이는 무당이 용왕님에게 바치는 발원문에 가깝다. '차 다니는 길'이야 돈 많은 주민이라면 누구라도 나서서 낼 일이건만, 그걸 아무리 송덕비라고 해도 '하늘이 열린 뒤 처음으로'와 같은 구절을 적어 넣는 것은 너무 지나쳤다. 게다가 그 지역은 조선 최고의 부자가 살던 지역이고 그만큼 돈이 흔하던 지역이다. 그런데 우리나라의 최고 시인이 친일반민족행위자로 지목된 사람에게 보낸 언사로 그래야 했을까. 그는 김성수 집안에 정신적으로 종속되어 있었던 것이고, 그랬기에 1980년대 신군부의 독재자에게 찬사를 늘어놓듯이 김연수를 찬양한 것이다. 그렇다면 그는 문화적 파시즘의 공간에서 자기 지위를 만들어간 사람이라는 생각도 든다.

질마재 인근 줄포는 19세기 말만 해도 군산항과 목포항이 생기기 전에는, 법성포와 더불어 호남에서 가장 큰 포구에 속했다. 김성수의 조부는 질마재에서 부자가 되었고 그의 양부는 줄포로 이사 와 조선 제일의 갑부가 되었다. 질마재와 줄포에서 큰 재산을 모은 것은 쌀뿐만 아니라 물산이 모이는 장소였기 때문이다.

김성수는 소요산 북쪽 기슭에서 성장했고 그곳은 손화중 포에 속할 뿐만 아니라 전봉준이 봉기한 고부와는 지척 간이었다. 그래도 김성수는 천도교 재단이 설립한 보성학교를 인수해 고려대학교를 만들기도 했으니 동학과 관련해 좋은 교육사업을 했다고 말할 수 있는데, 서정주는 끝내 동학을 외면했다.

잠시 이승렬의 『근대 시민의 형성과 대한민국』(그물, 2021)을 읽어보자. "질마재 지역에서는 일제에 항거하는 의병활동, 지주와 농민의 갈등으로 인한 농민항쟁, '화적떼'의 출현이 잦았다. 일본군 부대가 주둔하는 줄포는 그러한 위협을 피할 수 있는 장소였다. 다른 하나는 사업이었다. 포구가 가까운 줄포는 쌀 수출에 유리했던 곳으로 군산과 목포가 축항築港되기 이전까지 영광군의 법성포와 함께 서남해안 물산의 집산지였고, 일본 수출의 거점이었다."(449쪽) 여기서 김성수와 김연수가 대한민국 최고 부자 반열에 오른 게 전혀 이상하지 않다는 걸 알게 된다. 또 물산이 풍부한 곳이라 판소리 가락도 넘쳐났을 것이다. 김성수 생가에서 줄포 쪽으로 10리쯤 들어가면 김소희 생가가 나오니 그것을 헤아려볼 수 있다.

3. 손화중과 동학

손화중은 임진왜란 때 조선왕조실록을 지킨 손홍록의 후손이다. 그가 경승지를 찾아 청학동에 간 것을 보면 그는 이상세계를 꿈꾼 젊은이였을 것이다. 어쩌면 그 지리산 자락에서 남원에 머문 최제우의 제자를 만났을지도 모른다. 손화중이 1884년 동학에 입도했으니 그것은 최시형이 호남 쪽으로 진출하기 전이었다. 최제우가 남원에서 『동경대전』을 쓰고 대구에서 순국한 지 약 20년 가까이 흐른 뒤였는데, 지리산에 남은 동학은 최시형의 실천 동학보다 더 이상적이었을 가능성이 많다. 어쩌면 손화중은 동학에서 유토피아를 발견하고, 그 이상세계를 위해서 선운사 마애불의 금기도 열어젖혔을지 모른다.

그 당시 무장군에는, 1789년 인구조사에 따르면 2만7000여 가구가 있었다 하니 약 10만 명 정도가 살았을 것으로 추산된다. 특히 무장은 바다를 끼고 있어 소금과 해산물이 풍부했고 새롭게 나타나는 요호부민이 많았고, 양반보다 아전과 평민층이 많아 동학을 전파하기 용이했다. 게다가 당시 호남에서 가장 큰 항구였던 줄포와 법성포가 옆에 있었고 줄포만을 간척해 드넓은 농토를 거저 사용하고 있었다. 선운사 마애불의 전설로 미루어보아 그곳에 미륵신앙이 자리 잡았고, 선운사라는 큰 절에 백파선사와 같은 고승과 추사와 같은 유학자가 드나들었다는 것을 알 수 있다. 그런 터전에서 손화중의 동학이 뿌리를 내린 것이다.

1894년 2월 전봉준이 고부 봉기에 성공하자 손화중 포로 많은 지원군이 몰려온다. 고창의 오하영이 1500명, 무장의 송경

찬이 1300명, 흥덕의 고영숙이 700명, 정읍의 차치구가 1200명을 이끌고 합류한다. 손화중은 전봉준에게 인천강 동편 숲에 수천 명의 군대를 주둔시킬 장소를 제공하고, 전봉준이 그곳에서 농민군을 정예부대로 개편하고 혁명 전략을 가다듬게 만들었다. 그들이 힘을 합하자 김개남과 김덕명, 최경선이 수천 명의 지원군을 이끌고 들어와 함께 포고문 작성에 들어간다. 전봉준이 전년도에 고부에서 사발통문을 작성해 전주성을 점령하고 서울로 진격할 준비를 했다지만, 본격적인 혁명에 돌입한 것은 무장 구수내다. 이들 연합부대가 백산에 진을 치고 정읍의 황토재를 공격해 승리를 거둔 전술과 시천주侍天主의 평등사상, 보국안민輔國安民의 개혁성, 척왜양斥倭洋의 구국정신이 고창 지역에서 만들어진 것이다. 매천 황현은 『오하기문』에서 선운사 비결을 푼 손화중에게 8만여 명의 교도가 따랐다고 전한다.

> 손화중은 도내의 재인才人을 뽑아 1포包를 조직하고 홍낙관으로 하여금 이를 지휘하도록 했다. 홍낙관은 고창의 재인으로서 손화중에 속하여 그 부하 수천 명이 민첩하고 정예병이었으므로 손화중이 비록 전봉준, 김개남과 정족지세鼎足之勢에 있었다 할지라도 실제로는 손화중의 무리가 최강이었다.(황현, 『오하기문』)

재인부대에 광대, 소리꾼, 풍각쟁이, 농악대, 사당패가 섞였을 테고 그들은 날렵하고 재주가 많아 대번에 막강한 전투력이 되었다. 변만기의 『봉남일기』에 따르면 "흥덕, 고창의 도인 1000여 명이 음악을 베풀며 행군하여 나주로 갔다. 흥덕의 대접주는 교동 고영숙이고, 고창의 접주는 대성 홍낙관이라고 한다." 홍낙관이 이끄는 재인부대는 '음악을 베풀며' 진군했다는데, 맨 앞에서 태평소를 불고 병영취타수와 같은 군악대들이 따르며 사물패들이 흥을 돋웠다면 농민군의 사기는 최고조에 이르렀을 것이다. 나발을 불고 북을 치며 징과 꽹과리를 휘두르는 그들은 군사적 조직에 익숙했고, 관에서 악공을 했기에 관청 일을 잘 알았고, 세습무당 집안에서 자랐기에 주민들의 마음을 꿰뚫어볼 줄 알았다.

전봉준은 이런 손화중 부대의 지원을 적극적으로 요청했고, 그로 인해 무장에서 혁명을 시작한 것이다. 손화중은 도인 풍의 향반에 속했고, 요즘 언어로 말하자면 키 크고 잘 생긴 비판적 지식인에 해당했는데, 무엇보다 먼저 민심의 향배를 읽으면서 천심天心을 붙잡고자 했다. 전봉준과 손화중은 사회적 문제를 거론하고 비판하고 토론하면서 대안을 마련했다. 사람 모으는 재주를 가장 많이 가진 사람은 손화중이었다. 사람들은 그의 이상주의를 따랐고, 오지영, 차치구, 김도삼, 정익서 등 후배들이 따랐다. 또한 무장 기포 이후에 백산으로 넘어가는 길목인 굴치도 바로 소요산 인근이었는데, 그 길목에서 수많은 동학장수가 뛰어다녔다.

질마재에서 태어난 서정주는 "애비는 종이었다"로 시작되는 「자화상」에서 "호롱불 밑에/ 손톱이 까만 에미의 아들"을 노래함으로써 질마재를 가난하고 척박한 땅으로 만들고 아버지를 극단적으로 '종'으로 표현함으로써 그곳을 달아나야 할 공간으로 만들었다. 물론 갑오년에 "바다에 나가서 돌아오지 않는다 하는 외할아버지"의 이야기를 함으로써 시에 역사성을 부여한 듯했는데, 나중에 외할아버지가 고기 잡으러 갔다가 소식이 끊긴 것이라고 해명해 질마재를 해일이 밀려오고, 똥오줌을 푸고, 말 피를 뿌리는 사람들의 터전으로 만들고 말았다. 그렇다면 청년기까지의 서정주에게 질마재는 어떤 의미를 지녔을까?

  그는 고향을 버리고 아버지를 부정하고 조선과 동학을 외면했다. 그런데 『미당 자서전』을 읽어보면 서정주의 아버지는 무장에 나가 백일장에서 장원을 할 정도의 인텔리였고, 교육열을 가져 아들을 중앙고보에 보내고, 거기서 퇴학당하자 다시 고창고보에 편입시킬 정도로 적극적인 사람이었다. 서정주가 초등학교를 다녔던 줄포는 그 당시 신식 문물이 들어오는 큰 항구였고, 그는 일본인 여교사에게 시를 배웠다.

  서정주는 「자화상」에서 아버지를 '종'으로 표현하며 고향을 떠나려는 강력한 의지를 나타냈고, 또 외할아버지까지 '갑오년' 실종자로 만들어 질마재의 역사적 흔적을 지웠다. 그래야 조선을 부정하고 신라를 들여와 질마재를 '요슈의 왕국'으로 만들 수 있었기 때문이다. 그래선지 서정주는 동학의 인물들을 신화 속의 괴물 정도로 과장한다. 손화중의 깃발만 들어도 수천 명씩 낫이나 죽창을 들고 따라나섰던 질마재에서 서정주는 전봉준을 희화화한다.

「분질러버린 불칼」에서 '벼락'을 이겨낸 연유로 "변산의 역적 구담백이가 그 벼락의 불칼을 분질러버렸다고도, 갑오년 동학란 때 고부 전봉준이가 그랬다고도 하는데, 그건 똑똑히는 알 수 없지만, 벌도 웬놈의 벌이 백성들한텐 그리도 많은지, 역적 구담백이와 전봉준 그 둘 중에 누가 번개치는 날 일부러 우물 옆에서 똥을 누고 앉았다가, 벼락의 불칼이 내리치는 걸 잽싸게 붙잡아서 몽땅 분질러버렸기 때문"이란다. 여기서 전봉준이 횡포를 부리는 관리들을 혼내준다고 하더라도 '역적 구담백이'와 동급이 되어 '똥 누다가 벼락을 붙잡은 사람'이 된다면 그것은 전봉준의 비천함을 강조하는 것일 뿐만 아니라 동학에 대한 조롱의 감정도 적잖게 드러낸 것이라고 할 수 있다.

한편 1942년 8월 『신시대』에 실린 「고향 이야기」에서 '선봉네'의 이야기를 보면 더 희극적이다. 동학농민군인 남편을 구하려고 토벌대와 결혼해서 사는 선봉네는 병든 남편을 건사할 때는 정성을 다하되, 그렇지 않을 때는 영혼이 빠진 듯 '머언 바다를 내다보며' 겉도는 생활을 한다. 농민군 남편은 구했으되 버렸고, 토벌대 남편은 함께 살았으되 잃을 처지에 놓였는데, 서정주는 이런 정신분열증적 상황에 놓인 선봉네에게서 "아슴프레한 성적 환상을 자극할 정도"의 미모를 찾아낸다. 그러면서 그녀의 얼굴에 "붉은 도화빛"이 감돈다고 말한다. 그녀는 동학당 남편 '갑돌'을 구하기 위해 자기를 희생한 사람이건만, 서정주의 어조는 선봉네가 동학쟁이에게 빠져 인생을 망쳤을 뿐만 아니라, 두 명의 남편을 홀린 악녀처럼 그녀에게 '성적 환상'을 부여한다.

조선 최고의 서예가인 추사 김정희와 창암 이삼만도 그런 꼴을 당한다.「추사와 백파와 석전」은 "질마재 마을의 절간 선운사의 중 백파"와 추사가 준 아호를 받은 '석전 박한영 스님'을 추앙하는 시인데, 추사의 글씨에 대한 소개는 없이 추사가 '석전石顚(돌이마)'이란 아호를 억지스럽게 백파에게 던져주고 그것을 백파의 혜안으로 "이조가 끝나도록 절간 설합 속에서 묵어오다가" 일제강점기에 박한영에게 물려주어, 박한영이 일제강점기에 "불교의 한일합방을 막아냈"다고 강조한다. 여기에 추사의 의도는 온데간데없이 짖궂음만 남고 "이조가 끝나기"를 기다린 백파와 석전이 질마재를 지킨 꼴이 된다.

또한「이삼만이라는 신」에서는 "질마재 사람들 중에 글을 볼 줄 아는 사람은 드물지마는, 사람이 무얼로 어떻게 신神이 되는가를 요량해볼 줄 아는 사람은 퍽이나 많습니다"라고 시작하며 질마재 사람들을 무지한 사람으로 만들고, 그 무지한 자들이 "묘하게도 여름에 징그러운 뱀을 쫓아내는 소임"을 하는 '동국진체'를 이룬 창암 이삼만을 신으로 받든다는 것이다. 그것은 뱀을 부린 정도로 명필이라는 의미도 있지만, 조선과 동국진체를 뱀 부리는 일 정도로 희화화시켜버린 것이기도 하다. 조선 후기 최고

명필인 김정희와 이삼만 그리고 동학당 남편을 구한 '선봉이네'는 질마재의 무지한 여인네인 알뫼댁이나 한물댁 혹은 똥치는 '상가수'와 비슷한 처지의 가십거리로 다뤄진다. 이런 식으로 서정주는 질마재를 '요순의 왕국'으로 만들고자 했으나 그곳은 현실도피의 공간이었을 뿐 말 피와 똥오줌 냄새가 진동하는 주술적 공간이 되고 말았다.

4. 고향, 질마재, 유토피아

서정주의 질마재에서 조선이 사라졌다. 서정주는 일제강점기에 조선과 19세기를 기억하고 싶지 않은 민중의 피폐, 대안의 부재로만 인식한 것 같다. 20세기 초입에 들어서 고창의 동쪽 지역인 정읍의 무성서원에서는 최익현과 임병찬이 의병 창의를 했고, 남쪽 경계인 축령산 너머 장성에서는 기삼연이 호남창의회맹소를 만들었고 그 뒤로 후기 의병이 남도에서 불꽃처럼 일어났다. 그리고 바로 인근 고부와 백산, 장성에서는 동학혁명을 성공시킬 전투가 벌어졌다. 무장에서 기포한 농민군은 질마재 굴치에서 잠시 머물다가 백산으로 옮겨 토성을 쌓으면서 대비했고 황토재에서 관군과 전투를 벌여 승리했고, 그 기세를 몰아 장성 황룡강 전투에서 대승을 거두었다. 그리고는 전주를 점령해 전주화약을 맺었다. 물론 그런 불꽃들이 다 시들고 난 뒤 서정주는 질마재에서 태어났다.

    시집 『질마재 신화』는 가장 원형적인 삶의 충동을 보여주면서 나 자신의 본래성을 되찾게 하고, 특히 원시적 고향에 되돌아가고자 하는 마음을 갖게 만든다. '귀향'이란 본래적 자아를 잃은 영혼들에게 정서적, 내면적 통합의 기회를 제공한다.

    세상 일 고단해서 지칠 때마다,
    댓잎으로 말아 부는 피리 소리로
    앳되고도 싱싱한 나를 부르는
    질마재. 질마재. 고향 질마재.(「질마재의 노래」)

    '질마재'는 그 소리만 들어도 위로가 되는 곳이다. 서정주가 그렇게 만들었다. 그곳에는 떠나버린 남편을 잊지 못해 그 자리에 그대로 굳어버린 '신부'가 존재하고, '신선 재곤이'나 '석녀 한물댁'이 살던 그곳엔 도연명陶淵明이 찾던 무릉도원이나 최치원이 찾던 청학동과 흡사한 무언가가 있다. 서정주는 "바로 어젯밤에 난 범의 발자취를 봤다는 사람들도, 도깨비 서방을 얻어 전답을 장만했다는 이쁜 과부가 살다 갔다는 집도 지금도 고스란히 그대로 남아 있는 마을, 십 년을 살아도 죄라고는 막걸리를 빚어 마시다가 들키어 벌금 낼 돈 대신 징역살이를 가는 사람이 하나쯤 있음까 맘까한 요순적 같은 마을이다"(『미당 자서전』)라고 질마재를 소개한다.

인천강

젊은 날의 서정주는 그런 고향을 떠나고자 몸부림쳤다. "청년 아./ 애비를 잊어버려/ 에미를 잊어버려/ 형제와 친척과 동모를 잊어버려,/ 마지막 네 계집을 잊어버려,// 아라스카로 가라 아니 아라비아로 가라 아니 아메리카로 가라."(「바다」) "젊은이가 가족을 두고 떠나지 못한다면 하고자 하는 일을 어찌 해낼 수 있겠는가. 도전 의지 없이 이뤄낼 세계란 없다. 그래서 "고향은 항상 상가喪家와 같드라"(「풀밭에 누워서」)라고 투덜대며, 서정주는 등 뒤

두암초당

에 아내와 늙은 어머니를 놓아두고 떠났던 것이다. 「자화상」에서는 "세상은 가도가도 부끄럽기만 하드라/ 어떤 이는 내 눈에서 죄인을 읽고 가고/ 어떤 이는 내 입에서 천치를 읽고 가나/ 나는 아무것도 뉘우치지 않을란다"고 말하면서 고향과 멀어진다. 뭔가 큰일을 해내자면 그리 할 수밖에 없다. 하지만 그가 '뉘우치지 않을란다'라고 말하지만 떠나면서 '가도가도 부끄럽기만 하드라' 말하는 것을 보면 죄의식을 지녔던 것만은 분명해 보인다.

『화사집』(1941)을 내고 난 뒤 서정주는 "일본군이 호남평야에서 대기동大機動 연습을 할 때 최재서와 함께 종군기자에 자원"(『미당 자서전』 2권, 156쪽)했고, 일본인 출판사에 들어가 잡지 『국민문학』의 편집위원이 되었고, 일본어만 사용하는 『국민시가』를 창간했다. 『미당 자서전』에 나오는 내용인데, 한국전쟁 중에는 서울에 가족을 두고 혼자 대전, 대구 등지로 떠돌다가 신경쇠약과 같은 정신적 질환에 걸리기도 했는데, 그때만 해도 서정주는 피난 시절에 '샤를 보들레르'와 니체를 읽는 모습을 보여준다. 그런 뒤 『신라초』(1960)를 낼 무렵 본격적으로 신라와 질마재에 관심을 갖고 마침내 『질마재 신화』에서 그곳을 '요순의 왕국'으로 완성한다. 그것은 서구적 자아에서 전통적 자아로의 회귀를 보여준다.

> 회갑 되니 고향에 가 살고 싶지만
> 고향 위해 아무 것도 하지 못한 나
> 고향 마을 건너뵈는 나룻가에 와
> 해 어스름 서성이다 되돌아가네.
>
> 고향으로 흐르는 물—장수강 강물
> 삼천리를 깁더 올라 언덕 솔밭에
> 눈썹 달에 생각하네 '요만큼이면
> 망향 초막 지어도 될 것이냐'고. (「망향가」)

시적 화자는 삼천리 강산을 헤매다가 장수강 강물을 찾아 돌아왔는데 정작 고향에는 들어가지 못하고 '고향 마을 건너뵈는 나룻가'에서 서성인다. 그 고갯길 어딘가에 초막 하나 짓고 살고 싶건만, 노년에는 그것마저 쉽지만은 않다. 「수대동 시」에서는 "흰 무명옷 갈아입고 난 마음"으로 그동안 잊고 지냈던 "내 넋의 시골" 그것도 "증조할아버지 적 흙으로 지은 집"을 떠올린다. 그것만 가져도 도구화된 의식을 세척하고, 본래성을 되찾아 내 영혼을 성숙시킬 거라고 생각한 것 같다. 그러면서 유년시절의 '서운니'와 같은 요정을 떠올리는데, 그녀는 "갈매빛의 저고리를 입고 봄 보리밭 사이 나물바구니를 끼고 다니"며 '깔깔 까르르' 웃던 소녀였다. 그녀는 폐병앓이로 요절했는데 그래도 그녀는 그의 가슴에 정령으로 남아 영원히 살아 있었다. 초등학교 시절의 이웃집 누이 '서운니'는 서정주의 유년에서 가장 빛난 인물로, "육신의 사람이라고 하기보다는 아무래도 무슨 정령精靈만 같이 느껴지는, 쬐끄만 이승살이는 하고, 밝은 소녀 귀신으로서만 아는 이들의 기억에 남으려 생겨난 듯한 그 소녀의 모양"이었다. 유년의 서정주에게 까치마을꽃을 알려주고, 고동 소리를 들려주며, '꿩, 꿩, 장서방' 이야기를 들려준 사람. 서운니와 함께 질마재는 원초적 공간이 된다.

5. 전근대에 갇힌 질마재의 진흙탕

신부는 초록 저고리 다홍치마로 겨우 귀밑머리만 풀리운 채 신랑하고 첫날밤을 아직 앉아 있었는데, 신랑이 그만 오줌이 급해져서 냉큼 일어나 달려가는 바람에 옷자락이 문돌쩌귀에 걸렸습니다. 그것을 신랑은 생각이 또 급해져서 제 신부가 음탕해서 그 새를 못 참아서 뒤에서 손으로 잡아당기는 거라고, 그렇게만 알곤 뒤도 안돌아보고 나가버렸습니다. 문돌쩌귀에 걸린 옷자락이 찢어진 채로 오줌을 누곤 못쓰겠다며 달아나버렸습니다.

그러고 나서 40년인가 50년이 지나간 뒤에 뜻밖에 딴 볼일이 생겨 이 신부네 집 옆을 지나가다가 그래도 잠시 궁금해서 신부 방문을 열고 들여다보니 신부는 귀밑머리만 풀린 첫날 밤 모양 그대로 초록저고리 다홍치마로 아직도 고스란히 앉아 있었습니다. 안쓰러운 생각이 들어 그 어깨를 가서 뚝 어루만지니 그때서야 매운재가 되어 폭삭 내려앉아버렸습니다. 초록 재와 다홍 재로 내려앉아버렸습니다.(「신부」)

「신부」는 『질마재 신화』를 여는 대표 시다. 서정주에게 "시는 언제나 나의 뒷방에서 살고 있는" "영원의 처"였고, 그 '처'는 그가 아무리 떠돌다 돌아와도 언제나 자기를 받아줄 준비가 되어 있는 사람이었다. 시적 화자는 오해로 집을 나갔다고는 말하지만 사실상 질마재를 벗어나려고 몸부림치다가 그런 핑계를 대고 집을 나갔을 것이다. 그런데 이 시에 변명이 있을 뿐, 신부에 대한 사랑이나 이해란 눈곱만큼도 보이지 않는다. 40여 년 만에 돌아온 것도 용서하기 어렵지만, 그것도 그곳을 지나갈 일이 생겨 '뜻밖에' 들른 것이지, 신부를 생각해서 돌아온 것은 아니다. 그래놓고 '안쓰러운 생각이 들어 어깨를 어루만지니' 신부가 재가 되어 내려앉았다는 것이다. 마치 그런 행위가 한 맺힌 여인에게 한을 풀어준 것처럼 표현하는 것으로 보이는데, 그런 남성중심적 태도가 서정주의 전 생애를 통해 일관되게 지속된다. 서정주는 그런 식으로 아내가 재가 되어버린 뒤 고향에 돌아와서 질마재를 차지했다. 아무런 자기비판도 없이. 결혼 초야에 버려진 음란한(?) 신부의 비극담과 전라도 육자배기의 서러운 가락, 그리고 토속적이고 주술적인 질마재의 탐미주의도 이런 토대 위에서 완성되었다.

일제강점기에 신채호나 박은식, 최남선 같은 이들은 역사를 되찾자는 운동을 벌였고, 그중에서 범부 김정설은 주자학의 편협함을 공격하며 '신라 정신'을 되찾자고 주장했다. 서정주가 그것을 민족의 근원으로 받아들여 질마재에 김정설이 말하는 '신라 색깔'을 입힌다. 사실 주자학의 이理·기氣의 논쟁이 이성과 감성이 문제를 다룬 서구 인식론적 논쟁과 다를 게 없는데, 김정설과 서정주는 그것을 망국의 학문체계처럼 다루며 전통으로 돌아

소요사 종루

무장 기포지 깃발

가자면서 갑작스럽게 조선과 고려를 건너뛰어 신라의 풍류도를 가져왔다. 그래도 김정설은 기氣 중심의 동학의 철학에서 희망의 단서를 찾아보려고 노력했지만, 서정주는 동학을 외면하고 질마재에 억지로 신라를 입혔다가 아예 똥통에 빠지고 말았다.

서정주의 '신라 정신'은 김정설의 『화랑외사』에서 가져온 것이다. 상고사를 공부해 민족의 원류를 찾아내겠다고 생각한 박은식은 '민족 혼'을 강조하고, 정인보는 '조선의 얼'을 찾고자 했다. 김정설은 최치원의 사상과 유불선의 통합 그리고 풍류도에 초점을 맞추었다. 서정주는 '풍류도'에 관심을 가져 고향을 신라 왕국으로 만들고자 했으나 '질퍽거리는' 질마재는 신라에 이르지도 못했다. 거기서 조선의 유학적 원리들은 배제되고 조선만의 특성들은 모두 거세되었다. 김정설이 유불선의 통합을 기획한 동학에 긍정적이었다면, 서정주는 자기 마을에서 요란했던 동학을 철저히 외면했다. 고부와 무장에서 터진 동학혁명의 불꽃은 일본군에게 짓밟혔고, 그 뒤를 이어 천도교, 증산교, 보천교, 원불교와 같은 종교들이 동학에서 싹 트고, 천도교와 보천교가 3·1운동과 독립운동에서 중요한 역할을 했건만, 그는 그런 사실들까지 철저히 외면했다.

무장 기포지에 가보면 전봉준과 손화중의 얼굴을 그려놓은 깃발이 날린다. 그 깃발처럼 휘날렸던 동학혁명은 1년 남짓 호남을 석권했을 뿐만 아니라 이 땅의 정신적 문화 자체를 바꾸어 놓았다. 역사상 최초로 집강소를 통한 민관협치를 실시했고, 사람을 하늘처럼 섬기자는 만민평등 운동을 벌였고, 국가의 시스템이 잘못되면 바로잡아야 한다는 전통을 만들었다. 그것은 이후에 우리의 민주주의 발전에 중요한 역할을 했다. 결국 손화중과 같은 대접주의 꿈이 일본군에게 짓밟히고 말았지만, 그렇다고 1년간 벌어졌던 그 혁명적 기운이 일제강점기라고 해서 완전히 사라진 것은 아니었다. 아무리 씨를 말려도 다시 일어나 3·1운동을 일으키고, 독립운동을 지원하며 청산리전투에 자금을 댔다. 전봉준과 손화중의 의기투합은 실학과 양명학과 위정척사는 물론 개화파나 서학까지 해내지 못한 것들을 해냈다.

서정주가 『질마재 신화』에서 유학과 동학을 빼버리자 거기에는 인간 본연의 욕망이나 자연주의와 미적 탐색들만 남는다. 그것은 아련한 향수를 불러일으키는 것 같으면서도 현실을 잊게 만든다. 누군가는 나라를 잃은 상황에서 이것저것 다 떠나 제 살길만 찾는 것도 힘에 부친다고 말한다. 그런데 상고시대로 돌아가자는 것은 다 잊고 지배자의 입맛에 적응하자는 말이다. 그래서 어설픈 자연주의나 탐미주의는 마약 처방이 되고, '생의 구경의 형식'이라는 것은 정치적 비판을 빼버린 현실도피의 미학이 될 뿐이다.

그래도 서정주가 기획한 질마재 공동체는 아름답다. 그의 시를 읽으면서 소요산 자락에 자리 잡은 고샅길을 걷다가 혹은 소요산 넘어 연기제 둘레길을 지나다가 소요산을 삼켰다는 전봉준의 태몽을 생각하고, 혹은 김성수의 부친이 바위에 새겨놓은 '김경중'이라는 글씨를 만나보며 이곳이 우리 삶의 현장이라는 것을 새롭게 발견한다. 그런데 개피떡을 만드는 알뫁집, 석녀 한물댁, 이생원네 마누라님의 궂은 이야기를 듣다보면 그들의 건강한 삶에 살포시 미소를 짓게 되면서도, 40여 년 만에 돌아온 신랑에게 복수하는 신부, 자신의 자리를 첩에게 양도한 한물댁, 말 피를 뿌려 자신의 정당함을 밝히려는 이생원네 마누라가 왜 거기서 그랬을까 생각하게 된다. 거기에는 인간의 건강한 본성과 가장 기본적인 윤리가 살아 숨 쉬고 있다지만, 그런 방식에 갇혀서는 별을 보며 자신의 미래를 예측할 수 없고, 더욱이 죽창 들고 떨쳐 일어나 관아에 몰려가는 사람들을 근본부터 없애버리게 된다.

역사를 지웠을 때 이런 문제가 발생한다. 김윤식은 서정주의 시적 달성을 높이 치면서도 "『질마재 신화』가 역사에 대한 방향성이 결여되어 있기 때문에 사적 비전의 범람 내지는 해괴한 주술적 세계로 함몰"되었다고 말한다. 김지하도 "『질마재 神話』에는 일상성과 무궁성이 통하고 땅에서 직접 하늘과 통하는 민중들이 가진 '놀라운 그늘'이 있으나 그 그늘에는 한恨이 쌓이지 않는다"고 말하며 우회적으로 역사적 통찰이 없음을 꼬집는다. 아무리 그의 시에 민족의 가락, 땅의 울림을 담았을지라도, 그것이 우리의 역사를 외면했을 때 그저 허공에 들뜬 가락이 되고 만다. 서정주는 동학을 돌아보지 않고, 시대적으로 가야 할 민족의 방향성이나 정치의식을 보여주려고 하기보다, 독재자의 횡포 속에서 그들에게 순응했다. 그래서 아무리 이남호가 "우리말이 살아 있는 한 미당의 시는 영원히 빛을 발할 것"이고, "미당의 시가 있음으로 해서 20세기 한국의 고통스런 역사는 정신적으로 위안을 받을 수 있으며, 20세기 한국의 문화는 스스로 자존할 수 있는 힘을 지닌다"고 찬양했을지라도 질마재 시편의 허전함은 여전히 남는다.

  『미당 자서전』을 읽어보면, 어린 서정주는 처음으로 요시무라 아야코에게 글쓰기에 대한 결정적인 칭찬을 받는다. "참 기막히게 꿈같은 글도 다 봤어." 이런 칭찬에 선생님을 좋아하지 않을 학생이 어디 있겠는가. 서정주는 그때부터 글을 쓰게 된다. 다만 그 여교사와 서로 친숙해진 뒤 "나를 선생이라 생각 말고 엄마로 생각해야 돼"라고 속삭였을 때부터, 그녀는 공적인 관계에서 사적인 관계가 되고, 알묏댁이나 한물댁과 흡사한 인물이 되고 만다. 「신부」의 기다림은 마치 선운산 마애불이 비결을 풀어줄 사람을 기다리는 것과 같지만, 역사에 대한 통찰 없는 자가 손을 대니 그만 재가 되어 와르르 무너져버린다. 마애불은 비결을 찾도록 배꼽을 열어줄 준비가 되어 있었지만, 똥오줌을 나르며 '놋쇠 요령'을 흔들며 이승과 저승의 경계를 오간 상가수나 "대사립문에 인줄을 늘이고 뜨끈뜨끈 맵고도 비린 검붉은 말 피를 쫘악 그 언저리에 두루 뿌려놓"은 '설막동이네 과부 어머니'가 신부의 마법을 풀어줄 수는 없었다. 그것은 마법의 문제가 아니라 떠난 자의 무책임 때문에 비롯된 일이었기 때문이다. 현실적으로 책임질 일에 주술사를 데려온 꼴이랄까. 달리 말해 서정주는 '타이레놀' 한 알이면 될 일에 신라의 주술사 그리고 그보다 더 멀리서 바이칼 호수 알혼섬의 주술사를 불러왔다고나 할까. 40년 만에 돌아와 대책 없이 신부의 방문을 연 주술사 때문에 그 세계는 그만 풀썩 재가 되어버린다. 그건 바로 서정주의 자화상이었고, 그가 찾아낸 영원의 실상이었다. 신부가 잡아당긴 게 아니라 '문돌쩌귀'가 옷자락을 찢었다는 게 신랑의 변명거리도 되지 못하고, 설령 오해로부터 그랬다 쳐도 신랑의 무책임을 용서할 수 있는 게 아니다. 게다가 제대로 된 명분도 없이, 제멋대로 40년 넘게 헤매다 돌아온 자가, 죄의식까지 갖지 않았다면 신부의 절망은 어떠했겠는가.

서정주는 질마재에 신라적 영원성을 투여하려다가 근대적 합리성을 놓쳤고, 자족감을 가지고 '요순의 왕국'을 만들려다가 운명에 저항하는 법을 놓쳤다. 어떤 점에서 그의 시는 건강한 삶의 주인공들이 죽창을 들고 일어나지 못하도록 막고 있다. 갑오년에 전봉준과 손화중이 질마재 부근 구수내에서 본격적으로 혁명을 일으켰는데, 그런 일 없다고 부뚜막이나 똥간에 고개를 처박고 숨으면서 엉덩이를 치켜들고 있는 형국이다. 그렇게 해서 질마재는 정치와 동떨어진 곳, 성적 충동과 미적 탐닉이 넘치는 곳이 되었다. 그럴 때 질마재의 노래는 무당의 춤사위에 그치고, 김소희나 공옥진처럼 노래를 하되 그들만큼 민중의 아픔을 보여주지도 못한 노래가 되고 만다. 따라서 현실의 맥락이 거세된 질마재의 영원성이란 그만 파시즘에 굴복한 노예의 윤리가 되고 만다.

6. 새로 쓰는 질마재 신화

고창의 여러 곳을 다녀보았다. 고창읍성과 무장읍성 그리고 학원농장의 청보리밭을 보는 것은 하루 코스로 제격이다. 선운사 도솔암 마애불을 보고 낙조대에 올라 변산반도를 바라보고, 좌치나루를 거쳐 손화중 피체지와 김성수 생가를 들러 19세기 말부터 20세기 중반까지 한반도 역사를 더듬어보면 고창의 정신과도 같은 것이 붙잡힌다. 미당시문학관에서 시작해 질마재길을 넘어 소요산에 오르고, 인천강을 따라 병바위, 두암초당을 거쳐 운곡습지와 고인돌 유적지에 이르면 고창의 색채와 형상, 풍경의 깊이를 알게 된다. 특히 운곡저수지에서 운곡습지에 이르면 태고의 원시림에서 생명이 발생하고 있는 것과도 같은 광경을 그 습한 이끼 낀 길에서 경험하며 고인돌의 나라로 접어들게 된다. 그래서 유엔세계관광기구에서는 운곡습지 마을을 한국 최우수 관광마을로 선정했다. 그런 곳들을 다 돌아보았음에도 나는 고창을 다 보았다는 생각이 들지 않았다. 나는 선운산 종주길을 더 걷기로 했다.

선운사 담길 따라 석상암 쪽으로 오르면 마이재가 나오고 능선을 따라 조금 더 가면 수리봉에 오른다. 거기서 줄포만과 변산반도를 바라보며 멀리 바닷가에 있을 진채선 생가나 좌치나루 그리고 인천강 하구와 서정주와 김성수의 생가 쪽을 바라본다. 김성수 일가는 일제강점기 호남의 대표적인 민족자본가로 성장했다. 그의 아버지 김경중은 질마재와 줄포에서 대가를 이루었고, 그의 아들인 김성수와 김연수는 교육과 언론, 사업 분야에서 고려대와 동아일보와 경성방직을 만들었으니 초창기 우리나라 재벌의 저력을 보여주었다고 말할 수 있다. 그들은 인천강과 소요산 부근에서 살면서 꿈을 키웠다. 서정주는 그들을 경이롭게 바라보았을 것이고, 높이 칭송하고 싶었을 것이다. 서정주의 아버지가 김성수 가계의 마름 역할을 했고, 그 배경으로 서울로 공

인촌 김성수 생가

배맨바위

부하러 가고, 또 자기 세계를 만들어갔기 때문이다. 어쨌거나 그들은 질마재와 호남과 대한민국을 빛낸 사람들인데, 지금이라도 이들의 행적을 정리하고 공과를 따져 역사에 제대로 자리매김해야 할 것이다. 그들은 질마재에 자리 잡고 줄포만 바다와 인천강의 젖줄에서 성장한 것이어서 고마워해야지 질마재를 엉뚱하게 '신라'로 만들 일은 아니다. 질마재는 묵묵히 순응하는 자를 한국 최고의 서정시인으로 만들었는데, 그가 앞뒤 가리지 않고 친일인사로 판명된 수당 김연수에게 '수당님의 어지심이여'라고 칭송하는 것도 영 볼썽사납다.

서정주는 질마재에서 어린 시절을 보내고 줄곧 줄포에서 자랐다. 김성수 아버지 동복영감이 줄포로 이사했기 때문이다. 따라서 김성수와 서정주의 개인적 관계는 모르겠으나 집안은 서로 절대적으로 결속된 관계라는 점만은 알겠다. 김성수는 민족자본을 만들고 광복된 나라에서 중요한 정치적 역할을 맡았다면, 또 한 사람은 우리나라에서 가장 뛰어난 서정시를 쓰면서 문화자본을 만들었다. 부통령을 한 김성수는 일제강점기의 과오도 있으나 긍정적 역할도 했고, 특히 광복 후에 큰 실수를 하지 않았다. 하지만 서정주는 친일시를 쓴 뒤에도 이승만 전기를 쓰고, 5·18 이후 신군부 독재자에게 헌시를 바쳤다. 그가 시대에 대한 통찰 없이 근대적 합리성을 갖지 못한 채 자신의 안위에만 집착했다면 마땅히 비판을 받아야 할 일이다. 세계에 대한 통찰력을 갖지 못한 서정시도 역사의 회초리를 피할 수 없다.

  서정주는 「선운사 동구」에 대한 후일담에서 '육자배기 여편네'와의 뒷이야기를 밝힌다. 1951년 서정주가 10년 만에 다시 찾았을 때, 주막은 불태워졌고 주막집 여편네는 경찰들에게 밥을 지어 먹였다는 이유로 빨치산에게 학살당했다고 말이다. 그런 점에서 더욱 꽃술을 내놓던 그 여편네의 육자배기와 슬픈 가락이 그리웠을 것이다. 이런 일은 지리산 주변에서만 벌어진 게 아니라 질마재에서도 벌어졌고, 좌우익 갈등 속에서 육자배기 가락도 짓밟힌 것이다. 심지어 서정주는 1951년 정읍의 처가에서 통금시간을 어겼다가 헌병에게 붙들려 거의 죽을 뻔한 일을 겪었다. 우익인 그가 국군 헌병에게 통금을 지키지 않았다고 피살될 뻔했던 것이다. 미당에게 꽃술 한 항아리를 내놓은 육자배기 여인이 "동백꽃이 피거들랑 또 오시오, 인이"라고 말했는데, 그녀는 우익도 좌익도 아니었을 것이다.

  인천강 가 청림정금자할매집에서 풍천장어를 구워 먹으며, 그 자리가 이쯤 아니었을까 생각해본다. 소요산 고갯길을 넘어 연기재를 지나 인천강 가에 이르면 이곳에서 술 한 잔 해야 또 힘을 내 걸을 수 있다. 서정주와 육자배기를 나눴던 여인의 이야기를 조금 더 해보자. 서정주는 그 여인이 경찰에게 밥을 해주었다는 이유로 빨치산에게 학살당했다고 한다. 그것을 의심할 생각이야 없지만, 당시의 기록에 따르면 거꾸로 1951년 최덕신이 지휘하는 국군 11사단이 고창군 무장면, 대산면, 해리면, 심원면, 공음면, 상하면에서 1300여 명의 양민을 죽였고, 1월 초 11사단 20연대 3대대가 고창군 공음면 양민들을 통비분자로 몰아붙여 500여 명을 죽였고, 경찰토벌대가 무장면 140여 명, 해리면 50여 명을 죽였다고 전한다. 그렇다면 육자배기 여인이 서정주의 말대로 누군가에게 밥을 해주고 죽었다 해도 그와 비슷한 처지의 여인이 어느 쪽에게 더 희생되었을지 짐작이 간다. 그 당시에 빨치산에게 경찰 가족 한두 명이 죽자 경찰대가 마을 전체를 학살한 사례가 적지 않았다. 제주 4·3이나 여수 10·19를 거치면서 이어온 전통(?)이랄까. 일이 이쯤 되면 '육자배기 여편네'를 죽인 자가 어느 쪽일지 조금 의심이 들기도 한다. 기록상 인민군이나 빨치산이 양민 학살은 정읍경찰서에서 일어난 것 말고 그 지역에서 보고된 게 없다. 그 당시 그 지역에서 양민을 학살한 것은 대부분은 경찰이나 국군 11사단이었기 때문이다.

참, 나는 지금 선운산 수리봉에서 참당암을 거쳐 소리재를 넘어가고 있다. 낙조대에 오르면 서해바다에 떨어지는 해를 보고, 배맨바위의 긴 계단길을 올라 청룡산 능선을 타며 쥐바위와 사자바위에 오르게 된다. 어쩌면 저리 쥐와 똑같이 생겼을까. 사자바위에서는 줄을 잡고 벼랑길을 조심스럽게 내려가야 한다. 거기서 한참 가다가 뒤돌아보면 도솔암과 천마봉과 배맨바위가 그림같이 펼쳐져 있다. 스핑크스가 웅크린 듯한 배맨바위를 보면서 투구바위(시루봉)에 이르면 이제 하산길이다. 시루봉을 돌아 내려가면 도솔제가 나오고 이제 선운산 계곡을 따라 주차장 쪽으로 내려가면 오늘 일정은 끝이다. 적어도 6시간 산행길이 다소 고단하기는 했지만 눈 호강에 기분이 좋다. 선운산은 서해안의 낮은 산 같지만, 기기묘묘한 바위가 많아 오르내리기가 만만치 않고, 그 바위들에게 이름을 붙여주고 그것들의 전설을 찾아보는 재미만으로도 심심치 않다. 도솔암 마애불에만 비결이 담긴 것이 아니라 선바위, 할매바위, 병바위 등에도 비밀이 담긴 것 같다. 고창은 가도 가도 신기하고 또 새로워 뭔가 새로운 신화가 만들어질 만한 곳이다.

새로 쓰는 '질마재 신화'는 꽃술을 항아리 채 내놓던 육자배기를 읊던 주막집 여인부터 시작되어야 한다. 그녀라면 마땅히 좌든 우든 가리지 않고 밥을 해주었을 것이고, 또 그로 인해 주막이 불타고 처형당했더라도 그녀에게 밥과 술을 대접받은 이들이 질마재의 가락을 잊지 않을 것이기 때문이다. 뱀 부리던 창암 이삼만의 글씨가 동국진체로서 어떻게 자리매김되었고, 또 신재효의 문하에서 나온 진채선과 이날치, 박만순, 김세종, 홍낙관의 재인부대가 무슨 역할을 했는지 제대로 짚어낸다면, 질마재 신화는 더욱 풍요로워질 것이다. 밴드 이날치의 「범 내려온다」, 정수인의 「홍보가」를 인터넷 유튜브에서 들으면서, 신재효의 판소리가 어떻게 서정주의 질마재 시편으로 이어졌고, 그것이 송창식의 노래로 만들어졌을지 생각해본다. 앞으로 질마재 신화는 질마재에서 태어난 차치구의 아들 차경석과 또 차경석의 아들 차일혁이 어떤 삶을 살았는지 추적해볼 수 있을 테고, 홍낙관이 곤장 100대를 맞고 변방으로 유배를 떠났음에도 다시 돌아와 1899년까지 다섯 차례 이상 흥덕관아, 고부관아, 고창읍성을 공격한 것들에 대해서도 알아보고 싶다. 그런 일들을 고창 출신 은희경이나 유하와 같은 작가가 해준다면 좋겠지만, 혹은 그 누군가 새로 등장해 질마재의 정신을 되살려낼지 모른다.

- **걸은 곳** 질마재길(미당시문학관-소요산-연기제-병바위(두암초당)-운곡람사르습지-고인돌공원), 선운산 종주(선운사일주문-석상암-마이재-소리재-낙조대-배맨바위-청룡산-국기봉-쥐바위-도솔제)

- **차로 간 곳** 인촌 선생 생가, 손화중 피체지(침명제), 미당시문학관, 동학혁명 무징기포지, 무징읍성, 괴지(성송면) 동학 대도소 터, 고창읍성(신재효 생가)

장흥은 소설가 이청준, 송기숙, 이승우, 한강을 배출했다. 백광홍과 위백규로부터 이어져 내려오는 문학적 뿌리가 깊은 지역이다. 또한 동학농민군이 석대들 전투에서 가장 마지막까지 항전을 벌인 곳으로서 동학장수 이방언이 활약한 곳이다. 이방언은 유학자이자 향회의 리더로서 활약했는데, 고을을 대표해서 전라감사를 만나 고을의 문제를 해결하기도 했고, '장태'를 만들어 황룡촌 전투에서 관군과 싸워 승리를 이끌었던 동학장수이기도 하다. 특히 우금티 전투에서 패한 뒤 뿔뿔이 흩어진 동학농민군을 모아 회진과 장흥, 강진을 점령할 정도로 막강한 위세를 떨쳤다. 송기숙은 『녹두장군』에서 전봉준과 동학농민군의 위력을 되살려내 광주 5·18에 희생된 원혼들을 위로하고자 했고, 이청준은 『비화밀교』를 통해 동학과 5·18 민주항쟁의 배경이 되는 힘을 암시적으로 드러냈고, 한강은 『소년이 온다』를 통해 광주 5·18을 직접적으로 되살려내기도 했다. 특히 이청준이 『비화밀교』를 발표하고 2년이 지나 6·10 항쟁이 일어나 신군부를 물러나게 하고 직선제 개헌을 통해 지도자를 선출하게 만들었다는 점에서 예언적 측면을 가졌다고 말할 수 있다.

7장
장흥과 이청준 그리고 천관산의 비밀

1. 장흥 가는 길

O가 장흥에 가자고 했을 때 먼저 이청준을 떠올렸다. 한반도 남쪽 끝, 정남진에 가서 득량만을 바라보고 이청준의 고향 회진리를 이곳저곳 걷다가 '이청준 문학자리'를 찾아봐야겠다고 생각했다. 그런 뒤 송기숙과 이승우와 한강이 태어난 곳을 돌아보면 좋겠다고 생각했다. 그리고 위백규의 고장인 관산읍에서 천관산에 올라 동학장수 이방언이 최후의 항전을 벌였던 어산촌과 대내장을 내려다보고, 돌아오는 길에 석대들 앞에 세워진 동학농민혁명기념관을 둘러보고 오겠다고 생각했다. 천관산을 중심에 놓고 보면, 관산읍과 용산면과 회진면이 천관산을 둘러쌌고, 각각 백 년을 사이에 두고 성리학자 위백규는 관산에서 뜻을 품

이청준 문학자리

『비화밀교』

었고, 이방언은 용산에서 동학을 실천했고, 이청준은 회진에서 문학 '노래쟁이'로 성공했다.

"참, 많이 배출했네."

"작가들 말이지? 저 산의 기운 때문일 거야."

우리는 시작도 끝도 없이 천관산을 찬양했다. 마치 한강이 노벨상을 받은 게 저 천관산의 기운 탓이라는 듯이. 그런데 정말로 장흥에서 우리나라를 대표할 만한 많은 작가가 나왔다. 백광홍이 「관서별곡」을 지었는데, 그것을 읽으면 바로 행장을 차리고 어딘가 떠나고 싶어진다. 그런 절창을 읽고서 송강 정철은 그것을 모방한 「관동별곡」을 썼고 그것으로 우리나라 최고의 절창이 된다. 그것을 시샘하듯 예전에 장흥 땅이었던 보성 회천면에 서편제 창시자인 박유전이 자리를 잡았고, 그의 뒤를 이어 정응민, 조상현이 일가를 이루었다. 그런 분위기 속에서 우리나라를 대표할 만한 작가 이청준, 이승우, 한강이 나왔으니, 장흥은 작가들의 고향과도 같은 곳이라 할 만하다. 이청준이나 한승원은 고향을 글쓰기의 근원으로 생각했고, 실제로 고향에 돌아가 글을 쓰거나 혹은 고향에 돌아가기 위해 글을 쓴 것으로 보인다. 그 근원에 회진리의 바다와 천관산이 있었다.

내 고향에 돌아가는 것도 아닌데 장흥을 찾으면서 설렘을 느꼈다. 이청준의 「귀향연습」에서 주인공은 고향을 고향 입구에서 바라보고만 있다가 고향에 들어가보지도 못한 채 돌아선다. 자신의 상태가 신성한 장소, 고향을 범할 수 없다는 생각 때문이었다. 이청준의 고향에 대한 집착은 다른 어느 작가에 비해서도 유난하다. 그는 어머니와 회진리 바다와 천관산을 통해 글쓰기의 본질을 추구한 것 같다. 회진리 앞바다를 두고 「침몰선」과 「귀향연습」 「해변아리랑」 「눈길」 등을 썼고, 득량만 건너 고흥의 소록도를 배경으로 『당신들의 천국』을 썼고, 보성 회천면의 봇재와 율포 해변마을까지의 소릿길에서 「서편제」와 「남도 사람」 연작을 썼다. 또한 거기서 조금 걸어들어가 용산면 남포마을에서 『축제』의 이야기를 만들었다. 무엇보다 그가 천관산을 배경으로 「비화밀교」(1985)를 썼다는 점에서 주목하고 싶다.

"「비화밀교」에 나오는 제왕산이 천관산이라는 게 확실해?"

"그게 이청준 문학의 중심을 이루고 있거든."

"너무 엉뚱하지 않아? 그 산이 화산처럼 터질 거라는 내용은."

"내면의 용광로가 그렇다는 거지. 어린왕자처럼 화산을 청소

하면 좀 지연시킬 수 있을 테지만, 그렇더라도 언제 터질지 모르는 불씨와 용광로를 이야기하고 싶었던 것이지."

이청준은 어떤 대담에서 고향에 대해, "동네 자체가 없어져버렸고, 또 옛것은 모두 서둘러 흔적을 지우고 있으니, 존재 근원이 사라지면 어떤 결과가 올 것인지 걱정이 된다"(『나의 삶 나의 문학, 오마니』, 156~157쪽)라고 했다. 그러면서도 그는 고향을 찾는 일을 포기하지 않았다. 뒤돌아보면 뭉클하지만 막상 돌아가 보면 별것도 아닌 고향을 그는 왜 그리도 집착했을까? 어린 시절의 경험이 전 생애를 관통한다고 하지만, 특히 이청준에게는 침몰선이 떠 있던 바다, 그 바다를 바라보며 밭일을 하는 어머니의 소리, 또 이상한 소리를 내는 '큰산'으로 불리는 천관산은 자신의 근원적인 어떤 것이었다. 그는 바다를 바라보지만 바다 너머 어떤 본질을 바라본다. 아니 바다 속 깊은 곳을 들여다보고 또 그곳들을 관통하는 파도소리, 바람소리를 듣는다. 그는 그 어린 시절 기억을 자꾸 뒤진다.

천관산은 장흥의 중심부에 있다. 그 산은 장흥을 대표하며, 장흥의 삶과 역사를 지켜봐왔다. 그런데 그 산은 장흥이라는 한 장소를 넘어서 어느 경우에는 우리 현실, 우리나라 혹은 우리 국민의 문제로 넘어간다. 『당신들의 천국』에서 이상욱이 "이 섬은 원장님이 아니면 안 된다는, 원장님만이 이 섬을 위하고 원장님에게서만이 진실로 그 천국이 가능하며 원장님만이 오직 선이라는 그 오만스런 독선"을 갖지 말라고 말할 때, 그것은 소록도라는 섬의 문제가 아니라 우리나라 혹은 국민 전체의 문제가 되듯이, 「비화밀교」에서 횃불 든 사람들의 밀교 의식은 민주화에 매달리는 우리 국민의 이야기가 되고, 독재자에게 항거하며 정치적 발언을 하는 것이 된다.

  나는 천관산을 바라보며 장흥의 정신 혹은 남도의 정신이라는 것을 생각해보았다. 호남의 토박이로서 성리학적 세계관을 펼쳐낸 일재 이항, 존재 위백규, 노사 기정진을 생각해볼 수 있는데, 태인의 이항은 김천일 같은 임진왜란 때의 의병장을 키웠고, 장성의 기정진은 구한말에 기삼연 같은 의병을 일어나게 했다면, 장흥의 위백규는 지방 사족들을 일깨워 향촌에서 실천 방안을 찾는 정도까지만 교육을 시켰어도, 그 지역에서 그런 향약과 향회의 전통 속에서 동학장수 이방언을 낳았다. 또한 놀랍게도 작가인 이청준은 천관산을 바라보면서 그 속에 위백규와 이방언이 녹아들어가 합체가 되고 있는 상황을 발견했다. 천관산을 중심에 두고 그 언저리에서 살던 작가들이 하던 짓들이다. 그들은 그 산을 보며 문학의 꿈을 키우고 문학을 현실처럼 살았다.

  나는 천관산에 오르자고 작정했다. 그래야 장흥을 알고 장흥의 핵심을 짚어낼 수 있을 것 같았기 때문이다. 「비화밀교」의 '제왕산'이 천관산인지 제암산인지 확언할 수 없지만, 이청준에게 더 많은 영향을 미친 산이 천관산이 분명하다면, 그 산을 오르며 그 산의 내면에 들어가보고 싶었던 것이다. 그것이야말로 이청준 문학의 본질로 들어가는 길이라고 생각했기 때문이기도 하다. 나는 관산에서 존재 고택과 장천재 등 위백규의 유적들을 둘러보고, 회령진성에 올라 남쪽 회진 바다를 바라보다가 이청준의 생가와 묘소를 다녀왔다. 그리고는 천관산문학공원에 가서 이곳 출신 문학가들에 대해 알아보았다.

송기숙이 『녹두장군』에서 동학농민혁명을 본격적으로 다루었다면, 이청준은 그것을 「비화밀교」에서 감추면서 드러냈고, 한강은 우금티 전투의 학살을 자신의 무의식에 담고서 그 트라우마의 끈을 기필코 끄집어내어 광주 5·18의 『소년이 온다』와 제주 4·3의 『작별하지 않는다』를 그려냈다.

2. 위백규와 관산

장흥군 관산읍, 관산초등학교 앞 '쌍송'이 있는 골목길, 존재 위백규 자손 누군가의 빈 집에서 일주일간 머물렀다. 지금 이 글을 어느 잡지에 연재하기 위해서였다. 여행을 갈 때 그 지역의 역사와 문학을 알게 되면 훨씬 더 많은 것을 보게 될 뿐만 아니라 조금 더 깊이 파고들어가면 그 지역에 담긴 정신과도 같은 것을 캐내게 된다. 노상 구름에 덮인 천관산을 바라보면 위백규와 이방언의 뿌리는 물론 장흥 문학의 본질을 만나게 될지 모른다.

존재 위백규 고택   효자송

　매일 아침 나는 집을 나서 관산고등학교와 효자송을 지나 장천재까지 걸은 뒤, 존재 고택을 들러 천관산을 보며 논길을 걷다가, 고읍천을 찍고는 숙소에 돌아왔다. 그러면 1시간 정도가 걸렸다. 효자송 앞에 괴이하게 지은 영화세트장이 눈에 거슬렸지만, 존재 고택이나 들판 어디서건 바라보이는 천관산은 누구의 작품 같지도 않으면서 그들의 작품 속에 다 조금씩 들어 있는 무언가가 있었고, 그 속에서 나는 장흥을 찾아내기 위해 애썼다. 위백규는 「농가」 9곡을 지을 때 들길에 나가 천관산을 바라보며 그 기운을 받아 농부의 근면성과 협동심을 노래했다.

　　둘러내쟈 둘러내쟈 길찬 골 둘러내쟈
　　바라기 역괴를 골골마다 둘어내쟈
　　쉬짓튼 긴 사래난 마조 잡아 둘너내쟈
　　[현대어 풀이: 뽑아내자 뽑아내자 긴 이랑 뽑아내자/ 바랭이
　　(잡초), 여뀌(잡초)를 고랑마다 뽑아내자/ 쉽게 우거진 긴 이

랑은 마주 잡아 뽑아내자]

위백규(1727~1798)는 정조시대 이곳에서 성리학적 이상을 꿈꾼 선비다. 그는 현실적 문제에 관심을 두고 서민 계층을 역사적 실체로 여기며 당시의 사회적 모순을 극복해보고자 했다. 그의 '향촌 사회 개선론'은 성리학적 질서 속에서 공부를 하지 않고 거들먹거리는 향촌의 양반들을 교화하고자 한 것이다. 그는 특히 한글로 시가를 썼다는 점에서 연암 박지원이나 다산 정약용이 가지고 있지 못한 대중 친화적인 면모를 보인다. 벼슬길은 멀고 감시할 길은 없는 머나먼 땅끝에서 젊은 양반들은 종종 거들먹거리며 정신적으로 해이해져 있었는데, 그런 '역괴'(여뀌) 같은 존재들을 위백규는 고랑에서 뽑아내고 싶다는 것이다. 위백규는 향약의 정신을 되찾아야 서로 협력하며 미덕이 넘치는 고을을 만들 수 있다고 생각했다. 그래서 양반도 직접 농사를 지어 먹고, 꾸준히 공부해야 한다는 것을 강조했다.

1766년에 위백규는 '사강회'를 만들어 3년 정도 향촌의 개선을 도모했다. 그의 향촌 개혁은 훗날 기정진의 향촌방어책과 더불어 실학적 태도로 연구해볼 필요가 있다. 또한 그것은 장흥의 동학을 일으키는 데 실질적인 역할을 했으리라고 추측해볼 수 있다. 위백규가 가져온 향촌에 대한 변화의 바람은 그곳 유생들의 가슴에 뿌리를 내렸고, 19세기 말 이방언과 같은 이가 향회의 리더가 되었을 때, 결정적인 모범이 되었다. 위백규의 한글 시가인 「농가」 9장은 일하는 즐거움과 단합, 휴식의 달콤함을 잘 보여준다.

> 한 그릇의 보리밥이오 사발에 콩잎 나물이라
> 내 밥만 많고 네 반찬이 적을까 걱정이구나
> 먹은 뒤 한숨 자는 것이야말로 너나 나나 다를소냐.(「농가」 9장)

함께 나누고 심정적으로 통하면 보리밥 한 사발에도 행복을 누린다. 게다가 아내가 해준 '겉절이'와 '콩잎 나물'에 술 한 잔 걸치면 그야말로 금상첨화다. 흥이 나면 세상 모든 게 다 내 것 같다. 이렇듯 검소하게 살면서도 기쁨을 누릴 수 있고, 의리와 명분을 가지고서 향회에서 의견을 나누면, 향촌 개혁책을 찾고 세상을 바로잡을 원리를 얻게 될지도 모른다.

조동일은 『한국문학통사』에서 위백규의 「농가」를 "사대부 전원시조田園時調의 결정판"이라고 평가한다. 위백규는 향촌에서 성리학적 이상을 실현했는데, 특히 제멋대로 누리기만 하는 사족들의 행동거지를 비판했다. 위백규는 검소함을 강조하며 적절히 일하고, 일 끝내고 술 한 잔 건넬 수 있다면 그것이야말로 천국 아니냐고 말하는 것처럼 보인다. 실제로 그는 비 오는 날에는 사람들을 강당에 모아놓고 『소학』이나 『격몽요결』을 가르치고, 또 남는 시간에는 돗자리를 짜다가, 또 틈이 나면 사람들을 모아

천관산

안개 속 소나무

놓고 배우면서 잘 모르는 것, 조금이라도 의심이 가는 것들에 대해 토론을 벌이고는 했다. 그것은 공부하면서 일하는 것이 되어 합리적인 방식으로 농사를 짓고 마을의 규율을 만들어가는 것이 되어 모두 만족스러웠다.

한편 위백규는 천관산 구석구석을 답사한 경험을 살려 산에 관한 역사, 문화, 지리 등을 기술한 『지제지支提志』를 저술했다. '지제'는 천관산의 다른 이름이다. 산에는 신령스런 샘, 움푹 팬 바위, 낭떠러지, 기암괴석이 많았고, 그것들은 존재 고택에서 바라보는 천관산의 운무와 그 사이에 자리 잡은 비범한 바위들을 더욱 신비스럽게 만들었다. 그러니 위백규는 천관산이 얼마나 좋았으면 그 산에 대한 책을 냈을까.

백광홍은 「관서별곡」에서 "구름에 닿은 성곽 백리에 벌여 있고/ 여러 겹 산등성이 사면에 뻗어 있네" 하고 노래한다. 관서의 풍경과 관산의 풍경이 같을 수 없지만 나는 백광홍을 읽다가 나온 산책길에서 뭔가에 홀린 듯, 장천재에서 금수굴을 거쳐 자꾸만 위로 올라갔다. 안개 속 산 기운에 이끌려 깊이 들어간 것이다. 그 속에서 만난 바위와 소나무 하나하나가 다 벗인 듯 반가웠다. 하지만 여름날 아침 식사도 거른 채 천관산 정상까지 오르기엔 너무 힘겨웠다. 나는 다음 날 산을 오르기로 마음 먹고 중간쯤에서 돌아섰다.

"천관산의 내면을 느꼈어?"

O가 빈정댄다. 같이 가기로 했는데 혼자 산행을 시도했다고 핀잔주는 것이다.

"산이 그저 산일 뿐이지. 한데 날 거부했어. 제멋대로 산에 의미를 붙여대지 말라는 말 같기도 하고 말야."

나는 이청준의 입장에서 위백규와 이방언을 천관산에서 한 축에 꿰어내기를 바랐다. 세 사람은 선이 닿을 듯하면서도 잘 닿지 않았다. O와 나는 말이 나온 김에 산에 오르기로 했다. 우리는 이튿날 아침 출발했다. 한여름의 땡볕이 새벽부터 심해 산을 오르는 것인지, 더위와 맞서 싸우는 것인지 구분하기 어려웠다. 우리는 금강굴을 거쳐 구정봉과 환희대를 오르는 길을 택했다. 대세봉, 천주봉天柱峰, 대장봉大藏峰 등 9개의 봉우리를 지나 마치 수많은 책을 쌓아놓은 듯한 환희대에 올랐다. 깎아지른 듯 70여 미터 이상 솟아오른 대세봉의 위용이 놀라웠다. 회진리 쪽으로

천주봉

구룡봉

늘어선 구룡봉을 바라보았다. 하늘을 뚫을 듯 기둥을 세워놓은 천주봉 바위도 신비스러웠다. 환희대에 오르자 드넓게 펼쳐진 득량만 건너 소록도와 거금도가 손에 붙잡힐 듯 가까웠다.

  우리는 능선을 따라 억새밭을 지나 연대봉으로 향했다. 뒤돌아보면 책을 쌓아놓은 듯한 바위들이 손짓을 한다. 산 아래에서 보나 능선에 올라서 보나, 바위산 봉우리들은 모두 비밀을 간직한 듯했다. 멀리 보이는 연대봉의 봉화대가 무언가 비밀을 감추고 있는 듯이 보였다. 뿌연 안개 속에서 더욱 그랬다. 뒤돌아보면 하늘 기둥 천주봉과 왕관 모양의 대세봉이 뭔가를 봉화대에 숨겨놓았다고 속삭이는 것 같았다. 환희대에서 연대봉까지 1킬로미터 남짓 길게 늘어선 능선길은 억새 숲이 장관이다. 어찌 보면 천관산 능선의 바위들이 띄엄띄엄 늘어서 천 개의 관을 쓴 것 같기도 했다.

  회진항과 노력도를 바라본다. 거기 회진 바다를 바라보며 이청준이 가난하고 외로웠던 유년시절을 보냈을 것이다. 서쪽 존재 고택과 득량만 너머 소록도를 바라본다. 거기서 위백규는 실학의 꿈을 키웠을 것이고, 소록도의 천형 받은 사람들은 그래도 천관산을 건너다보며 살아남으려고 안간힘 썼을 것이다. 북쪽의 용산면 어산촌을 바라본다. 거기서 이방언은 당대 시스템으로는 이 나라에 희망이 없다며 새로운 시스템을 찾자고 말하는 것처럼 보였다. 그들은 백 년을 사이에 두고 천관산을 바라보며 꿈을 키웠다. 그들은 각기 시대적으로 다른 세상을 살았지만 천관산을 통해 연결되어 무언가 발언을 했다.

  위백규가 정약용보다 50년 앞서 『정현신보』에서 사회 개혁으로 부자에게는 토지 소유를 제한하고 가난한 이에게는 자력으로 살 수 있는 기회를 주자고 했는데, 이방언도 이런 정신을 이어받았을 것이다. 뛰어난 스승이나 선배가 있으면 후학들은 달라진다. 위백규가 별세한 뒤 후배 학자 홍직필은 묘비명에 다음과 같이 쓴다. '천관산 높고 높아/ 남도에서 우러러보네/ 다산에 울창한 있어/ 가을 동백도 시들지 않네[天冠峨峨 一路仰止 有鬱茶山 秋栢不死].' 그는 위백규를 천관산과 대비시키며 그의 깊이와 선비다움을 표현했다. 그랬으니 장흥에 '가을 동백'과 같은 후학들이 줄지어 나타난 것이리라. 어쩌면 이 묘비명은 100년 후 이방언, 이인환 같은 동학의 수령들의 출현을 예고한 것 같기도 하다.

3. 장태장군 이방언과 석대들 전투

장흥 동학농민혁명기념관은 장흥의 명물이다. 정읍과 태안에도 비슷한 기념관이 있지만 장흥의 기념관이 더 아담하며, 동학을 더 가까이에서 느끼게 해준다. 기념관에 다가가면서 바라보는 건축미도 그렇지만, 빙글빙글 돌아가면서 만나게 되는 동학 장수들의 부조, 잘 만들어진 장태의 실제 모습, 마지막에 기념관 위에 올라서면 석대들에서 농민군의 함성이 들리는 듯하다. 혁명의 바람은 남쪽 땅끝까지 퍼졌고, 장흥에서도 동학교도가 공주와 보은으로 최시형을 만나러 다녔다. 그것을 보기 싫어하던 장흥부사 이용태가 고부봉기 직후 안핵사로 파견되어 고부 사람들을 족쳐대며 횡포를 부렸다. 그로 인해 다시 일어난 농민군은 황토현과 황룡촌에서 관군에게 대승을 거두고, 남도 전체를 휩쓸며 전주성을 점령하는 전과를 올린다. 특히 장성 황룡촌 전투에서는 장흥에서 올라온 동학장수 이방언이 장태 만드는 아이디어를 제공해 전투에 큰 기여를 했다.

장흥동학농민혁명 기념관

동학 깃발

 한편 장흥 출신 송기숙이 『녹두장군』을 썼고, 이청준이 「비화밀교」를 발표했다. 동학농민혁명기념관에서는 「비화밀교」에서 보여준 불씨를 지켜내는 제의를 재현해놓았다. 그 당시 수만 명의 농민군 가슴을 태웠던 불씨를 기념관에서 한껏 타오르게 만든 것이다. 송기숙은 광주에서 5·18을 겪은 후 희망을 찾기 위해 전봉준에게 매달렸다.

장흥 동학의 기원을 살펴보면, 위백규가 만든 향촌의 분위기가 적지 않은 영향을 미쳤을 것이다. 위백규와 향회를 운영한 장흥의 유생들은 개혁적이었다. 그런 전통에서 장태장군 이방언(1838~1895)이 향회에서 신임을 받았다. 그는 성리학자 임헌회에게 배웠을 정도로 공부하는 사족이었고, 면암 최익현에게 편지를 보내 대화를 나누었으며, 화서학파 김평묵을 찾아가 성리학에서의 가능성을 찾아보기도 했다. 그랬으니 이방언은 동학장수 중에서도 지략이 뛰어난 장수였고 신무기인 장태를 만드는 데 결정적인 기여를 했다.

이방언, 이인환, 구교철, 김학삼 등은 장흥 동학을 대표하는 인물들이다. 장흥의 동학 지도부는 혈연과 지연으로 얽혀 있는데, 이방언과 김학삼은 재고종간이고, 김학삼의 처가는 위씨魏氏 집안인데, 위백규의 후손인 장흥 위씨가 동학농민혁명에 18명이나 가담했다. 그렇게 혼맥으로 이어져 있었기에 장흥의 사족들은 동학농민군에 참여하지 않더라도 식량을 대거나 대장기의 휘호를 써주거나 하는 식으로 음으로 양으로 협조했다. 장흥은 특히 향회 활동이 활발해 임술민란 때 보성군수를 지낸 고제환이 주도해 지방관을 내몰았고, 이방언이 1888년 용산면의 민의를 모아 전라감영을 직접 찾아가 부당한 세금을 탕감받도록 조치한

적이 있었을 정도로 민도가 높았다. 이방언이 주민들의 절대적 지지를 받은 것은 자기 발언을 명확히 하는 사족이기 때문이다.

전봉준은 글 잘하는 사족의 도움을 절실히 원했는데, 말하자면 이방언과 같은 사족들을 좋아했다. 전봉준 옆에 이방언과 같은 사람이 몇 사람 더 있었다면, 동학농민혁명의 양상은 달라졌을 것이다. 이방언은 장성 황룡강전투에 참여해 장태라는 '신무기'로 관군과 싸워 대승을 거두었고, 전주화약 이후로 대접주로 장흥 지역을 다스렸는데, 장흥군수로 부임한 박헌양이 동학농민군을 탄압하기 시작하자 11월 하순부터 농민군을 집결시켜 12월초에 장흥에서 최대 규모의 봉기를 일으켰다. 이미 전봉준과 김개남 등 장수들이 검거된 뒤였으나 석대들 전투는 치열했다. 우금티 전투와 나주성 싸움에서 밀려난 농민군이 다시 합류했고 그들은 마지막으로 불꽃을 태웠다. 이방언의 농민군은 그해 겨울까지 일본군과 자존심을 걸고 싸웠다. 그런 점에서 남도 최후의 전투를 벌인 이방언을 '남도 장군'이라고 부를 만하다.

혁명을 하자면 사람과 무기와 식량이 필요하다. 민중들이 죽창 들고 일어난다고 봉기가 성립하는 것이 아니라 사람을 불러내고, 그들에게 목숨 걸고 싸울 용기를 주며, 따뜻한 밥과 날카로운 칼을 주어야 하나의 군대가 된다. 그 당시 대덕의 이인환은 본격적 전투에 나서기에 앞서 회령진성을 점거해 그곳 병참기지에서 대포와 화약을 탈취했다. 그 대포의 위력으로 12월 4일 벽사역을 함락하고, 12월 5일 장흥부를 점령하고, 12월 7일 강진

회령진성

동학장수들

현을 무너뜨리고, 마침내 12월 10일 강진 병영성을 접수하게 된다. 그것은 화력이 있고, 파이팅 넘치는 농민군이 있어 가능했다. 여동학 이소사와 소년 장수 최동린을 포함해 장흥의 젊은이들은 동학의 깃발만 보여도 모여들었다. 그런데 화약이 떨어지고 강진의 무기고 탈취에 실패하자 전황은 바뀌기 시작했다.

 우금티 전투와 마찬가지로 농민군 3만여 명이 유치와 석대들에서 일본군과 대치했으나 화력이 우세한 일본군에게 속수무책으로 당했다. 농민군은 화력의 열세를 만회하지 못하고 12월 12일부터 17일까지 6일간 벌어진 전투에서 속절없이 무너졌다. 기세는 좋았으나 그것을 받쳐줄 여건이 갖춰지지 않았다. 농민군이 장흥 북쪽 유치면 송정리에서 석대들을 거쳐 자울재를 지나 용산면 어산촌으로 밀리면서, 농민군은 고읍천에서 배수진을 치고 최후의 전투를 벌였으나 거의 몰살당했다. 살아남은 농민군은 천관산으로 숨거나 회령진의 소년 뱃사공 윤성도의 도움을 받아 500여 명이 덕도로 피신했다.

동학혁명은 이방언과 전봉준 같은 향회의 리더들을 배출했고, 그들이 서로 연대하면서 큰 힘을 축적했고, 장태와 같은 신무기나 화약을 직접 만들어가면서 승기를 잡기도 했다. 전봉준은 괘서와 격문과 방문 혹은 창의문 작성에 능해 농민군을 모으는 데 천부적 역량을 보였다면, 이방언은 논리와 아이디어로 혁명에 기여했다. 손화중이 마애불의 비기를 활용해 미래에 대한 판타지를 제공했다면, 치고 빠지면서 현실적 이득을 취하는 전봉준의 방식은 신출귀몰하게 여겨졌다. 장흥의 주민들은 조세 감면 투쟁을 벌인 이방언을 신뢰했고, 이인환이라는 화약 전문가를 듬직하게 여겼다. 회령진성에서 대포와 화약을 탈취한 농민군은 강진까지 밀어붙이며 승기를 잡았으나 화약이 떨어지고 일본군이 개입하자 승기를 놓쳤다. 석대들 전투는 전봉준이 잡혀가고서도 한참 뒤인 12월 중반까지 벌어졌지만, 일주일간의 승리와 일주일간의 패배를 통해 장흥에 깊은 상처를 남겼다. 그래도 장

홍이 펼쳐낸 동학의 세상은 오랫동안 잊히지 않았다. 석대들과 어산촌, 대내장 전투에서 스러져간 사람들의 비명이 '천관산의 울음'으로 간직되었다가 이청준의 「비화밀교」에서 마침내 얼굴을 드러낸다.

이청준은 천관산에서 무엇을 찾아냈을까. 연대봉 봉화대에서 문득 그런 생각이 들었다. 갑오년에 처형당했던 이방언, 이인환, 구교철, 김학삼 등 수많은 농민군의 영령에 제사를 지내면서 울고 있는 산을 달래고 싶었을 텐데, 한반도 남쪽 끝, 누가 돌아보지 않는 땅 장흥에서, 마지막 동학농민군의 전투는 현대작가 이청준에게 영향을 미치고, 「비화밀교」라는 작품을 생산해 갑오년의 기분으로 다시 돌아가라는 요구를 하고 있다.

4. 이청준의 「비화밀교」, 주술 걸린 천관산

이청준(1939~2008)은 동명 단편을 표제작으로 내세운 『비화밀교』(나남, 1985)를 펴내 장흥과 천관산을 녹여냈다. '비화밀교秘火密敎'라는 제목은 불을 모시는 종교라는 뜻으로 주술적 요소가 강조되는데, 거기서는 사이비 종교적 특성보다 사회적 알레고리가 더 읽힌다. 또한 작가는 제의를 통해 산의 분노를 달래며 사이비 정신, 거짓 의식들을 질타한다.

작품이 발표된 1985년은 제5공화국 신군부 세력들이 언론에 재갈을 물리던 시절이다. 광주에서 벌어진 비극은 물론 부산대 철학과 교수 윤노빈이 북으로 넘어갔지만 일체 보도하지 않았고, 심지어 독재자를 경호하던 특전사 대원 53명을 태운 공군 수송기가 한라산에 추락해 전원 사망한 사실조차 보도되지 않던 시절이다. 누구나 알 만한 사실도 보도 통제 속에서 귀엣말하면서 움츠러들었다. 사실을 사실이라고 말할 수 없던 시절. 양심을 걸고 행동하려면 목숨을 내걸어야 했던 그 시절. 그때 '행동하는 양심'이란 얼마나 어려웠던가.

이청준은 천관산을 바라보면서 "임금님 귀는 당나귀 귀!"라고 소리치고 싶었을 것이다. 혹은 천관산에 귀를 대고 "어찌해야 합니까?"라고 묻고 싶었을지 모른다. '근왕勤王'의 정신이랄까. 임진왜란 때부터 견지되어온 호남의 의병 정신이랄까. 위백규와 이방언, 이청준도 "올바른 나라를 만들려면 어찌해야 합니까?" 하고 천관산을 바라보며 질문하고 싶었을 것이다. 하지만 산은 대답하지 않았다. 산도 신군부의 억압 속에서 기가 죽었는지 모른다. 언론도 진실에는 입을 다물고 거짓만 사실인 것처럼 떠벌였다. 금강산댐이 터지면 63빌딩이 무너질지 몰라 대비댐을 세워야 한다는 말을 찰떡같이 믿던 시절이었다. 그런 세상에서 할 일이 뭐가 있겠는가. 그래서 그런 행위를 나무라듯, 칠흑 같은 그믐날 밤에 사람들이 산에 올랐다. 새해맞이 의식이랄까, 불의 제의라고 할까? 그런 것은 얼마든지 해도 되는 세상이었다. 장흥 중심부에 놓인 천관산에서 사람들이 비밀스럽게 움직였다. 그것은 일차적으로 자신과 가족의 무사를 기원하는 것일 테지만, 「비화밀교」가 세상에 나오기 얼마 전 벌어졌던 '5·18의 비극'을 생각해보면, 언론이 통폐합되고 삼청교육대가 실시되고 대학에서 프락치가 대학생을 감시하는 시절에, 대학생들은 은행나무 위나 도서관 난간에 매달려 유인물(성명서)을 뿌리곤 했는데, 산에서 벌어지는 그 은밀한 행위들은 어떻게 해서 그들의 눈을 피할 수 있었을까.

천관산은 아홉 마리의 용이 호위하듯 회진을 감싸며 남해바다로 날아가려고 하고 있다. 어디 그뿐인가. 구정봉의 아홉 봉우리는 그 기기묘묘한 바위들로 하여금 안개 같은 기운을 내뿜게 해 '하늘 기둥'(천주봉)을 더 신비스럽게 만든다. 사람들은 그 하늘 기둥을 하나씩 자기 가슴에 모셨다. 그러면 '시천주侍天主 주체'가 되는 것인데, 그러자 그들은 무서울 게 없었다. 그런 이들이 손에 손을 잡고 횃불 하나씩 들고 석대들에 모였다. 그들은 동학이 떠나는 것을 아쉬워했다. 우금티 전투에서는 패하고, 전봉준과 김개남은 잡혀가고, 최시형은 보은 쪽으로 달아나며 마지막 전투를 준비했다. 책을 쌓아놓은 듯한 대세봉과 낭떠러지를 따라 기어가다보면 환희대 쪽에서 구름이 몰려왔다. 동학의 세상은 이미 끝난 것인지 모르나 그렇다고 '난 모르는 일인데'라며 잡아뗄 수도 없었다. 그래서 그들은 스스로 부끄럽지 않기 위해 봉기했다. 거친 숨을 몰아쉬며 남쪽을 내려보자 구룡봉 아래 저 멀리서 회진리 바다가 꿈틀거리고 있었다. 동학은 다시 되살

연대봉 가는 길   봉화대

아닐 것인가. 이청준은 어린 시절 천관산을 바라보며 산의 목소리를 들으며 그런 환각에 빠졌을지 모른다. 또한 그는 어쩌면 산과 대화를 나눴을지도 모른다.

이청준 소설의 한 주인공인 '무소작'은 천관산 산봉우리에서부터 흐르는 '우르르르, 우릉 우르르……' 하는 마른 뇌성소리를 듣는다. "제왕봉 정상에는 아래서 산을 올려다볼 때와는 달리 뜻밖에도 그 봉우리 너머로 낮은 분지형의 초원이 펼쳐져 있었다."(『비화밀교』, 172쪽) 정상의 초원 지대에서 거인들이 뛰어노는 소리일지 몰랐다. 실제로 천관산의 정상에 올라가면 바위들이 살아 움직이는 거인처럼 보였고, 그 누군가가 뛰어가는 모습을 따라가다보면 억새밭 능선의 끝자락에서 봉화대를 만난다. 밤에 산을 찾은 사람들은 "지표면 위로 두어 길 가량이나 바윗돌을 쌓아올려 만든 네모꼴 돌울타리"(『비화밀교』, 188쪽)에 불씨를 던지고는 빠져나갔다. 그곳이 바로 불을 모신 장화대藏火臺였다.

봉화대 위에 올라 남해 바다를 돌아본다. 동학농민군은 좋은 세상 만들어보자고 일어나 신분을 타파하고 집강소 시대까지 열었지만 일본군의 공격을 받아 땅끝까지 몰렸다. 임진왜란 때에는 저들을 당혹하게 만들 장수라도 있었지만, 현재는 망국의 기운만 감돌고 있었다. 그해 12월 농민군은 장흥에서 화려한 7일간의 승리 뒤에 막판의 고통을 겪었다. 그것은 참혹한 체험이었는데, 학살에서 벗어나기 위해 자울재를 넘어 용산면 어산촌과 관산읍 대내장으로 물러갔는데, 그게 독안에 든 쥐 꼴이 되어 자꾸 몰살당했다. 그렇게 해서 섣달그믐에서 천관산에서 제사를 지낼 수밖에 없는 상황이 만들어졌는데, 사람들은 해마다 섣달그믐에 산 정상에 모였다. 그때 집안에서 한두 사람씩 당하지 않은 집안이 없었기에 제삿날이 같은 사람들이 서로 마음을 전하고 위로해야 했던 것이다. 합동위령제라고 할까. 일제강점기에는 동양척식회사를 설립할 때와 징용령이 발동했을 때 더 많은 사람이 산에 올랐다. 해방 후 4·19혁명 때 많은 사람이 올랐고, 현재 광주 5·18을 겪은 뒤에도 더 많은 사람이 올라왔다. 그럴 때 제의는 무슨 역할을 할까. 이런 생각을 하게 하는 점만으로도 「비화밀교」는 정치적 발언을 하는 소설이 된다.

이청준은 「나는 왜, 어떻게 소설을 써 왔나?」라는 글에서 "그쪽에 고향을 둔 나로선 저 80년의 광주의 비극을 빼놓을 수 없었다. 광주는 한마디로 정의든 저주든 도대체 온전한 사람의 말로는 한동안 소설을 쓸 수도 생각할 수도 없게 했"(『나의 삶 나의 문학, 오마니』, 197쪽)다고 고백한다. 그러면서 「비화밀교」가 80년 광주의 비극에 대한 응답이라고 명확하게 말했다. 이 작품은 사실상 종교 제의를 평계로 사실상 무의식 속에 담긴 정치적 억압을 밝혀내는 작업을 했는데, 그것이 정신적 트라우마 간의 싸움을 보여준다는 점에서 역동적으로 새로운 메시지를 제시한다.

민속학자 조선생은 '보이지 않는' 힘을 옹호하는 사람이면서도 진실을 찾는 것보다 묻는 것이 더 중요하다고 생각하는 사람이다. 섣불리 나섰다가는 어떤 식으로 희생당할지 모르기 때문에 그나마 지켜왔던 것들을 더 챙기자는 쪽이다. 저항하기에 앞서 지킬 것부터 지키자는 것이다. 그래야 훗날을 도모하고 궁극적으로 우리 모두의 바람을 꽃피울 수 있다는 것이다. 그것은 성급한 실천보다 내부 강화에 힘써 더 좋은 기회를 잡자는 견해이기도 하다. 그래서 제5공화국 신군부 같은 공포의 시대에는 불씨를 간직하는 종화주種火主가 되어 일단 저항의 불씨를 보존하자는 것이다.

"정확한 시간은 열 시 이십 분. 때마침 초원의 동쪽 부분 한 곳에서 환한 횃불 한 개가 타오르기 시작했다. 동시에 벌판의 이곳저곳에서 함성과 박수소리가 합창하듯 한꺼번에 터져올랐다. 갈대숲 무성한 벌판 곳곳에는 어둠 속 얼룩으로 알아볼 수 있는 것보다 훨씬 더 많은 사람들이 이미 산을 올라와 있었다. (…) 그 하나의 횃불은 기름기에라도 닿은 듯이 사람 저 사람으로 순식간에 불길이 번져오고 있었다."(「비화밀교」, 174쪽)

  산에 오른 자는 자신의 횃불에 불을 붙여보고, 그 불을 '장화대'에 집어넣는다. 그것은 불씨를 달래며 간직하는 행위인데 언젠가 터질 날을 위해 그것을 지키자는 의식이다. 농민들의 함성과 피눈물을 내부에 담은 천관산은 터지지 못한 채 속으로 끓고 있다. 그랬으니 그 산자락에서 성장한 이청준도 울분 속에서 '환부 없는 통증'을 앓거나 이념적 선택을 강요당하는 '전짓불 공포'에 시달렸을 것이다. 전쟁의 고통과 이념의 억압과 독재자의 탄압 속에서 산은 병들고 신음하되 길들여지지 않았다. 그래도 천관산의 소리를 알아듣는 자는 병에서 벗어날 여지라도 있었다. 그 소리는 공동체의 소망과 하나 되는 것인데, 그것의 의미를 파악해야 그 이후의 행동을 결정하고, 작가는 소설을 쓸 수 있게 된다. 그래서 그 의미를 풀지 못한 자는 회진리에서 밖으로 나가더라도 다시 돌아올 수밖에 없게 된다. 작가는 그것을 알아야 민족 공동체가 수긍할 메시지를 전달할 수 있게 된다. 그믐날 밤에 산에 올라 횃불에 불을 붙이는 행위가 그래서 더 중요해진다.

  조선생은 산의 비밀을 지키고 불씨를 보존하자는 쪽이다. 어쩌면 풀리지 않는 주술을 영원히 묶어두어 공연히 지금까지 지켜온 질서를 깨뜨리지 말자는 이야기이기도 하다. "눈에 보이는 세상사의 뒤엔 가시적 현상세계의 질서로서는 한 번도 떠올라본 적이 없는 어떤 숨은 힘, 어쩌면 전혀 질서나 의미가 없는 혼돈의 상태처럼 보이면서도, 그러나 나름대로의 엄연한 질서를 지니고 그것을 행사해나가고 있는 힘의 지하세계가 따로 있다."(「비화밀교」, 206쪽) 조선생은 그것을 숭배하면서 언제나 숨은 힘이 폭발하기를 기다리는 학자다.

"산속 깊은 곳에 숨어 있는 소망의 옹달샘……. 오랜 세월 그 새임과 수맥이 숨겨져 지켜져옴으로써 그 소망의 물줄기가 끊기는 일이 없이 해마다 샘물이 괴어오르는 샘터……. 그 샘물이 세상으로 흘러내리는 것을 본 사람은 아무도 없었지. 하지만 그렇다고 샘물이 아래로 흐르지 않는 건 아니었어. 샘터가 산속에 숨어 있는 것처럼 샘물 또한 숲과 땅속으로만 스며 흘렀거든. 그리고 세상을 보다 깊은 곳에서 은밀스럽게 적셔주고 있었거든. 그런데 때로 성급한 사람들은 그걸 물이 흐르지 않는 것으로 여기려 들곤 하지. 그래서 내놓고 샘터에서 산 아래로 시원스런 관수로를 처내리려 덤벼들지."(「비화밀교」, 210쪽)

조선생은 보이지는 않지만 "수맥이 끊기지 않고 땅속을 적셔 흐르는 숨겨진 샘"을 지키자는 쪽이다. 수맥이 있어야 샘물이 마르지 않는다. 어쩐지 그것은 이데올로기의 흉계로 샘물 자체가 부정당하는 꼴이지만, 자꾸 희망의 불씨에 대한 미련을 보여준다. 이데올로기는 상황에 맞추어가면서 변신하고 작용하면서 사람들을 지배한다. 그러면서 수맥을 잘라내고자 한다. 불씨를 지키라는 외침은 속지 말라는 속삭임으로 바뀌고 그 속에서도 바짝 정신을 차리면 살 길이 있을 거라고 말한다. 그래도 그 속임수에서 벗어나기는 쉽지 않다. 아무리 속지 않고 두 눈 크게 뜨고 있는 자들을 다독여도 언제 다시 속임수에 빠질지 알 수 없다. 이데올로기 바깥은 없는 것이다. 달리 말해, 독재자들은 겉으로 동학을 추앙하는 척하면서 동학의 정신을 제거했고, 누군가는 5·16 당시 한강교를 넘어설 당시의 심정을 전봉준 장군과 동일시했고, 또 다른 어떤 사람은 자신이 전봉준과 같은 성씨를 가졌기에 기념비를 세운다고 호들갑을 떨기도 했다. 그들에게서 무엇을 바라겠는가.

 산은 스스로 드러내되 진짜 모습을 보여주지 않는다. 휴화산은 언제라도 활화산으로 터질 수 있다. 횃불 든 젊은이들은 제의보다 화산이 폭발하는 것을 기다리는 것처럼 보인다. 그들이 횃불을 밝히고 춤을 추면서 산 자체의 해방을 노래한다. 그러자 망각된 전봉준과 이방언의 꿈이 되살아난다. 산이 주술에서 깨어난 것이다.

5. '아기장수'를 묻고 세상을 바꾸기

천관산에 오르지 않으면 장흥을 간 것이 아니다. 그것을 「비화밀교」에서는 "그믐날 밤 그 산에 오른 적이 없다면 J읍에 백번 찾아갔더라도 고향에 간 것이 아니라"고 바꿔 말한다. 그런데 산 정상에 올랐어도 산의 소리를 듣지 못하고, 불씨를 보존하는 의식을 모른다면 아무런 소용이 없다. 고향을 찾았다고 다 찾는 것은 아니다. 제의를 치른 자만이 주인이 되고, 아픔을 느껴본 자만이 해방의 기쁨을 찾게 되고, 마침내 공동체의 일원이 되어 행동에 나서게 된다.

조선생은 집요하게 '음지陰地'의 소중함을 이야기한다. 세계는 양과 음의 세계, 가시적 세계와 비가시적 세계가 두 개의 바퀴로 굴러가는데, 보이는 세계보다 보이지 않는 세계가 더 중요할 수 있고, 그렇기에 음지를 보존하는 일이야말로 우리가 해낼 수 있는 최선의 일일 수 있다고 강조한다. 음지를 없애면 바퀴가 구르지 않아 더 큰 위기가 다가올 수 있으니, 음지를 쉽게 드러내 망가뜨리기보다 그것을 조심스럽게 보존해 어찌 되었든 두 개의 바퀴로 굴러가게 만들자는 것이다. 그것은 어떤 점에서 '억압된 무의식'의 진실을 당분간 숨겨놓으면 일단 양과 음의 세계가 균형을 이루게 되고, 그것이 힘들더라도 음지의 진실을 보존했기에 언젠가 해방을 누리게 될 것이라는 의미다.

"무엇보다 우리의 삶이나 이 세계는 논리와 논리 아닌 것, 혹은 일상의 삶의 덕목으로 선택된 질서와 그것이 아닌 것, 눈에 보이는 것과 보이지 않는 것, 다시 말해서 실체와 그림자 그런 두 겹의 힘의 질서로 이루어져 나간다는 게 나의 인식이니까. 현상의 세계와 소망의 세계의 관계라고나 할까. 그래서 나는 그 눈에 보이지 않게 숨겨져 실현을 기다리는 소망의 힘 또한 눈에 보이는 현상의 질서 못지않게 소중스럽게 지켜가고 싶은 거라네. 어차피 한 번의 폭발로 모든 소망이 실현될 수가 없다면 내일의 세상에도 꿈만은 줄기차게 이어져가야 하니까."(「비화밀교」, 207~208쪽)

조 선생은 '숨은 힘의 질서'를 강조한다. 그것은 억압적인 정치적 상황에서 행동에 나서지 못하는 사람들이 하는 말이기는 하지만, 그나마 지킨 것을 잃지 말자, 아무리 고통스러워도 숨겨진 소망을 지켜나가자고 말하는 점에서 절절함이 있다. 당대의 작가들도 그 불씨를 보존하면서 그것이 폭발하는 순간을 기다렸다. 그래서 침묵을 강요당하면서도 드러내지 못한 진실을 드러낼 방법을 모색했다. 이청준은 1980년대, 말 못하는 작가의 죄의식을 "극단적으로 말하자면 엄청난 악당으로부터 집단적으로 폭력을 당하고 있는 모습을 눈 뻔히 뜨고 속수무책인 채 보고 있"(『나의 삶 나의 문학, 오마니』, 153쪽)었다고 자책한다. 그랬으니 진실을 드러내려고 우회적으로나마 몸부림치며 '진실이라는 불씨'를 지켰던 것이다.

그런데 조선생의 방식을 거부하는 젊은이들이 쏟아져 나온다. 젊은이들이 횃불 들고 춤을 추며 불씨를 묻는 의식을 방해한다. 조선생은 말한다. "사람들을 선동하고 휘몰아대는 건 극히 일부의 몇 사람에 불과하지. 자네도 보았겠지만 그 최면술사 같은 젊은 춤꾼들 (…) 춤으로 불씨를 묻는 걸 방해하고 사람들의 넋을 빼앗아버리는 친구들."(211)조선생은 그들이 모든 걸 망칠 수 있다고 비판한다. 그런데 그 사건은 조선생의 뜻대로 진행되지 않는다. 아무리 불씨를 감추어두려고 해도, 젊은이의 춤 속에서 동학과 5·18 광주가 소환될 때, 장화대에 숨겨진 '불씨'가 폭발 직전의 상태에 이른 것이다. 어른들이 불씨를 숨기자고 당부해도, 이제 최면에서 풀려난 사람들이 그것이 폭발하기를 바란다. 거짓 제의를 뒤집어엎자는 것이다.

젊은이들이 춤을 춘다. 이때 산은 횃불의 광장이 된다. 그들은 "팔과 허리를 꺾었다 폈다 하면서 횃불을 흔들고 돌아가는 원시적이고 충동적인 춤"(190쪽)을 추며 장화대를 맴돌았다. 어쩌면 그 행위에서 1982년 부산미문화원 방화사건이 떠오르고, 1985년 5월에 시도된 서울미문화원 점거 사태가 떠오른다. 불가능에 도전하는, 순교를 각오한 무모한 저항. 독재자를 타도하는 충격요법이다. 동학혁명과 3·1운동과 4·19혁명 때 그랬다.

실제로 「비화밀교」를 쓴 지 2년 후에 6·10항쟁이 일어났다.

"제 손으로 기름불을 뒤집어쓴"(212쪽) 젊은이들이 자신의 몸을 마중물 삼아 산 전체를 폭발시킨다. "산의 능선께로는 바야흐로 줄기줄기 횃불들의 행렬이 용암의 분출처럼 넘쳐 내려오고 있었다."(「비화밀교」, 221쪽)

혁명의 시작이다. 천관산은 마치 불꽃의 바다처럼 타오른다. 구룡봉에서 연대봉에 이르는 5만여 평의 대평원에 기암괴석과 어우러진 횃불이 흘러내리면, 마치 그것은 만경 들판에서 깃발 들고 죽창을 든 동학농민군의 행렬이 된다.

여기서 아기장수 신화를 대입시켜보자. 횃불을 장화대에 집어넣는 종교적 행위가 아기장수의 죽음을 애도하는 것이라면, 이듬해 다시 찾아와 불을 붙이고 또 그것을 소설로 쓰는 일은 아기장수를 되살리는 일이 된다. 아기장수의 비극은 비극으로 끝난 게 아니라 비극을 되풀이함으로써 비극을 끝나게 만든다. 그것은 아기장수가 장화대에 들어가는 것을 거부할 때, 마침내 폭발한다. 제사를 통해 되살아난 '아기장수'가 용암으로 분출된다.

5·18 광주에서 무수한 사람들이 폭도로 몰려 죽었다. 그런데 그들의 넋은 이듬해에는 다시 살아났다. 산 내부 깊은 곳에 진실을 감추었는데, 그것이 웅달샘으로 흘러내리고 그 생명의 샘물을 마신 사람들이 어느 그믐날 밤 행사에 참여했다가 마침내 춤과 노래로 그것을 폭발시킨 것이다. 아기장수 설화란 "사실이 드러남으로 인한 비극"이다. 그것은 애초에 드러남이 전제되어 있

는 이야기였다. 조선생이 아기장수라는 불씨를 장화대에 묻어 그 불씨를 간직했다면, 그 불씨 하나 얻은 독자는 횃불 들고 일어서는 젊은이들을 따라, 마침내 광화문 광장으로 뛰쳐나간다. 기성세대가 아기장수의 넋을 위로하고 기린다면, 독자들은 횃불 든 젊은이를 따라 '아기장수 살려내라!'고 타도한다. 그 구호는 2년 뒤에 '종철이를 살려내라!' '직선 개헌' '독재타도' 등의 구호로 바뀌며 6·10항쟁을 이룬다.

「비화밀교」에서 모든 것은 산의 용광로 속에서 뒤섞여 끓어오른다. 아기장수 설화는 아무리 액자 안에 숨겨놓아도 언젠가 제 발로 걸어나온다. 그 엄혹한 시절에 신동엽과 김지하와 김남주가 동학을 되살렸고, 이청준은 무의식의 차원에서 그것에 불을 지폈고 그 불길이 천관산 내부에서 부글부글 끓어올라 마침내 화산으로 터져 흘러넘치게 만들었다.

6. 고향에 안기기

이제 천관산의 용암을 바다에 식힐 차례다. 이청준에게 바다는 무의식의 본향이고 원초적 공간이다. 그의 몸과 정신에 회진리 바다가 꿈틀거린다. 그는 아무리 고향을 벗어나려고 해도 결국 다시 되돌아와야 하는 숙명 속에 산다. 그곳이 자신을 이루는 무의식적 구조일 뿐만 아니라 글쓰기의 원천이기 때문이다.

회진리 바다

이청준 생가

바다라는 영원. 「해변아리랑」에서 어린아이가 언덕배기에서 밭일하는 어머니를 바라보는데 밭 너머에 망망대해가 펼쳐져 있다. 그때 어머니와 밭 너머의 바다는 동일시된다. 온종일 밭일하면서 들려주는 어머니의 웅얼거리는 노랫소리가 파도소리와 뒤섞이는데, 그 속에서 태초의 명령 혹은 영원한 그리움을 만난다고 할까. 아무리 고향을 떠나도 바다는 숨이 막힐 정도로 강렬하게 때로는 막막한 대로 아련하게 나타나는데, 그것을 '존재'의 부름이라고 할까?

이청준은 회진리 바다를 바라보며 세계를 꿈꾸었고, 바다 밖으로 나가 세계를 만났고, 다시 돌아와 '천년학'의 날개 속에서 자기 세계를 펼쳤다. '침몰선'을 바라보며 그 배를 만든 세계를 추리하고 그것 너머에 존재하는 유토피아를 꿈꾸었다. 그리고 그는 바다 이야기를 지치는 일 없이 계속한다. 처음에 소녀들은 그의 바다 이야기를 듣고 몽롱한 꿈을 꾸며 동참하다가 눈빛이 흐려지곤 하며 그에게서 떠나고 그도 소녀에게서 떠난다. 다시 현실로 돌아와야 했던 것이다. 할 이야기가 사라졌을 때 마을 어른들은 정자나무 아래에 다시 모이지 않고 "빌어먹을! 전쟁이라도 났으면!" 하고 불평한다. 꿈꿀 수 없는 시대는 환멸스럽다.

이청준의 주인공들은 환멸을 가지고서 고향을 떠난다. 그리고 새로운 고향을 찾아 「이어도」의 천남석은 가상의 섬 '이어도'를 찾아 떠났고, 「시간의 문」에서 유종열은 고통 받는 현실인 '남민선'을 향해 떠났다. 하지만 「해변아리랑」에서 도시로 떠난 이해조는 고향에 돌아오곤 하다가 마침내 죽어 돌아와 묻혔고, 『인문주의자 무소작씨 종생기』의 이야기꾼 '무소작'은 온갖 세상 경험을 다 해본 뒤 다시 고향으로 되돌아온다. 그들은 '천관산의 웅얼거림' 혹은 그 바다의 부름에 응해 되돌아온 것이다. 「해변아리랑」 말미에 묘비명처럼 "해변 밭 언덕가에 나와 앉아 바다의 노래를 앓고 갔고 노래가 다했을 때 그와 그의 노래는 바다로 떠나갔다"라는 구절이 나온다. 그것은 이청준 문학자리 오석에도 그대로 적혀 있는데, 그리하여 그의 넋은 영원히 살아 저 바다의 눈부신 물비늘로 반짝이고 작은 바닷새의 꿈으로 되살아나게 된다.

고향을 미화시킨다고 진짜 바다를 알게 되는 것은 아니다. 진짜 의미를 알지 못한 채 고향에 돌아오면 돌아가기도 전에 '배앓이'를 하게 되고, 다시 고향을 도망쳐 달아나게 된다. 고향은 '어머니의 웅얼거림' 혹은 '천관산의 울림'으로 존재하는데, 그 소리 속에서 내가 태어났고 또 자라났기에 위백규도 벼슬을 버리고 돌아오고, 이방언은 자신의 고향을 바른 세상으로 만들고자 했고, 이청준은 노래쟁이의 운명으로 고향에 돌아와 산의 울림을 듣고「비화밀교」를 썼다.

이청준은 이제 천관산을 배경으로 회진리 바다를 바라보며 잠들었다. 그곳을 '문학자리'라고 이름 붙인 것은 이청준이 평생 추구한 이야기의 방식에 대한 예우다. 그는 문학으로 삶을 살았고 그 삶 속에서 노래가 이어졌다. 그 길을 따라 남파랑길이 이어진다. 나는 보성의 봇재에서 시작한 '서편제'의 소릿길, 득량만을 따라 이어진 용산의 남포마을과 관산의 고읍천, 정남진을 거쳐 회진항 그리고 마량항까지 걸었다. 거기서 소리를 위해 눈이 먼 여자의 일생과 그 한을 승화시키면서 살아가는 그곳 주민들의 이야기를 통해 무의식 깊은 곳에 숨어 있던 아픔의 실체를 본 듯했다.

「비화밀교」에서 산을 오르는 사람들은 모두 아픔을 지니고 있다. 감춰둔 아픔은 진실을 드러내고 간직한 '불씨'를 살려내야 해소될 터인데, 조선생의 방식이든 젊은이들의 방식이든 다양할 수 있지만 무엇보다 그 밤의 행렬에 참여한 사람들이 적지 않다는 점이 희망을 준다. 이청준은 그런 식으로 우리 시대에서 희망을 가져보려고 했을 것이다. 그런데 놀랍게도 한강이라는 작가가 아버지 한승원의 소설을 받기보다 이청준의 형식을 받고, 거기서 한 걸음 더 나아가 소릿재 주막에서 눈이 먼 채 노래하는 여인이 자신의 아픔을 넘어 세계의 아픔을 노래하는 것처럼, 세계의 아픔에서 자신의 아픔을 느끼며 그 아픔의 정체를 5·18과 4·3의 이야기로 풀어내기도 하면서, 노벨상을 받고서도 팔레스타인과 우크라이나에서 벌어지는 국가적 폭력을 자기의 아픔으로 느끼며 고통스러워한다. 도대체 이 장흥이라는 땅은 그 아픔을 어느 지점까지 밀고 나가려는 것일까.

- **걸은 곳** 남파랑길 78, 79, 80코스(율포해변-회천천-한승원 산책길-고읍천-관산-정남진전망대-한승원 생가-회령진성-이청준 문학자리-마량항), 천관산 등산(장천재-구정봉-환희대-대세봉-연대봉-장천재), 서편제 보성소리 득음길

- **차로 간 곳** 존재 위백규 고택(장천재), 이청준 생가(묘소), 천관산 문학공원, 장흥 동학농민혁명기념관(석대들)

박경리는 『토지』의 작가로서 영남 양반들의 가문 지키기를 주제로 삼으면서 그것들을 이뤄내는 여성들의 끈질긴 힘을 그린다. 윤씨 부인, 별당아씨, 서희로 이어지는 그 여인들이 고루한 양반의 시스템을 유지하기보다 '지리산'으로 상징되는 동학의 기운을 받아들여 몰락한 집안을 새롭게 일으켜내는 것은 망국에서 광복으로 이어지는 우리 근대사의 과정을 새롭게 돌아보게 만든다. 또한 그것은 영호남의 지역적 갈등 속에서 그 사이에 자리 잡은 지리산을 통해 양반인 서희가 머슴이던 길상을 선택하고, 또 길상이 상전인 서희를 받아들이면서 몰락한 최참판댁은 과거보다 더 크게 일어나게 한다는 설정도 망국과 식민지를 경험한 우리가 서로 어떻게 통합하고 화해해야 분단의 처지를 극복하게 될 것인지 생각하게 만든다. 나아가 길상이 지리산에 들어가 관음탱화를 그리는 것은 지역과 신분을 넘어, 심지어 원수라 할 수 있는 조준구의 아들 조병수와도 화해할 수 있게 한다는 점에서 소설의 백미를 이룬다. 박경리는 그런 노력을 통해 지리산을 더 성스럽게 만들고 이 땅 위에 관음의 미소가 넘치게 만들고 싶어 한다.

8장

하동, 박경리의 『토지』와 지리산 동학

1. 길 위의 문학사

지리산의 모습은 지역마다 다르다. 산청에서 하동으로 들어서며 만나게 되는 지리산은 아늑하다. 산청의 지리산보다 더 햇빛에 노출되어 그런가 보다. 산은 하나인데 보는 장소에 따라 각기 달라진다. 한편 주민이 맞이하는 지리산과 나그네가 느끼는 지리산이 다르고, 같은 사람이더라도 경험과 시간에 따라 다른 지리산을 만난다.

"우린, 왜, 지리산둘레길을 돌고 있지?"

L이 묻는다. 또 무슨 엉뚱한 소리를 하려고 저러는 걸까.

"이유가 어딨어, 그냥 좋아서 걷는 거지."

"나도 몰라. 건강해지고 싶었다고 해둬."

O와 K는 귀찮다는 듯이 대답했다. L이 고개를 끄덕였다.

"저 산이 너희를 부른 거야."

그가 제법 의젓하게 말했다. 그러고보니 우리가 산을 찾은 게 아니라 산이 우리를 부른 것 같기도 하다. 지리산은 영호남의 경계 지대에 있고, 남한의 내륙에서 가장 높은 산이다. 역사적으로 백제와 신라가 갈등하던 곳이고, 마한과 가야의 유민이 마지막으로 숨어든 곳이다.

"산신령이 불렀다구?"

O가 이죽댄다. 우리는 남원에서 출발해 함양과 산청을 거쳐 지리산둘레길 하동 코스에 들어섰다. 위태마을에서 하동호까지 걷는 길이었다. 표지판 따라 산길을 따라 하염없이 걸었다. 때로는 이게 어느 산속인지 알 수 없었다. 그래도 방향을 잡아 산자락을 지나고 동네를 지나고 들판을 지나면 지리산이 수런대는 소리가 들렸다. 판소리 가락에 섞여 빨치산 이야기가 나왔고, 최제우와 정여창과 조식이 화제가 되었다. 하동에서는 무얼 생각해야 하나.

"하동에 오니, 뭐가 보여?"

다시 L이 묻는다. 우리는 대숲을 지나고 때로 편백숲을 걸으면서 주고받았다.

"대숲과 하동차와 대봉 감!"

"난 청학동과 최치원."

"난 박경리의 『토지』!"

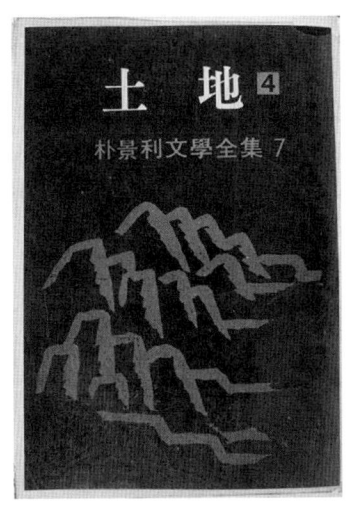

『토지』

 우리는 제각각 하동을 대표할 만한 것들을 골랐다. 지리산 남쪽 길이 푸근해 양이터재를 넘자 하동의 품속에 들어온 듯했다.

 하동호가 보인다. 물에 비친 호수에 지리산이 담겼다. 호수 위쪽으로 올라가면 서쪽에 칠성봉이 있고, 북쪽에 청학동과 삼신봉이 있다. 그곳들을 넘어 영신봉과 세석평전에 이르면 거기서부터가 바로 백두대간의 출발점이다. 하동호에 비친 산그림자를 바라보니 그곳으로 걸어가는 사람들이 다 보이는 듯하다. 우리는 그 길을 젊은 사람들에게 양보하고 둘레길을 택했다. 저수지 둑방길을 따라 걷다보니 이내 비바체리조트에 도착했다. 천국이 그럴까. 숙소의 위치만으로는 최고였다.
 "여기가 청학동이네."

K가 말했다. 그럴 수 있었다. 지친 몸을 편안하게 쉴 수 있다면 꼭 청학동을 찾아 헤맬 필요가 없었다. 천국이 부러울 것도 없었다. K는 청학동을 무릉도원이나 유토피아라는 의미로 사용했다. 하지만 프런트 데스크의 사내는 받아들일 수 없다는 표정을 지었다. 데스크 직원에게 이곳은 현실이고 손님에게는 이상향이었다.

"소설가 이병주 알아요?"

데스크에서는 이곳 호텔에서 동남쪽으로 시오리쯤 내려가면 이병주문학관이 있다고 말한다. 하동 출신으로 『지리산』을 쓴 소설가라서 궁금한 점이 많았다.

"그분도 청학동을 보았답니까?"

L이 물었다. 우리는 실없이 웃었다. 데스크에서는 설명할 생각을 접었다. 이병주는 진주에서 고등학교를 다녔고 와세다대학을 중퇴하고 학병에 나갔다가 광복 1년 뒤에 돌아왔다. 『토지』에서 서희의 아들 윤국이도 학병에 끌려갔다.

"학병 나간 자는 지리산을 생각하며 울었대."

O가 별 근거도 없이 말했다. 물론 학병 간 자들이 고향을 그리워했을 것이고 돌아와서는 괜히 갔다고 후회했을 것이다. L과 O는 언제나 서로 견제하거나 깐죽거렸는데, 이따금 정답 비슷한 걸 말하기도 했다.

"지킬 게 많으면 도망칠 수 없어."

학병을 거부하고 지리산에 숨어 산 청년들도 있었고, 그들을

이병주문학관

도운 사람도 있었다. 태평양전쟁의 소용돌이에서 혼자 나무그늘에서 쉴 수 없어 학병에 지원한 이병주로서는 억울했을 것이다. 그래도 이병주는 정직한 사람이라, 억지로 징집되어 학병 나갔다가 도망치지 못했다는 식으로 변명하지는 않았다. 그는 「8월의 사상」이라는 시에서 "너는 도대체 뭐냐/ 용병을 지원한 사나이/ 제값도 모르고 스스로를 팔아버린/ 노예"라고 자기 자신을 자책한다. 그의 대표작인 『관부연락선』은 학병을 다녀온 유태림의 이야기이고, 『지리산』은 학병을 거부한 하준수(소설에서 '하준규')의 이야기다. 그것은 지적으로 최고 수준의 젊은이들이 학병으로 인해 어떤 고통을 겪었는지 잘 보여준다. 적어도 이병주는 '용병의 부끄러움'을 알고 자신을 '노예'라고 말한 점에서 정직한 사람이다.

"그래서 거기에 빨치산의 이상을 담았나?"

"이병주는 실록 작가라서 실존 인물 하준수의 「학병 거부자의 수기」와 이태의 『남부군』에 기초해 『지리산』을 썼지. 물론 빨치산 회의주의자가 소설에 등장하지만."

소설로 지리산을 부각시킨 작가로 이병주, 박경리, 조정래를 들 수 있다. 그들은 자기 방식대로 이념적 유토피아를 지리산에 담았다. 『지리산』은 학병 거부자의 낭만, 『토지』에서는 동학 이념의 질긴 뿌리, 『태백산맥』에서는 공산주의 이념을 실천하는 숭고한 인물을 그려냈다. 그리고 그것들은 우리나라를 대표하는 소설이 되었다.

"유신 시대에 빨치산 이야기를 쓴 것만도 용기라면 용기지."

"그렇지. 나도 1970년대에 『지리산』을 읽고 빨치산을 처음으로 알았어. 고등학생 시절, 최인훈의 『광장』을 읽는 것만으로도 왜 이 작가가 이리 북한을 좋게 말하지, 라고 생각했을 정도니까. 유신 시절에 빨치산을 주인공으로 삼은 소설이 나온 것만으로도 충격이었지. 아무리 『지리산』의 빨치산 주인공 박태영이 회의주의자였다고 해도 말이야."

"지리산의 실상을 밝힌 것만으로도."

아직도 지리산의 실상이 제대로 드러난 것은 아니다. 그래도 그때부터 누구나 지리산에 오르는 것을 소망했다. 이병주는 빨치산이라는 누명을 쓰고 죽은 주민들을 애도했고, 제주나 여주 순천에서 죽은 무고한 희생자 가족들도 명예회복을 시켜달라고 요청했다. "해방 직후부터 1955년까지 꽉 차게 10년 동안 지리산은 민족의 고민을 집중적으로 고민한 무대다. 많은 청년이 공비를 토벌한다면서 죽었고, 역시 많은 청년이 공비라는 누명을 쓰고 죽었다. 그들의 죽음이 의미하는 것이 무엇일까. 두고두고 민족사의 대과제가 될 것이다."(『지리산』 7권, 377~378쪽) 그리고 그것은 나에게도 '대과제'가 되었다. 그래선지 김지하의 "눈 쌓인 산을 보면/ 피가 끓는다"(「지리산」)는 구절이나 송수권이 "저녀르 골짜기만 들여다보면/ 피가 끓는다"(「피아골」)라는 대목을 보면 내 피도 덩달아 끓어올랐다.

"그렇다고 이병주를 하동의 대표자라고 말할 수는 없잖아?"

O가 불만을 표시했다.

"난 차라리, 쌍계사 벚꽃길과 조영남의 「화개장터」가 좋아."

L은 언제나 대중 친화적이다.

"그 노래가 영남과 호남 사람들을 화해시켰나? 음식 솜씨 좋은 구례 사람이 화개장터에서 쫓겨났다는 소문도 있던걸."

O가 발끈한다. 영호남에는 아직 치유되지 않은 것이 많았다.

"『토지』를 읽자고. 그러면 빨치산 이전의 지리산을 알게 돼."

"『토지』라고? 그 지독한 최참판댁 마님들의 이야기를!"

두 사람이 동시에 묻는다. 반박이라기보다 궁금증이 더 묻은 표정이다. 이때부터 『토지』는 우리의 주제가 되었다. 박경리는 암 진단을 받고서도 『토지』를 썼다. 작가가 목숨 걸고 『토지』를 쓴 것이다. 평사리와 만주에서의 생활. 『토지』는 25년간 '죽음의 공포'를 이겨내며 나라를 빼앗긴 48년간의 세월을 기록해냈다.

2. 청학동과 평사리

하동은 위로는 지리산, 아래로는 남해바다가 있고, 옆구리를 끼고 섬진강과 덕천강이 흐른다. 그중에서도 악양면은 지리산의 삼신산에서 치달은 형제봉과 읍내를 향해 뻗은 칠성봉과 구재봉이 항아리 모양으로 들판을 감싸고 있다. 지리산 자락에서 흘러내린 악양천이 서쪽 섬진강으로 흘러드는데, 그 들판의 넉넉함에서 최참판댁이 부자라는 것을 알 것 같았다.

하동에서 관광객들이 가장 많이 찾는 곳은 삼성궁과 청학동이다. 괴기스럽게 생긴 삼성궁 옆에 청학동이라는 이름이 붙은 도인촌이 있는데, 그곳이 최치원이 찾은 청학동과는 무관하지만 하동의 대표성을 갖는다. 어쨌거나 어딘가에 청학동은 있으니까 사람들은 그곳을 찾는다. 불일폭포 부근이든, 십승지 자리건, 지리산을 누빈 사람이라면 누구나 청학동을 찾는다. 그러니 지역 활성화를 위해 청학동이라는 이름을 붙인 마을을 만들고 거기에 도인들을 살게 하고, 정말로 그 옆에는 무협영화라도 찍을 것처럼 신기하게 생긴 삼성궁을 만들었다. 하동군의 성의도 높이 사고 싶다. 하지만 화전민의 후예일지 모를 몇 명 남은 청학동 주민을 최치원의 모델로 만들었지만 청학동의 푸른 학은 끝내 나타나지 않았다. 최치원은 어디서 '청학동'을 찾았을까?

스님아, 산 좋다고 말씀 마오.

청학동

삼성궁

산이 좋다면서, 왜 다시 산에서 나오시오?
시험 삼아 훗날 내 종적을 살펴보시구려.
청산에 한번 들면 다시는 나오지 않으리다.

이 입산시入山詩를 보면 최치원이 청학동을 찾았다고 자랑하는데 너무 추상적이다. '청산'이 지리산 전체든 어느 한 곳이든, 후세 사람들은 그 청학동을 찾기 위해 소동을 벌였다. 산은 그대로인데 청학동은 자꾸 바뀐다. 지리산에서 화개동천花開洞天이라는

'신선이 사는 항아리 속 별천지'를 찾아야 했는데, 겨울에도 칡꽃이 피는 곳은 발견되지 않았다.

> 우리나라 화개동은
> 항아리 속의 별천지라네
> 신선이 옥침을 밀치니
> 훌쩍 천년이 되었네

그 속에 들어가 잠시 졸다가 깨어나니 훌쩍 천년이 지났다. 최치원의 「화개동 둔세시遁世詩」에서 '항아리 속 별천지'가 바로 청학동일 것이다. 그런데 유몽인도 「의신암」이라는 시에서 "내가 만약 방장산에 오지 않았더라면/ 평생 술 단지 속의 초파리 신세였으리"라고 노래하며 자신이 청학동을 찾은 것을 넌지시 발언한다. '초파리 신세'는 술꾼인 자신을 지칭하는 말일 텐데 일상에서 술 취해 누리던 가짜 행복이 아닌, 방장산(지리산)에서 진짜 행복을 누렸다는 것이다. 유학자인 김종직, 정여창, 김일손, 조식, 기대승 등도 사실은 지리산에서 청학동을 찾아보고 싶었을 것이다. 청학동은 우리 모두의 꿈이었으니까. 하동호에서 삼화실로 걷는 내내 그런 생각을 했다.

"최치원은 경주에서 지리산까지 걸어갔을까, 배 타고 갔을까?"

갑자기 L이 침묵을 깬다. 역시 엉뚱한 사람이다.

"최제우는 배 타고 왔다만."

K가 말한다. 최제우는 배를 타고 여수 쪽으로 들어와 구례를 거쳐 남원 교룡산성에 들어갔다. 최치원은 태산군(정읍) 태수를 할 때 말을 타거나 걸어서 갔겠지만, 배 타고 구례 거쳐 옥정호 쪽으로 넘어갔을 가능성도 없지 않다. 영남의 유학자들이 장성의 기정진에게 배우러 갈 때 배 타고 섬진강을 거슬러 올라갔다. 그러니 최치원이 배 타고 섬진강 유람을 했을 가능성은 얼마든지 많다. 그는 오다가다 만난 지리산에서 국운이 다해가는 신라를 통탄했을 것이다.

"최치원이 청학동에 집을 지었을까?"

"신선은 바위틈 비트에 전세를 얻는대."

모두 웃는다. 신선이 '빨치산'일 수 없지만 어쩐지 최치원이 신선이라면 비트에서 살았고, 사람이라면 쌍계사 같은 절에서 머물렀을 것 같았다. 지리산에는 연곡사, 화엄사, 천은사, 내원사, 실상사, 칠불암 등 절도 많았다. 그곳이 모두 최치원의 숙소였을 것이다. 정여창, 조식, 황현과 같은 유학자들은 아예 지리산 자락에 집을 짓고 살았다. 정여창은 함양의 개평마을에서 살았고, 조식은 산청에서 산천재를 짓고 날갯짓하는 천왕봉을 바라보았고, 황현은 광양에서 올라와 섬진강을 건너 구례 방광마을에 집을 지었다. 방광저수지에 비친 노고단 산줄기는 항상 푸른 기운이 서렸다.

"빨치산이 신선이었지, 먹지 않아도 살아남는."

화사별서

"그래도 전세살이가 힘들었을 거야."
"『토지』는 살림집을 차렸지."

박경리는 산기슭에서 내려와 악양 벌판이 훤히 보이는 곳에 『토지』의 중심 배경을 잡았다. 조선 말기 실학자 이규경은 「청학동 변증설」에서 기후가 따뜻한 지리산 남쪽을 가리키며 "화개동과 악양동이 산수가 아름답고 먹을 것이 넉넉해 그 근처에 만수동萬壽洞과 청학동이 있다"고 말했다. 그곳이 바로 평사리 최참판댁이고, 화사별서가 있는 곳이다.

박경리는 통영에서 태어나 진주에서 학교를 다녔고 서울 정릉에서도 살았지만, 많은 세월 원주에서 집필했다. 그리고 통영에 묻혔다. 하지만 그렇다 해도 박경리를 이해하려면 평사리를 찾아야 한다. 그는 스무 권이 넘는 『토지』를 썼는데, 사실 그게 박경리를 만들었다. 평사리와 지리산을 알지 못하고선 박경리의 소설에 대해 말할 수 없다.

『토지』는 대하소설일 뿐 아니라 우리의 근대사였다. 그것은 시대적 엄밀성을 추구했고 문학적 상상력으로 이 땅의 사람들을 되살려냈다. 망국의 시대에도 사람다운 사람이 살았고, 산에 버려져 절에서 키운 길상은 미래의 우리 모습으로 성장했다. 『토지』는 지리산의 핵심을 포착하고 만든 최고의 작품이 되었다.

"더 중요한 것은 동학이야."

"박경리가 지리산을 동학의 성지로 만들었지."

평사리가 영호남의 경계지대에 놓인 것은 우연이 아니다. 박경리는 지리산을 통해 호남의 전복적 힘이 평사리를 타격하게 만들었다.

"박경리도 청학동을 찾은 거야?"

진주에서 학교를 다닌 박경리도 지척에 있는 지리산을 무의식적으로 받아들였다. 진주의 수곡면은 지리산과 맞닿아 있어서 지리산은 먼 곳이 아니라 지척이었다. 1862년에 일어난 진주민란은 단성민란이나 마찬가지로 지리산 민란이었다. 수곡면은 하동의 옥종면과 산청의 시천면, 단성면과 접경이었다. 다시 말해 그곳들은 모두 지리산 권역이다.

"『토지』속에 그게 들었어?"

지리산이 박경리의 이상향이냐는 질문이다.

"너무 박경리를 신격화시키지 마. 한데 어느 수준의 작가야?"

L이 나에게 물었다. 그러나 오락가락했다. 나는 단정지을 필요를 느꼈다.

"현대소설로 치면 다섯 손가락 안에 들지. 박경리, 최인훈, 이청준, 황석영, 조정래. 취향에 따라 앞뒤가 바뀔 수 있겠지만 작품만으로 볼 때 『토지』를 맨 앞에 두어도 손색이 없어."

나도 조금 흥분했다. 그런데 언제부터 『토지』에 대해 이토록 광적인 팬이었나? 하동길을 걷게 된 탓이다. 『토지』에는 동학혁명에서 광복까지의 우리 역사가 담겨 있다. 역사서보다 더한 우리의 근대사를 총체적으로 보여준다. 거기에 담긴 민초들의 이야기는, 그때에도 사람이 살았고, 그것도 힘차게 살았고, 그랬기에 광복을 맞이했다는 결론으로 나아간다. 한편 우리가 유신정권과 군사정권을 견뎌낸 것도 그 때문이다. 『토지』를 읽으면 한반도의 구성원들이 참 열심히 살았구나 하는 생각이 들고 그들의 노고를 위로하고 싶어진다.

사실상 1950년대까지 현대소설은 식민지와 전쟁의 참화 속에서 길을 잃었다. 20세기 초창기의 현대문학의 모습은 황량했다. 1940년대까지는 한글을 못 쓰게 하니 작가들이 소설을 쓰지 못했고, 광복 후에는 이념적 공격이 무서워 글을 쓸 수 없었다. 글은 기록으로 남는 것이라서 걸려들면 빼도 박도 못했다. 그래서 정말로 온건한 대중작가들이 검열에 걸려 고초를 겪는 경우도 많았다.

초창기로 돌아가 다시 말해보자면 이광수는 계몽을 도시에서 시골로 틀어 빛이 바랬고, 이상과 조명희는 제 갈 길을 찾았으나 너무 일찍 죽어 성숙에 이르지는 못했다. 이태준과 박태원은 이념적 혼란에 빠져 자기 역량을 발휘하지 못했다. 그러니 질질 짜거나 혼란에 빠진 소시민상이 부각된 소설들만 교과서에 실렸다. 이범선의 「오발탄」이나 김승옥의 「무진기행」은 최고였지만 서사적 힘이 부족한 단편소설에 불과했다. 그런데 4·19혁명이 일어난 짧은 기간에 최인훈의 『광장』이 나왔다. 그것은 남북한의 이념을 제대로 다룬 기념비적 작품이었다. 하지만 혁명 후 1년 만에 5·16 쿠데타가 일어나자 『광장』에서 중국해 바다에 빠진 이명준이 다시 살아나오지 못했다. 그 뒤로 어떤 작가도 남북한을 균형 있게 다루는 소설을 쓰지 못했다. 그런 형국에서 『토지』는 대작으로 솟아났다.

평사리 최참판댁을 찾아간다. 양반가는 들판을 장악했고 반역의 세력은 산을 장악했다. 산을 장악한 세력은 새로운 세상을 꿈꾸고 들판을 장악한 세력은 500년을 유지해온 질서를 지키고자 했다. 드라마촬영지 최참판댁에 들어서서 산을 돌아보고 앞에 펼쳐진 들판을 굽어보자 저절로 알 것 같았다. 그런데 박경리는 세력 간의 대립만 다룬 것이 아니라 그들이 협력해 이룩한 것들에 대해 이야기했다.

동학농민군은 일본군에게 패배했지만, 동학은 갑오년에 씨가

섬진강

악양들판

마른 것이 아니라 전봉준과 김개남 등 동학장수가 죽은 뒤에도 최시형은 강원도 산간지대를 숨어다니며 포교했고, 동학의 원리를 더 정교하게 다듬었다. 최제우가 신분차별을 극복하는 혁명성을 강조했다면 최시형은 '사인여천事人如天'을 내걸며 평등한 세상을 만들자고 말했다. 시천주 주체성은 향아설위向我設位에 이르러 나를 향해 제사를 지내라고 말할 정도로 자기 긍지를 강조했는데, 그것이야말로 주체를 가지고 살라는 주문이었다. 1898년 최시형이 잡혀가 처형당했어도 동학은 천도교, 증산교, 보천교 등으로 변주되고, 원동학의 정신은 민중들의 가슴에서 풀뿌리처럼 자라났다.

『토지』는 지리산과 동학을 일치시키며 동학이 우리 민족에게 미친 힘을 느끼게 한다. 지리산을 통해 호남의 기운이 영남의 대갓집에 스며든다는 구도로. 그렇게 해서 평사리는 한반도를 대표하는 상징적 지역이 되고 그 속에서 뛰어놀던 서희와 길상은 우리 민족을 대표하는 두 사람이 된다. 서희라는 양반과 길상이라는 천민. 그들은 얼마나 오랜 세월 믿고 의지하고 사랑했던가. 영호남의 경계에서 섬진강이 밀어주고 지리산이 받쳐주었으니 그들의 해피엔딩과 광복은 당연한 일이다.

3. 하동의 속살, 역사

"지리산은 사람들의 한과 슬픔을 함께 해왔고, 핍박받고 배고프고 쫓기는 사람들, 각기 사연을 안고 숨어든 생명들을 넓은 품으로 감싸 안았다."

박경리는 『토지』를 쓴 연유를 밝히는 자리에서 지리산을 생명의 산, 어머니의 산이라고 말했다. 지리산이 헐벗고 쫓기는 사람들을 받아들였고, 그 속에서 살아남은 사람들이 아우성쳤다는 것이다. 박경리는 작품을 쓰기 시작하자 "세월이 아우성치며 달거들고, 둑이 터져서 온갖 일들이 쏟아져내리는 것 같았다"고 말한다. 정확히 말하면 『토지』의 배경을 지리산과 평사리로 잡고 사람들에게 생명을 부여하자, 그때부터 이야기가 '둑이 터지듯'

장승   벽송사 목장승

쏟아져 나왔다는 것이다.

　『토지』는 대갓집의 이야기가 아니라 민중의 이야기다. 존티재를 넘는 길목에서 익살스러운 장승을 만난다. 존티재는 온통 소나무 숲길이다. 김지하는 장승을 보며 "눈도 입도 귀도 막혔네 장승이여 어허/ 가득 찬 이 설움 어찌할거나"(「푸른 하늘 흰구름을」)라고 노래했었다. 그것은 실상사의 돌장승이나 벽송사의 목장승에서도 느끼던 마음이다. 장승은 바로 민중 자신의 모습인 것이다. 그래선지 둘레길을 걷다가 장승을 만나면 더 반갑고, 어리석어 보이는 장승이 더 친숙하게 여겨진다. 그 장승이 바로 우리의 농민의 모습이 아닐까.

　『토지』에는 동학을, 동학의 정신을, 동학을 실천하는 사람들의 모습이 담겼다. 그들은 유학자나 친일파가 아니라 대지 위에 생생하게 살아 숨 쉬는 민중이다. 그리고 동학이 그들을 어떻게 변화시켰는지 보여준다. 『토지』를 읽고 장승을 바라볼 때 갑오년의 혁명을 이룬 농민의 모습, 전주성을 함락하고 집강소의 시대를 여는 농민의 모습, 죽창 들고 일본군이 지키는 우금티고개를 치고 올라가는 농민의 모습이 보인다. 농민들의 노랫가락, 주문, 꽹과리 소리가 들린다. 지리산에서 그런 소리가 밀려오는 것 같았다. 갑오년에 영남 사람들은 그것을 느꼈다.

지리산 자락을 따라 올라가면 연곡사, 천은사, 화엄사, 실상사가 있다. 호남의 소식을 스님들이 전하고, 산기슭 뻐꾸기도 한몫 한다. 남쪽 소식을 매화와 산수유 꽃길 따라 올려보내면, 사물놀이와 판소리로 그걸 맞이하는 곳. 임진년에 왜놈 격파 소식에 열광하던 사람들은 지리산에서 하나가 되었다. 남원에서 동학사상을 집필한 최제우와 급진적인 혁명가 김개남의 소식이 지리산을 가득 채웠다. 화엄사의 스님은 천은사로 알렸고 또 그 소식을 뻐꾸기소리 따라 연곡사로 전했다.

1862년 최제우가 남원을 찾은 것은 경주 유학자들의 완고함에서 벗어나기 위해서였다. 그는 판소리로 들으며 경전을 쓰다가 대중에게 더 쉽게 다가갈 방법을 찾았다. 그것은 한글로 노래하는 것이었다. 때마침 진주민란의 주모자 유계춘이 민요를 활용해 사람들을 모았고, 언방諺榜(한글로 된 방문)으로 사람들의 피를 끓게 했다. 진주민란을 뒤따라 호남지역 서른여덟 곳에서 탐관을 몰아냈고, 그 불꽃은 계속 번져 총 70여 곳에서 민란이 터졌다. 하지만 민란의 주모자들은 그 뒤의 대책을 내세우지 못해 민중의 마음을 지속시키지 못했고 처형되었다.

최제우는 「안심가」에서 "개 같은 왜놈들을 한울님으로부터 조화를 받아서 하룻밤 사이에 멸망시키"자고 외쳤고, 「권학가」에서 "사지에 빠져 허우적대는 백성이여, 장차 보국안민 어찌할 것인가?"라고 한탄했고, 「검가」에서 "용천검 날랜 칼은 일월을 희롱하고/ 게으른 무수장삼 우주에 덮여 있네/ 만고명장 어디 있나"(「검가」) 노래하며 숨어 있는 '만고명장'이 나와 혁명을 이끌라고 부추겼다. 그것들은 한글로 노래했기에 더 힘을 받았다. 김개남은 최제우가 머문 교룡산성을 혁명의 교두보로 삼았다.

동학장수들은 준비된 혁명가였다. 전봉준, 손화중, 김개남과 같은 향반이나 잔반은 처지를 한탄하기보다 향회에서 두각을 나타내며 사람들을 모아 책을 읽고 토론하며 혁명을 준비했다. 정약용의 『경세유표』를 읽으며 시스템 개선 방법을 찾았고, 배보다 배꼽이 큰 환곡의 문제를 해결하고자 했다. 향회에서 사족士族들이 자리를 비우면 새로 발탁된 영좌가 앞에 나서 수령들에게 건의할 소장을 썼다. 두레에서 보여준 자치의 능력이 리회, 읍회, 민회로 발전해 나가면서 향반이나 잔반은 비판적 지식인으로 성장했다. 전봉준, 김개남, 손화중, 김덕명 등은 병서를 읽고 혁명 후의 전략과 행동강령까지 짰다. 전봉준은 패서, 격서, 방문 같은 것을 써보며 자신의 논리를 체계화했다. 그러면서 혁명의 규칙을 마련했고, 탐관을 징치하고 아전들에게 분풀이하는 것을 넘어서 세상을 바로잡고자 했다. 사람들은 한글로 된 『홍길동전』을 읽었고, 판소리에서 탐관을 징치[「춘향가」]하고, 왕을 조롱[「수궁가」]하며, 대박의 꿈이 실현[「흥보가」]되는 장면에서 열광하며 새로운 세상에 대한 꿈을 키웠다.

전봉준은 혁명의 정신을 최제우의 『동경대전』에서 가져왔다. 광화문 복합상소 이후로 스타가 된 전봉준은 최제우를 신원하고 동학을 인정받기 위해 만방으로 뛰었고, 민심을 활용하는 방법을 터득했다. 그는 외국인의 공관에 대자보를 붙이거나 괘서나 격서를 써서 세상의 잘못을 지적했다. 게다가 그 요구가 준엄해서 사람들은 그의 대책을 믿고 그를 신뢰했다. 그는 병서를 읽고 전술을 배웠다. 이기는 방법은 민심을 얻는 것이고 그것을 지속시켜야 미래가 있다는 것을 알았다. 호남좌도의 김개남과 김인배는 과격한 혁명세력이 되었고, 호남우도의 김덕명과 손화중은 온건한 덕장이 되었다. 그들은 서로 갈라졌다가도 때로는 합하면서 혁명의 성공을 도모했다. 김개남은 '천민부대'를 만들고, 손화중은 '재인부대'를 만들었다. 천민부대는 양반들을 모욕했고, 재인부대는 흥을 불러일으켰다. 농민들은 꿈꾸는 세상이 바로 실현될 것만 같았다.

존티재를 넘자 비닐하우스 마을이 나타난다. 그 속에는 부추와 취나물이 자라고 있었다. 남원에서는 고사리밭이 많았었다. 그 길을 따라 계속해서 들어가자 대숲이 나타난다. 하동에는 유난히 대숲이 많다. 그 속에 들어가면 대숲 바람소리를 듣게 된다. 그게 마치 동학농민군의 주문소리처럼 들려 섬뜩해진다. 대창 하나씩 꺾어 들고 일본군을 향해 진격하던 농민, 정말 그들은 그것을 무기라고 믿고 일본군의 소총과 대적했을까. 그것은 싸움이라기보다 일방적인 학살극이었다. 그래도 농민군은 좋은 세상을 만들겠다는 일념을 포기하지 않았다.

"김개남 죽창부대 500명이/ 달궁을 넘어 쫓기다가/ 마지막 묻힌 하동 솔밭/ 시천주 조화정 궁궁을을 궁궁을을……/ 토막난 주문이 귀울음으로/ 파고드는 땅"(송수권, 「달궁아리랑 18」) 그게 하필 '하동 솔밭'이었을까. 섬진강 백사장에서 지리산을 바라보며 생각한다.

'진주민란 기념비'(진주농민항쟁 기념탑)를 찾아본다. 진주시 수곡면 창촌리에서 덕천강만 건너면 바로 하동이다. 기념비는 하늘을 찌를 듯이 세워져 지리산을 흉내낸다. 그때 여기서 울렸던 함성을 하동사람들도 들었을 테고, 탐관을 징치하고, 환곡의 문제를 해결했다는 소식에 덩달아 들떴을 것이다. 유계춘의 무리는 '초군樵軍'이라는 깃발을 들고 활약했다. 기념비 아래 벽돌에 새겨진 '유계춘'이라는 이름을 쓰다듬어본다. 그때 살아남은 자들은 다시 지리산의 나무꾼으로 돌아갔을 것이다.

하동 고성산 동학농민혁명위령탑

 동학혁명이 일어난 해 하동에서도 7월에 농민들이 봉기했다. 7월 7일 광양 접주의 도움을 받아 '영남의소嶺南義所'를 만들었으나 민보군의 공격으로 해산했다. 영남에서는 양반들 주축으로 만든 민보군이 사나웠다. 지킬 것이 많은 사람들이다. 하동의 동학은 보은의 집회에 50여 명씩을 보낼 정도로 교세가 적지 않았다. 하지만 양반들이 필사적으로 지키는 고을은 견고했다. 8월에 김인배가 남원대회를 마치고 순천으로 내려와 영호도회소를 차리자 하동 지역 주민들은 신바람이 났다. 김인배는 8월 28일에 광양에 동원령을 내렸다. 그리고 농민군 5000여 명과 함께 9월

1일 하동의 화심리, 두곡리 일대로 몰려들었고, 9월 3일에는 하동부를 점령하고 도소를 다시 설치했다. 그리고는 진주로 몰려갔다. 그들이 진주까지 장악하자 그 주변인 남해와 사천, 통영까지 들썩거렸다.

하동의 동학농민군은 1894년 10월 14일 금오산에서 일본군과 전투를 벌여 동학군이 7명 전사하고 27명이 생포되었다. 금오산 전투에서 패한 농민군은 단성으로 도망쳤다가, 북평 들판과 고성산에서 일본군과 다시 맞붙었다. 일본군은 산의 외곽에 불을 지르는 화공작전으로 마치 오소리 사냥을 하듯 동학농민군을 학살했다. 동학군은 무기의 열세로 도망갈 수밖에 없었다. 그때 얼마나 많은 사람이 죽었으면 혼령들이 고시랑거린다고 고성산을 '고시랑산'이라고 불렀을까. 그리고 농민군들은 섬진강 송림 백사장에 끌려가 죽었다. 1995년 3월 21일 천도교 중앙본부에서 고성산성 일대 500평을 매입하여 하동 고성산에 동학혁명군 위령탑을 건립하고, 매년 11월 11일 11시에 위령식을 거행한다. 고성산 전투는 동학농민전쟁 제2차 봉기 가운데 경남지역 최대의 격전지였다.

유계춘이나 동학농민군, 그리고 의병 박매지가 지리산 자락에 피를 뿌렸다. 산 사람들은 지리산 속에서 살 길을 찾았다. 그런 가운데 다시 동학의 불길이 지리산에서 치솟았다. 이번에는 박경리의 『토지』를 통해서였다.

4. 지리산과 동학, 『토지』의 길

길상은 지리산에 버려졌다. 아니 지리산이 그를 주워 길렀고 최참판댁에 머슴으로 보냈다. 산이 깊고 말이 없었지만 그를 기른 게 지리산이라는 것을 누구나 다 알았다. 지리산에 들어가면 살 길이 열렸다. 동학의 시대가 열렸고, 훗날 빨치산의 시대가 열렸다. 그리고 동학이건 빨치산이건 골짜기를 누빈 사람들이 소식을 전했다. 호남의 소식이 금세 영남으로 전해졌다.

동학혁명이 일어났다. 영남 사람들은 지리산에서 마치 해일이 밀려오는 것 같았다고 말했다. 30여 년 전 진주민란 때 탐관을 징치하고서도 그 뒤를 받쳐주지 못해 애꿎은 사람들만 죽었는데, 갑오년의 동학군은 호남 전체를 휩쓸고, 호서와 기호, 영동·영서 지역, 심지어 황해도에도 영향력을 미쳤다.

영남은 양반들의 영향력으로 민중 봉기가 어려웠다. 그렇다 해도 민중의 열망은 컸다. 그러니 김개남(『토지』의 김개주)을 열렬히 환영했다. 그런 자가 내려와 영남을 다 쓸어버리면 좋겠다고 생각했다. 동학의 피를 수혈받아 새로운 세상을 만들고 싶었던 것이다. 실제로 산청군 시천면 내대리, 지리산 한복판에서 동학농민군이 최초로 결성되었고 거기에 기념탑이 세워졌다. 『토지』에서도 평사리의 동학교도가 현재의 청학동 부근인 내대리로 들어가다 거기에 '영남지역 동학농민운동 발상지'라는 기념탑이 서 있는데, 실제로 영남 사람들은 그것과 상관없이 지리산 전체를 동학의 발상지로 받아들였다.

영남은 임진왜란 때 '향보鄕保'라는 의병의 특성을 지녔다. 그것은 지역에서 세력을 떨치는 가문들이 자기 집안과 고장을 지키는 방식이었다. 그러니 호남에서처럼 두레나 향회가 왕성하지 못했다. 상대적으로 전답이 적어 그것을 소작 관리할 사람들이 적었고 두레를 만들어 협력할 만큼 규모가 크지 않았다. 장두를 뽑거나 일거리를 나누고 또 배분하지 않아도 일이 그렇게 어렵지도 않았다. 그러니 최제우와 같이 가문에서 밀려난 비판적 지식인이 자기 생각을 펼치고 토론하기가 어려웠다. 양반들이 경계했고 여차하면 불순분자라며 끌고 가 족쳤다. 그러니 동학의 불길이 산청에서 하동과 진주로 퍼졌으나 통영, 거제, 부산 등으로 번져나가지 못했다.

『토지』에서 공노인은 김개주를 높이 평가한다. "김개주는 영웅이다. 상민의 영웅이다. 조선 오백 년을 들어엎으려던 그를 사람들은 살인귀라 했다. 압제자의 목을 추풍낙엽같이 날려버린 살인자, 살인귀건 흡혈귀건 아무래도 좋았다. 뭣이건 그는 핍박받아온 백성 가슴에 등불로 살아 있다."(8권 61쪽) 김개주는 위험스러운 인물이었지만 박해받은 사람들을 열광시켰다. 동학을 언뜻 구경만 한 하동 사람들에게는 더욱 신비스럽게 여겨졌다. 김개주의 수하에 지리산의 포수와 백정 등 8000여 명이 모여 천민 부대를 이루었는데 적잖은 사람이 하동의 포수였다. 목수인 윤보와 송관수의 아버지가 동학에 참여했다. 그런데 『토지』의 대갓집 마님이 김개주에게 당하고, 능욕의 형태로 동학의 씨앗을 잉태한다.

『토지』에서는 유교적 가부장제와 근대적 개인의식이 힘겨루기를 한다. 대갓집 여인들은 강하다. 최참판댁의 안방마님들이 다른 씨를 품고 사랑의 도피를 하고 천민과 결혼하는데 그것은 영남의 유교적 완고함에 대한 정면도전이다. 『토지』의 여인들은 영남에서 가문을 지키되 가부장제를 조롱한다. 겁간당한 윤씨 부인, 달아난 별당아씨, 천민과 결혼한 서희의 3대는 형식적으로 가문을 지켜냈으나 가부장제가 얼마나 부질없는 것인지를 보여준다. 사건은 윤씨 부인이 영남의 경계를 넘어 구례의 연곡사를 찾아간 것으로부터 시작된다. 그것은 영남의 형식주의자들이 호남의 반역적 힘과 만나는 장면에 대한 은유다. 김개주는 동학의 장수들 중에서도 가장 과격한 혁명세력이었다.

연곡사는 사연 많은 곳이다. 『토지』에서는 김개주의 형인 우관이 주지로 있고, 그곳에서 김환이나 길상이 자랐다. 말하자면 『토지』에서 동학의 바람이 불어온 근원지다. 박경리는 가문 지키기로 영남의 힘을 보여주면서도 지리산에서 불어오는 동학의 바람을 살리고자 했다. 현실에서 기꺼이 호남의 사위를 맞이하고 손자들을 맞이한 작가의 삶과도 크게 다르지 않다. 그로 인해 온갖 고통을 다 겪었겠지만, 그럼에도 불구하고 동학 정신의 위대성을 밝히고 김개주아 주갑이 같은 사람 혹은 김환과 길상으로 이어지는 그 정신의 실천성을 밝힌다.

연곡사

　김개주는 지리산의 환유다. 그는 김환을 낳고 길상에게 영향을 미친다. 이때 지리산은 반역의 장소이지만 서로 다른 것을 융합시켜 새로운 생명을 만드는 곳이 된다. 최참판댁의 여성들은 지리산에서 잉태하고 지리산으로 달아나고 지리산 출신의 천민과 결혼한다. 그것은 반역의 씨앗을 받아들여 새로운 세상을 만드는 방식이다. 그로 인해 잃어버린 재산을 되찾고 새로운 시대를 연다. 원동학은 종교적 특성보다 삶의 실천을 강조한다. 그것은 기층 민중에게 희망을 주고 주체가 되게 한다. 최제우의 '다시 개벽'이든, 최시형의 '후천개벽'이든 용천검을 휘두르는 '만고명장'이 나타나길 바라는 그 정신은, 잘못된 세상을 도려내어 바로잡고자 한다. 최제우의 '시천주侍天主'가 신분이 해방된 대동사회를 요구한다면, 최시형의 '양천주養天主'는 우리 내부의 하느님을 갈고 닦아 후천개벽을 기다리자는 것이다. 그것을 알기에 농민군은 죽창 하나 들고 우금티고개로 진격했다.

구재봉에서 남쪽으로 내려온 산줄기에서 길을 잃는다. 율곡마을 위로 지리산은 삼신봉을 향해 뻗어 나갔고, 그 아래 마을에는 밤이 지천이다. 잘못 밤을 밟으면 가시에 찔린다. 밥이 들녘 사람들 주식이라면 밤은 산사람들 음식이다. 산사람들은 배가 고프면 산 아래로 내려간다. 평사리의 유교와 지리산의 동학은 충돌한다. 밥을 위한 싸움이다. 산사람은 밥을 나누자고, 함께 살자고 요청한다. 들녘 사람은 그것을 거부한다. 구세력은 신세력을 막고 자신의 세계가 무너지는 것을 막기 위해 민보군을 만들고 심지어 일본군과 협력한다. 신세력은 군자가 사라진 세상에 죽창을 겨눈다.

조선은 19세기 들어 사회구조를 지탱하기 어려웠다. 세도세력의 안이함과 탐욕이 개혁의 시간을 놓치고 백성의 삶은 갈수록 피폐해졌다. 탐관들에게 시달려 집을 떠나는 사람도 많았다. 19세기 초에 쓴 정약용의 「애절량」에서 보여주듯, 농민들은 군포의 피해로 견딜 수가 없어 자신의 양물을 자를 지경이 된다. 환곡의 피해는 더욱 심해 쪽정이 빌려주고 양곡 다 빼앗아 가는 방식으로 농민들은 추수를 해도 쌀 한 톨 건지기가 어려웠다. 노비에서 면천되었다고 하더라도 탐관과 아전의 수탈이 심해 극한적 상황에 몰렸다. 노비보다 열악한 소작농이 동학의 깃발만 보아도 뒤를 따랐다. 그곳에 가면 밥 주고 사람대접을 해주었다. 그러니 우금티고개에 죽창 하나 들고 올라가는 일이 무서웠겠는가.

 양반은 노비나 면천한 소작농들을 같은 종족으로 받아들이지 않았다. 토마 피케티의 『자본과 이데올로기』에서 인도의 사례를 찾아보면, 영국은 식민지 인도의 카스트제도를 이용해 브라만 계급에만 특혜를 주는 방식으로, 10퍼센트의 브라만 계급이 나머지 90퍼센트 계급의 사람들을 다스리게 만들었다. 현재 인도 카스트의 문제는 식민지 초기 영국인이 만든 것이다. 영국이 인도를 침략했을 때 무굴 제국(무슬림)이 인도를 지배했기 때문에 브라만 계급은 특별한 계층도 아니었다. 그런데 그들에게 힘을 실어주자 통치가 용이해졌다. 일본도 그것을 몰랐을 리 없다. 일본은 양반을 친일파로 만들어 작위를 주며 통치를 용이하게 하려고 했으나 오히려 민중은 작위를 받은 자들을 공적으로 삼았다. 결국 일본은 계급으로 장난을 치지 못했다. 그 전에 동학혁명이 있었기 때문이다. 우리의 민중은 스스로 신분해방을 이루었지 누군가 해준 게 아니다. 동학혁명은 기층세력의 주체 선언일 뿐만 아니라 민중이 일본군의 총칼에 맞서면서 자주적으로 나라를 뜯어고치고자[輔國] 나선 사건이다. 그랬으니 일본군은 식민지 지배를 위해 어떤 명분도 없이 동학농민군을 척살했다.

조선은 국고가 텅텅 비었다. 외부는 이미 대항해와 산업혁명의 시대였건만 조선은 국가의 생산성과 부를 늘리지 못했다. 생산성을 극대화시킬 기술자와 그것을 유통시킬 자본가가 활약하는 시대가 와야 했건만, 조정은 농민들만 착취하다가 세계사의 흐름에서 뒤처졌다. 혁명만이 그것을 다시 바꿀 수 있었다. 동학은 기층세력을 해방시킨 뒤 시스템을 개선할 수 있다고 믿었다. 다소 과격하게 제폭구민除暴救民하고 나라를 바로잡아야[輔國] 했다. 하지만 일본군의 개입으로 우리의 혁명세력이 몰살당했다. 양반이 나라가 망해 가는 데 일본을 제압할 논리를 내놓지 못했다. 위정척사파 유학자 이항로나 기정진의 논리로는 나라를 구할 수 없었다.

나라가 망하자 양반의 신뢰는 무너지고 반상의 대립도 부질없는 일이 되었다. 뒤늦게 양반은 기층세력과 서로 하나가 되어야 한다는 사실을 자각했다. 하지만 이미 시대는 바뀌었고 양반, 중인, 천민 가릴 것 없이 돈 있고 교육받으면 고위직에 올라갔다. 일본 경찰이 된 자는 거꾸로 온갖 만행을 다 저질렀다. 그런 가운데 이번에는 동학교도가 이끌고 기독교도가 밀어주며 3·1운동을 일으켰다. 이번에는 양반들도 거기에 끼기 위해 노력했다. 『토지』에 나오는 이동진이나 김훈장, 몇몇 양반도 그 길을 찾는다. 하지만 주종의식을 버리지 못한 양반들은 민중과 섞이지 못한 채 방황하다가 외톨이가 된다. 한편 동학은 사회주의 혹은 생명주의 쪽으로 나아가기도 한다. 박경리는 최시형의 생명주의 쪽에 더 기울었다.

5. 계몽의 빛, 주체 되기

최제우는 중국에서 벌어진 태평천국의 난을 보고 그 이상으로 잘못 돌아가는 세상을 보며 정치구조를 뜯어고쳐야 한다고 생각했다. 정조시대만 해도 향회를 통해 민의를 전달하고 억울한 사람들이 격쟁(임금이 거둥할 때 꽹과리를 치며 억울함을 알림)을 하고 상언(백성이 임금에게 글을 올림)을 할 수 있었다. 그런데 그것이 사라진 세상에서 더욱 탐군이 횡포를 부렸다. 양반은 군자가 되겠다는 꿈을 포기한 채 19세기 말에는 이익을 탐하는 탐관오리가 되어갔다. 누군가는 나라의 시스템을 뜯어고치기 위해 직접 나서야 했다.

전봉준은 사형선고를 받기 직전 기포한 원인을 묻는 질문에, 의회정치와 법치국가의 필요성에 대해 말한다. "왜놈들을 몰아낸 뒤, 악한의 무리를 축출해서 임금 곁을 깨끗이 한 후 몇 사람 주춧돌이 될 선비를 내세워서 정치를 하게 하고, 우리는 곧장 농촌에 들어가 상식인 농업에 종사할 생각이었다. 하지만 국사를 들어 한 사람의 세력가에게 맡기는 것은 크게 폐해가 있는 것을 알기 때문에 몇 사람의 명사에게 협력해서 합의법에 의해서 정치를 담당하게 할 생각이었다."(『동경조일신문』, 1895. 3. 6, 『전봉준과 갑오농민전쟁』, 창작과비평사, 1993, 299쪽) 전봉준이 꿈꾼 세상은 사실상 대의제를 실현하는 연립정부였다. 그런 웅대한 계획으로 호남에서 집강소 체제를 이끌었던 것이다.

무엇보다 동학혁명은 민중이 주체가 되는 운동이다. 농민군은 반상 구별 없이 함께 나누며 살아가는 유무상자有無相資의 집강소를 실천했다. 개인이 스스로 판단하고 '너의 하느님'을 '나의 하느님'처럼 사랑할 수 있을 때 만드는 '살림의 공동체'를 이루고자 했다. 『토지』의 평사리 공동체도 차츰 계급간의 지시와 돌봄으로 이루어지는 공동체가 아니라 서로 주체적으로 소통하면서 이뤄내는 공동체가 된다.

최참판댁의 몰락은 그의 아들 최치수의 열등감과 집착으로부터 시작한다. 남성 중심의 사회에서 남성이 가부장의 역할을 하지 못할 때 그 제도는 무너진다. 최치수는 유학적 가치를 제대로 이어받지 못하고 군자의 가능성을 보여주지 못하면서 민중과 괴리된다. 최참판댁의 윤씨 부인은 남편 없이 가문을 지키는 역할을 행하는데, 최치수의 불안한 성격이 방해가 된다. 그러니 외부의 파도가 몰아닥치자 제대로 대처하지 못한다. 최참판댁의 파탄이 시작된다. 윤씨 부인과 김개주의 통정, 구천이(김환)와 별당아씨의 도주, 최치수 살해사건, 친일파 조준구의 개입 등으로 최참판댁은 속절없이 무너진다. 조선의 19세기 말의 모습이다.

조선의 전통적 가치관은 민중 속으로 깊이 뿌리내렸다. 함안댁은 남편이 처형되자 자신도 목숨을 버리고, 기성네는 남편에게 버림받고서도 시부모를 모시고, 용이는 실수로 임이네와 관계를 해 아들을 낳게 되자 사랑하는 월선을 포기한 채 평생 임이네를 수발한다. 어찌 보면 그것은 자신의 삶을 포기하면서 전통적 가치를 지켜내는 행위다. 반면에 최참판댁 여자들은 그보다 자유롭다. 부득이하게 벌어진 일들에 윤리적 가치를 부여하지 않는다. 윤씨 부인은 겁탈을 당하고 아이를 낳고서도 자신의 역할을 다하고, 서희는 만주에서 위기를 겪으면서 도움을 받았던 길상을 배우자로 택하며 주위의 시선을 아랑곳하지 않는다.

세상이 바뀌면 이전의 가치를 버려야 한다. 조선에서 식민지로 바뀐 현실은 전통적 가치가 무너진 것을 의미하며 좋든 싫든 새로운 가치를 받아들이며 살아야 한다는 것을 의미한다. 한반도와 만주는 일본의 약탈 대상이 되었을지라도 사람들은 자본주의 시장에 내던져진 채 자기 살 길을 찾아야 했고 그 속에서 근대적 이상을 실현해야 했다. 서희와 길상은 자본주의 시장에 대한 이해가 빨라 평사리 시절보다 더 큰 자본가가 되었다. 그런데 그들은 서구적인 근대성을 받아들여서가 아니라 동학의 정신을 받아들여 좋은 계몽의 결과를 보여주었다.

역사학자나 문학 연구자들은 우리의 근대 기점을 3·1운동, 갑오경장, 영·정조 시대로 다양하게 주장한다. 다 일리가 있는 논거를 댔지만, 불합리한 점을 들자면 영·정조 시대는 창덕궁에 대보단 차려놓고 명나라 황제에게 제사 지내던 시대였고, 갑오경장은 일본이 우리 조정을 약탈해놓고 조정의 힘을 빼놓기 위해 내놓은 정책이었고, 3·1운동은 주권 없는 시대에 민족이 하나 되어 나선 것은 눈물겹지만 망명 레지스탕스에 의존한 채 문학이나 역사는 심하게 굴절되었다. 동학혁명은 500년 조선의 역사를 송두리째 흔들어놓으면서 민중이 역사의 주역으로 나선 사건이다. 기층세력의 주체 선언은 집강소 시대를 실현했고 일본군과 맞서 싸우며 국가를 지켜내고자 했다. 중국의 태평천국의 난이 기독교에 의존해 신의 대리인으로 자처한 자의 탐욕을 앞세웠다면, 동학혁명은 최시형과 전봉준, 김개남, 손화중, 손병희 등 그 누구도 개인적인 영달을 생각하지 않았다. 그리고 민관협치를 실시하며 대동사회를 이루고자 했다. 그래서 태평천국의 난이 사람들의 기억에서 바로 사라졌지만, 동학혁명은 끊임없이 되살아나 식민지 시대를 관통했다.

서희와 길상은 신분상의 차이로 구시대에는 결혼을 상상도 할 수 없었다. 하지만 동학의 '시천주'를 받아들이면서 얼마든지 가능해졌다. 그것은 동학에 근대성이 담겼다는 의미이고, 계급을 무너뜨리고 화해하면 함께 살 수 있다는 의미였다. 고집스럽게 가문을 되찾겠다는 생각밖에 없었던 서희가 길상과 하나가 되겠다고 결심한 것은 새로운 시대에 새롭게 살아남기 위해서였다. 그것은 타자의 시선을 배제하고 사랑을 실천하는 행위였다. '머슴의 하느님'을 받아들인다면 못할 일은 없다. 그렇게 해서 신분차별을 해소하며 사랑을 이룬다. 서희의 행위는 놀라운 용기다. 그것이 다른 양반들에게 준 충격은 말할 수 없이 컸다. 심지어 서희를 좋아하는 한 인물은 목숨을 끊기도 한다. 하지만 서희는 애써 그것을 무시한다.

시대가 바뀌었다고 하지만 양반과 하층계급이 하나가 되지 못했다. 하지만 서희와 길상은 결혼하고 그들의 관계는 더욱 단단해진다. 서희는 가문의 명예를 지키기 위해 모든 것을 쏟았지만 한편으로는 가문의 명예를 손상시키더라도 합리적인 결혼을 선택했다. 계급이 다른 길상과의 사랑을 결혼으로 승화시킨 일은 시스템의 재정비이고 새로운 시대를 선포하는 행위였다. 그것은 민족이 형성되는 과정을 보여준다. 또한 서희라는 주체가 확고했기 때문에 가능했다. 그녀는 역으로 신분차별을 뚫고 가부장제의 이데올로기를 극복하며 자립적으로 홀로 선다. 아무리 자유를 꿈꾸고 현실을 분석하고 자신의 처지를 정확하게 진단하더라도 이전의 틀을 무너뜨려야만 결행할 수 있다.

한편 서희가 주체로 서기까지 할머니의 책임감과 어머니의 자유의지가 DNA로 전승된다. 윤씨 부인은 자신이 낳은 김환에 대해 책임진다. 또한 김환이 별당아씨와 도망가는 것을 방조하고, 심지어 김환을 위해 쌀 오백 석지기 토지를 남겨준다. 그로 인해 김환은 지리산에서 동학의 뿌리를 키우며 독립운동을 준비하게 된다. 윤씨 부인은 드러내지 못했을망정 김환을 아들로 인정했고 그에 대한 책임을 다했다. 그랬기에 김개주가 뿌려놓은 '혁명의 씨'가 김환에 의해 성장하며, 길상의 실천으로 나아갈 수 있게 되는 것이다. 그것은 윤씨 부인의 결단 없이 불가능했다.

서희와 길상의 결혼은 양반과 민중의 화해 국면으로 나아간다. 그것은 신분차별을 극복하고 새로운 질서를 만드는 행위인데, 서희는 가부장적 질서에 흠집을 내고 하층계급과의 공존 가능성을 보여준다. 그런데 길상이 오히려 그것을 받아들이기 힘들어한다. "나 오늘부터 최서희 종놈 아니기로 했소이다. 아가씨! 돈방석에 앉은 놈만 도도한 줄 아시오? 피죽 먹는 놈도 도도할 수 있단 말입니다. 신주 모시고 족보에 곰팡이 스는 양반네만 기고만장한 줄 아시오? 상놈 백정도 기고만장 못하란 법 없지요." 길상의 이런 불평은 자신이 '종놈'이더라도 주체를 지녔다는 자기 선언을 하는 것이지만 결혼으로 인한 엄청난 변화를 받아들일 수 없었던 것이다. 그것으로도 부족한지 길상이 술주정을 부린다. "내가 종놈이야! 내가 빚졌어! 내가 팔려왔어! 내 이 두 다리는 최참판네 다리가 아냐! 이 내 두 다리는 엄연하게 내 다리란 말이야! 어디든 내 맘대로 갈 수 있단 말이야! 누가 잡아! 누가 잡느냐 말이다! 최서희의 남편? 흥! 종신 종놈 삼으려고? 어림 반푼어치도 없다!"(6권 91쪽)

길상은 그러면서도 서희와의 결혼을 받아들인다. 사랑하기 때문이다. "나 술 안 취했어. 내 핏속엔 술이 아니고오, 음 그렇지 그래. 대역죄인의 피가 흐르고 있을 게야. 아니다. 아니 그보다 식칼 들고 고갯마루를 지키는 산도둑놈의 피가 흐르고 있을지도 모를 일 아니겠어?"(6권 121쪽) 길상은 자칫 이런 결혼이 비극이 될 수도 있다는 것을 알고 있다. 더욱이 자신이 김개남과 김환의 계보라면, 자신에게 흐를지 모르는 '역적의 피'를 어찌할 거냐는 고백이다. 이는 그것까지 고려하고서도 자신을 선택한 서희에 대한 고마움을 표현한 것이지만, 이 결혼의 혁명성을 드러낸다. 길상은 자기 내면에 감춰놓은 무의식까지 드러낸 것이다.

동학은 하층계급과 여성과 어린이까지도 인간이라고 선언했다. 그렇다면 당장 신분의 벽을 허물기 힘들어도 소통하고 상생할 방법을 찾아야 한다. 그런데 문제는 양반이다. 양반이 그것을 굴욕적으로 받아들일 때 그것은 불가능해진다. 평사리에 돌아와서도 서희는 기생의 딸인 양현을 양녀로 받아들이거나, 며느리로 받아들일 생각을 한다. 하지만 양현이 그것을 거부한다. 자신의 사랑을 스스로 선택하는 주체의식을 보여준다. 그것을 통해서도 『토지』에 나타난 주체의식이 세대를 통해서 발전한다는 것을 보여준다. 그렇게 해서 서희가 낳은 아들이건, 기생이 낳은 딸이건, 자기 목소리를 지니고 살아갈 수 있는 세상이 된다.

동학은 성리학 500년의 전통 속에서 솟아올라 그 전통의 원리로 봉건체제를 깨고 새로운 세상을 만들고자 한다. 그것의 계몽적 성격은 함께 사는 세상을 만들자는 것이다. 그리고 천민과 여자와 어린아이는 물론 풀 한 포기에 담긴 생명도 하느님이라고 인정한다면 세상을 '살림 공동체'로 만들 수 있다는 것이다. 그리하여 동학은 식민지 시대에도 살아났고, 3·1운동을 이끌었고, 광복 후에는 부패한 독재정권을 무너뜨렸다. 신동엽은 서사시 『금강』에서 4·19혁명으로 부활한 동학을 노래했다. 그리고 그 정신은 5·18 광주와 6·10항쟁에서도 지속되었다. 구태를 타도하고 새로운 세상을 만들려는 노력은 근대 기점으로 손색이 없고 세계사적으로 아주 드문 혁명이다.

박경리가 민중에서 민족으로 나아가는 장면으로 보여준 것은 길상의 귀국이다. 길상이 평사리로 돌아오면 양반과 천민은 그야말로 함께 사는 세상을 만든 게 된다. 그런데 길상이 귀국할 때 한 가지 절차를 더 거친다. 그는 집에 바로 돌아가지 않고 지리산에 들어가 관음탱화를 그린다. 그것은 우리 민족이 열망하는 것이고 민족의 화합이라고 할 수 있는 것이다. 그 통과제의는 타자들의 시선을 동학이 아닌 불교로 이끌어 서로 화해할 수 있게 한다. 그러자 서희는 도솔암에서 길상의 그림을 안도하며 받아들이고, 조준구의 아들 조병수는 은신한 청년들을 위해 식량을 싣고 와서 탱화를 보게 되는데 그 그림을 보며 그간의 죄의식에서 벗어난다. '관음탱화'는 지역·계급간의 갈등을 해소하고 미적 공동체를 이뤄 상생할 수 있게 만든다. 그게 김개주와 김환의 방식이 아니어서 다른 계급들도 쉽게 길상의 제안에 따를 수 있게 된다. 거기에 함축된 그 뒤의 일은 함께 해방된 조국을 만드는 일이다.

6. 자유로운 영혼이 되어

지리산둘레길을 걷다보면 고향이 떠오른다. 소박한 농촌, 숲속 오솔길, 정겨운 마을을 지나면 딱 고향을 만난 것만 같다. 길상이 지리산으로 돌아왔을 때 그런 마음이었으리라. 우리는 도회지에서 태어났어도 자신의 피와 살이 만들어진 장소를 찾아 떠도는 유목민처럼, 집을 떠나면 고향을 찾는다. 그게 부모의 고향이면 어떻고, 부모의 부모의 고향이면 또 어떤가? 누구나 자기 고향을 찾지만 한 걸음 더 들어가면 내가 걷는 곳이 다른 이의 고향이고, 그 이전에 우리의 부모님의 부모님이 살았을 고향이고, 그러다보니 어느 순간 우리 국토 모든 곳이 내 고향이 된다. 뚜벅이들만 아는 일이다. 대지와 바람과 햇볕이 우리 DNA와 일치된 순간, 그곳에서 내가 생명을 뿌리내렸다는 사실을 알게 된다.

우리는 부모님의 무덤가에서 상복 입고 3년상을 치르던 민족이다. 그런 DNA 때문에 추석이나 설날이 되면 고향을 찾고, 부모님 무덤에서 눈물짓고, 때로는 고향 근처만 스쳐 지나가도 가슴이 먹먹해진다. 50년 전 혹은 그보다 더 전에 들판과 뒷동산을 뛰놀던 소년의 모습이 아른거리고, 이내 깔린 동구 저편에서 아이를 부르는 어머니의 목소리를 듣게 된다. 시골길을 걸을 때 종종 만나게 되는 착각이다.

"어머니, 반가워요!"

L이 갑자기 소리친다. 석양 무렵 제 어머니가 부르는 소리를 들은 걸까. 아무튼 때를 가리지 않고 이상한 행위를 하는 친구다. 어느새 동네 어귀에서 만난 할머니와 친해져 대화를 나누는 중이다. 할머니가 걷는 게 힘들겠다고 격려하자, 할머니에게 웃음꽃을 선사하겠다는 듯이 L이 할머니에게 아이스크림을 먹고 싶다고 떼를 쓴다. 참내, 산골 마을에 아이스크림이 어디 있다는 말인가. 그래도 할머니가 웃으면서 집에 들어가 냉장고 속에 있던 시원한 물 한 통을 꺼내온다. 할머니는 L이 말을 걸어준 것만으로도 즐거웠던가 보다. 노인들만 남아 있는 마을을 지날 때 L에게는 갑자기 어머니가 생긴다.

"당신은 어머니가 많아서 좋겠어."

"난 당신처럼 못한 게 후회가 되네."

L은 효자다. 동행 중에서 유일하게 어머니가 계시고, 지금도 주말만 되면 전주에 내려가 어머니와 삼겹살을 구워 소주 한 잔씩 하고는 올라오는 친구다. 그런 효자가 어디 있는가. 주변에서 찾기 어렵다. 다 자기 살아가는 일에 바빠 어머니를 돌보지 못한다. 나는 20년 전에 돌아가신 어머니가 노상 그립다. 그때 어머니와 여행도 다니고, 함께 삼겹살도 구워 먹었어야 했는데 그러지 못했다. 그게 노상 아쉽다. 그래서 L이 더 부러운 것인지 모른다.

"사랑하는 사람을 지켜주지 못했지."

O는 일찍 상처했다. 딸 하나를 남기고 떠난 여인을 O는 지금도 잊지 못한다. 딸은 잘 컸지만 배다른 아들은 조금 어긋났다.

아빠가 누나만 생각한다는 이유로. 배다른 관계에서 언제라도 생겨날 수 있는 일이다. 갑자기 이용이 월선의 죽음 앞에 섰을 때의 모습이 떠오른다. 사랑하면서도 한 번도 합해지지 못한 연인의 죽음을 지키려는 마음. 사랑하는 사람 앞에서 죽을 수 있어 행복하다고 말하는 월선. 그 이별이 아름다운 것은 사랑 때문이다. 내가 낳지 않았어도 사랑하는 이의 아들인 홍이를 사랑하는 것은 끝내 사랑을 포기하지 않았기 때문이다. 월선의 사랑이란.

"내가 사랑하던 사람을 잃었지."

O가 혼자서 하늘 보며 중얼거린다. 우린 그 사연을 묻지 않는다.

"여기 와보니 자꾸만 그 사람이 생각나네."

K가 그렇게 말한다. 누구나 두고 떠나온 사람을 생각한다. 그게 사랑일지 모르지만, 다들 사연을 지니고 있기에 누군가를 그리워한다. 말하지 않은 채 품고 살아온 사랑. 사랑하는 사람이 떠난 자리에는 그 사람의 향기가 남는다. 그래서 그 사람이 남긴 아이를 돌보는 월선은 행복하다. 아이에게서 그이의 향기가 나고, 그래서 떨칠 수 없는 애련愛憐을 간직하게 된다. 또 그래서 세상은 살 만하고 사랑은 후대로 전해진다.

월선의 사랑은 피가 하나도 섞이지 않은 홍이에게 전해지고 우리의 영혼은 위로받는다. 떨쳐내지 못한 사랑이 더 크게 느껴지고, 먹점재 고갯길에서 사랑은 꼭 DNA로 전달되는 것만은 아니라는 걸 이해한다. 길을 나서면 영혼은 활기차고 삶을 회복한

평사리공원

다. 우리가 『토지』를 통해 월선의 죽음을 떠올리는 것만 해도 그렇다. 꽃은 져도 향기가 남고, 님은 떠나도 영혼이 떠돈다. 들숨으로 들어온 들꽃의 향기에 영혼의 향기가 묻어 있다. 우리는 지고한 사랑을 생각하며 먹점재에 올랐다.

먹점재를 몇 번 돌다가 미동마을에 들어서니 갑자기 시야가 확 트인다. 악양 들판과 섬진강이 보인다. 평사리 백사장에서 지리산까지 펼쳐진 넓은 들판. 하동 시내에 '너뱅이'가 있는데, 이곳도 딱 그렇게 불러야 할 것 같다. '너뱅'이란 '넓은 벌판'이라는 뜻이니 악양 들판에 딱 들어맞는 말이다. 나주평야나 김제평야에서 보는 것만은 못하지만, 악양천 둑방길을 질주하는 서희와 길상이 보이는 듯하다.

박경리가 『토지』의 중심 배경을 악양 들판으로 삼은 것은, 지리산 남쪽 지형에서 항아리 모양의 별천지를 발견했기 때문이

섬진강과 형제봉

다. 그것은 대한민국을 대표할 만한 상징성을 가졌다. 『토지』를 읽는 독자는 군사정권과 유신정권을 버텨냈는데, 그것이 단순히 평사리의 양반 가문 이야기라서가 아니라, 전쟁 후의 지독한 가난과 억압을 견뎌내면서 이상을 꿈꾼 사람들의 이야기라서 그랬다. 박경리는 나라를 잃고 해방이 될 때까지의 이야기를 다루면서 우리 사랑과 정신이 어디에서 왔는지 분명히 보여주었다.

악양 들판은 동북과 서북쪽을 막은 지리산 때문에 아늑했다. 화개에서 쌍계사까지 십리 벚꽃길은 '화개'라는 말에 걸맞게 화사했고, 구재봉을 넘어가면서 바라본 섬진강에는 햇살 받은 은비늘이 반짝였다. 그때 형제봉(1115미터) 쪽으로 새 한 마리가 날아올랐다. 청학이다. 정금차밭을 걷다가 차밭의 이랑이랑이 파도처럼 몰려오는데 저기 멀리 섬진강에서 또 청학이 날아오르는 게 보인다. 찻잎 색깔의 학이다. 산비탈에 푸른색 떡가래를 비스듬히 쌓아놓은 듯, 밭이랑에 수북한 찻잎이 섬진강 물결처럼 하얗게 부서진다. 산은 차 향기로 가득 차고, 햇볕은 찻잎 하

정금차밭

나 하나에 머문다. 아, 그렇구나. 섬진강에서 날아오른 학과 산비탈 차밭 이랑의 물결. 그래서 이곳이 화개동천이었구나.

그때 문득, 혹시 이곳이 청학동이 아닐까, 청학동은 멀리 있는 것이 아니라 바로 내 발밑 혹은 내 마음속에 있는 게 아닐까, 하는 생각이 들었다. '시천주조화정侍天主造化定', 이 말은 누구든지 하느님을 가슴속에 모시면 조화로워져 하느님의 마음을 갖게 된다는 말인데, 맑은 기를 가진 사람이라면 청학동을 모신 사람이고, 그렇기에 하느님의 마음으로 행위를 할 수 있다는 말 아닌가. 박경리는 시천주로 청학동을 소망했기에 전체를 통찰할 수 있었던 것이다.

해방된 이후로 식민사관에 물든 역사학자들도 제대로 찾아내지 못한 것을 박경리가 찾아냈다. 작가는 우연히 지리산과 평사리를 택했어도 동학혁명의 핵심을 붙잡았고 생명의 터전인 지리산을 살아 숨쉬게 만들었다. 박경리는 『토지』에서 나라를 잃었어도 우리의 주체성이 확립되는 과정을 보여주었다. 그로 인해 지리산 남쪽 고을 하동은 눈이 부시게 아름다워졌다. 그리고 그는 우리 세기의 대표작가가 되었다.

■ **걸은 곳**   지리산둘레길(위태-하동호-삼화실-대축-원부춘-정금차밭-가탄-화개중학교-기촌마을회관-목아재-연곡사), 쌍계사-불일폭포

■ **차로 간 곳**   청학동(삼성궁), 이병주문학관, 고성산 동학혁명군 위령탑, 진주농민항쟁 기념탑, 최참판댁(평사리), 연곡사

닫는 글
준비된 혁명, 부활하는 동학

1. 동학의 근대성

우리나라의 근대성은 우리의 전통적 토대로부터 발아했다. 성리학의 이기理氣 논쟁이 공허한 담론에 빠져 국가적 생산성을 떨어뜨리고, 중화中華의 논리로 반청反淸을 택한 세도세력이 나라를 위기로 몰아넣었으나, 한편으로는 이익과 그의 제자들이 실학적 대안을 찾았고, 북학파들은 중국을 드나들면서 선진 문물을 받아들였다. 서학에 매료된 자들은 중국으로 직접 건너가 서양 문물을 받아들였고 개화파들은 강대국을 의식하면서 개화의 필요성을 적극적으로 논의했다. 그런 가운데 동학은 우리의 방식으로 나라를 시대에 맞게 변혁시킨 방법을 찾았다.

최제우는 영남 남인의 후예로서 성리학을 제대로 공부한 사람이다. 그의 발언에서 유학자의 풍모가 보이고 공자와 맹자에 대한 존경심이 엿보인다. 다만 그는 스스로 유학적 한계를 깨고 나가서 새로운 틀을 제시했다. 「검가」라는 노래를 만들어 '게으른 무수장삼'의 세상을 잘라내자고 외쳤다. "때로다, 때가 왔도다. 혁명의 때가 왔도다. 그러니 세상의 부조리를 용천검으로 잘라내고 '다시 개벽'으로 나아가자." 이런 뜻의 노래는 혁명을 부추긴다.

1860년대 우리 사회는 산업화에 뒤처진 상태이긴 했으나 서구에 비추어 볼 때 정신의 운동까지 멈춰버린 사회는 아니었다. 조선 초만 하더라도 우리는 세계에서 가장 공정한 관료제도를 도입한 나라였고, 그것이 임진왜란 이후로 시스템이 망가졌다고 해도 임성주와 최한기의 기를 중시하는 과학적 태도가 나타났고, 양명학과 실학의 모색으로 개선책을 찾았고, 성호 이익의 제자들은 '천진암'에서 마테오리치의 『천주실의』와 『칠극』을 읽고 토론하며 새로운 대안을 찾아보기도 했다. 그런 우리에게 근대성을 습득하지 못했다고 하는 것은 온당치 못하다. 동학은 자체적으로 반봉건을 내걸며 나섰고 창조적 민주주의를 제시하며 나타났다. 우리 내부에서 신분을 극복한 공동체를 만들려는 자생적 몸부림을 했다는 점에서 최제우가 도통한 1860년을 근대의 기점으로 삼을 만하다.

조선은 향약을 만들고 향회를 운영한 나라다. 조선 초기까지만 해도 왕권을 견제하는 나라로 가장 선진적인 관료제도를 가졌고, 과거제라는 가장 뛰어난 인재 등용의 방법을 선보인 나라였을 뿐만 아니라 향촌의 백성을 교화하기 위해 향약을 만들었다. 처음에 양반 주도로 농민들과 상호 협력해 향촌의 규범을 만들었지만, 19세기에 들어서자 향회에 수령과 대립하는 몰락 양반이나 두레의 구성원들도 참여함으로써 양상이 달라졌다. 농민들만의 모임인 두레가 그 자체로 향회의 역할을 했고, 향회는 향회대로 농민들에게 문호를 개방하지 않을 수 없었던 것이다. 거기에 동학의 물결이 퍼져나가면서 시스템을 바로잡자는 욕구가 커지고 향회가 민회의 형태로 발전했다. 특히 동학에서 포접제가 뿌리를 내리고 접주接主들이 모여 포包 단위의 토론을 하고, 함께 공부하는 사람들이 늘어나면서, 새로운 세상에 대한 열광은 커졌다. 그런 민중이 갑오농민전쟁을 일으켰고 집강소를 운영하면서 새로운 공동체의 질서를 선보였다. 그리고 그것은 민의를 수렴하고 전달하는 시민 계급을 탄생시켰다. 그런 점에서 1894년은 우리나라의 근대성을 폭발시킨 해다.

풍자적인 판소리와 탈춤, 「검가」와 같은 가사 문학이 폭발적으로 인기를 끌면서 저항의 문화가 시중에 자리를 잡았다. 동학의 원리로 조직된 포와 접은 향회에서 키운 민주주의 절차와 향촌 자치 능력을 이웃 마을로 전했고, 정약용의 『경세유표』와 동학의 경전을 스터디한 무리들은 이상적 대안을 포접제를 통해 퍼뜨렸다. 그들은 민회를 통해 정부를 압박했고, 집강소를 통해 지방자치의 모범을 선보였고, 민중 계급이 타락하고 비겁한 양반들보다 개혁적이라는 사실을 증명했다. 양반들이 민보군을 만들어 동학교도를 소탕하겠다고 나서기도 했지만, 동학은 필연적으로 혁명을 향해 나아가고 있었다.

1894년 전주화약 이후로 동학농민군은 집강소에서 폐정개혁을 실시했다. 거기서는 오지영의 『동학사』가 보여주듯 토지 분작分作과 같은 이상을 실천하고자 했고, 노비문서 소각, 청상과부 재가 허용, 두레법 장려까지 나아갔다. 민중들이 협의해 의견을 결정하고 관에 허락을 요구하는 이런 시스템은 최초의 민관 협치 방식으로서 민중의 자치 역량을 키웠다. 집강소는 도집강都執綱(대접주)과 10여 명의 접주들의 협의체로 이끌어나갔는데, 청국과 일본의 군대가 서해안에 상륙하자 함께 국난國難을 헤쳐나가기로 결의할 정도로 공론을 만들어냈다. 게다가 거기서 결정된 사안들은 곧바로 통문通文을 통해 널리 알려졌는데, 때로는 그 통문을 한글[언문諺文]로 바꾸고 등사해서 다른 지역으로 퍼날랐다. 그러니 어떤 문제가 발생했을 때 그것은 이내 전국적인 문제가 되었다.

집강소는 대의민주주의와 흡사한 집단지도체제를 가지고서 지역의 현안을 처리해나갔다. "가난한 자는 구제해야 한다" "탐욕스런 자는 쫓아내야 한다" "교활한 행위는 그만두어야 한다" "굶주린 자에게는 먹을 것을 주어야 한다"는 원리들은 함께 살아가는 공동체의 기본 원리가 되었다. 서로 나누는 유무상자有無相資를 실현하는 것은 그야말로 자본주의의 논리를 넘어서는 것이었고, 그로 인해 더욱 민주적인 자치 기구를 만들 수 있었다. 그러자 집강소를 운영하는 호남 전역은 물론 호서와 기호 지역, 영남과 영동·영서 지역의 민중까지 그에 대해 열광했다.

동학으로 근대성은 이 땅에 뿌리를 내렸다. 민중은 동학을 바탕으로 민주적 원리를 실행했고, 개인의 권리와 공동체의 이상을 실현하고자 했다. 그때부터 시민의식으로 자부심을 가진 농민들은 언제라도 때가 오면 쇠스랑이나 죽창을 들고 나설 채비를 갖추었다. 아니, 그랬기에 혁명은 가능했다.

2. 하늘을 모신 주체

사람마다 가슴에 '하늘'을 품었다. 그것은 일거에 약자인 민중을 양반과 대등한 계급으로 만들었다. 자기 내부에 하느님을 모신 것[侍天主]은 사람들에게 천부인권을 준 것과 흡사했다. 동학의 하늘은 성리학의 하늘이나 서학의 하늘 개념과는 달리 곧바로 민중의 하늘이 되어 민중을 '시천주 주체'로 만들었다. 그것은 혁신적인 발상이었다. 시천주의 하느님은 상제처럼 위에 있는 원리가 아니고, 서학의 절대자처럼 사람들을 감시하는 존재도 아니라서 누구나 친근하게 받아들일 수 있었다. 다시 말해 동학은 양반의 전유물로 여기던 하늘을 민중의 것으로 끌어내려 어느 누구든 '수심정기守心正氣'를 하면 자신의 내부에 하느님을 모실 수 있게 만들었고, 그것은 마치 지배층이 전유한 진리[天理]을 끌어내려 누구나 가질 수 있는 것으로 만든 것이라 하겠다.

내 안에 모신 하느님은 나와 분리되지 않은 바로 '나 자신의 영성'이다. 내 속에 들어온 그 하느님은 그 자체로 인간의 마음과 유사한 내적 초월자로서, 나를 천국으로 이끌려는 존재가 아니라 그게 나이면서 하느님이기에 먼저 위로하고 격려하며 함께 기쁨을 누리는 존재이고 나아가 서로 토론하고 함께 일해 더 좋은 세상을 만들자고 나서는 하느님이었다. 거기에 최시형의 '사인여천事人如天'의 개념을 섞으면, 그것은 인간의 존엄성을 더욱 드높여 신분을 뛰어넘는 평등과 해방을 누리게 만들었다.

최제우는 자기 집 골방에서 처자가 지켜보는 가운데 하느님을 맞이했다. 얼마나 놀랐겠는가. 그의 부인은 그것을 받아들이지 못했다. 부인에게는 그저 남편이 미친 것으로 보였다. 차라리 그런 하느님보다 밥 한 그릇이 더 중요했고, 그래서 남편이 하느님과 오만 년만에 만난 기쁨에 날뛸 때 더 걱정이 많았을 것이다. 그게 부인의 눈에는 그저 굶주려 헛것을 보는 사람의 모습으로 보였다. 하느님이 남루한 초가에 나타나 남편을 위로하니 그것을 어찌 믿겠는가. 너는 버려진 인물이 아니니 자부심을 가져라. 이제 네 세상이 왔으니 너 스스로 해야 할 일을 찾아라. 그런 말을 듣는 남편의 얼굴이 빛으로 가득 찼지만, 사실 최제우 자신도 그것을 받아들이기가 쉽지 않았다. 그래서 그는 1년 2개월 남짓 자기 세계를 들여다보면서 내부의 하느님의 실체를 규명했고, 그 하느님과 손을 잡고 함께 외부세계로 나갈 방법을 궁구했다. 최제우는 그것을 정리한 뒤로 사람들을 만났고 그들을 위해 정전화해야 하겠다고 생각했다. 그리하여 그것을 주문과 노래로 부르자 사람들이 모여들고 나라의 잘못된 구조와 시스템을 뜯어고치자는 외침이 터졌다. 박씨 부인은 하느님과 남편의 만남에서 진정성을 확인한 뒤에 최초의 동학교도가 된다.

최제우는 성리학의 이理 중심의 상제를 거부하고 기氣 중심의 하느님을 받아들였다. 또한 불교적 전통으로 보자면 '내재적 초월성'을 받아들여 "내 안에 모신 하느님"을 부처님처럼 모셨다. 그렇게 해서 '지기至氣'를 내부에 모신 주체는 자기 삶을 개선할 방법을 찾고 하느님과 함께 현실로 나서게 된다. 천국 가는 것보다 중요한 일이 살아 있을 때 살 만한 세상을 만드는 일이다. 동학의 실천자들은 자신이 속한 공동체를 누구나 살기 좋은 곳으로 만들고, 서양과 일본, 청국과 같은 나라들을 경계하며, 이 나라와 공동체를 지켜낼 대안을 만들기에 고심했다.

동학이 하늘을 준거 삼아 지향한 것은 아래로부터의 혁명이다. 사람뿐만 아니라 모든 생명체의 가치를 인정하고 모두 다 함께 기쁨을 누리며 사는 세상이었다. 동학의 관점에서 평화로운 세상은 천국 가서 누리는 것도 아니고 인간만이 평화를 누리는 것도 아니라 천지만물, 나아가 지구 전체까지 평화를 누려야 했다. 동학이 원리에서 인간은 물론 사물까지도 자신의 내부에 하느님을 모셨고, 그러니 인간은 물론 사물까지 고귀해져야 했다.

동학은 사람들을 주체로 만들고 현실의 문제를 바로잡으면서 새로운 세계로 나아가게 만들었다. 동학은 누구나 퍼마실 수 있는 우물물과도 같은 '공공의 하늘'을 민중에게 제공한 것이다. 그것이 봉건 질서를 타파하고 모든 인간을 행복하게 만들었다.

동학의 하느님은 단순하고 소박한 마음의 바탕에서 누구나 만날 수 있는 존재였다. 그래서 사람들은 정갈하게 살고, 단순하고 소박하게 생각하고, 정직하고 관대하게 행동해야 했다. 초월의 세계에 들어가고자 하는 사람이나 탐욕적인 인간들은 그 하느님을 모실 수 없다. 이런 소박한 하느님은 그야말로 가장 한국적인 하느님으로서 환인과 환웅의 전통으로부터 내려온 홍익인간의 정신을 지닌 하느님이기도 하다. 최제우가 그 하느님을 회복시켰고 그에 열광한 예지자들이 동학을 받아들여 천도교, 증산교, 대종교, 원불교 등을 만들기도 했는데, 그것은 구약의 세계로부터 유대교, 가톨릭교, 이슬람교, 기독교로 분화되는 것과 흡사했다. 그런 사실은 동학의 위력을 보여준다. 사실 원동학의 실천성과 확장성이 유사종교를 만든 것이라고 생각할 수 있지만, 우리가 다시 원동학의 원리로 돌아가 그것을 우리 삶에 적용할 때, 그것의 현대적인 가치를 깨달아 삶의 동력을 얻고 새로운 지평을 열 가능성이 많아진다. 삶의 원리로서 동학은 여전히 손상되지 않았고 그것이 그대로 우리 DNA에 남아 있다는 점에서 다행스럽다.

3. 준비된 혁명

동학은 내부에 성리학을 송두리째 무너뜨릴 폭약을 장착한 채 창안되었다. 그리하여 개인의 권리를 회복하고, 민주주의를 실현하고, 공동체를 개혁하게 만들었다. 특히 그것이 언제 터질지 모를 폭약이었다. 동학이 조직화되고 대중화되면서 혁명적 힘은 더 커졌다. 최제우가 성리학적 질서를 전복시킨 이후, 또 최시형이 스승의 논리들을 끝까지 잘 지켜낸 뒤에, 경전을 간행하고 조직을 강화하면서 동학은 점차 본 모습을 드러냈다. 그것은 민중혁명을 향해 나아갔다.

이필재는 최시형을 설득해 영해동학농민혁명을 시도했고, 거기서 실패한 최시형은 그 뒤로 영월과 정선, 원주, 인제 등지로 달아나면서, 동학의 원리를 포덕하고, 조직을 늘려가며, 마침내 등짐에 메고 다니던 경전을 간행했다. 최시형은 달아나기만 한 것이 아니라 민중 속으로 들어가 민중과 함께 호흡하며 민중들이 요구하는 것을 충족시킬 방법을 찾았다. 그리하여 동학은 누구나 받아들일 수 있는 실천 원리로 만들어졌다. 그러자 그간 사람 취급을 받지 못하던 천민, 약자, 여인들이 열광했고 그들은 세상이 바뀌고 있다는 것을 깨달으며 세상의 주인이 되고자 했다. 최시형이 천민 출신의 남계천을 전라좌도 편의장으로 임명하자 최측근의 인사까지 한때 집단적 거부 의사를 보였는데, 최시형이 더 단호하게 다른 편의장의 직책까지 거둬들여 남계천에게 맡기자 조직은 이내 조용해졌다. 최시형의 강력한 리더십은 민중을 매료시켰고 전봉준이나 손병희 같은 개혁적인 제자들을 속속 조직에 들어오게 했다.

최시형은 철저한 민주주의자였다. 언제나 그는 의사결정을 혼자서 하지 않고 협의체를 구성해 함께 의논하고 더 나은 해결책을 찾았다. 그것은 조직을 번창시키고 교도들이 급속도로 들어오게 만들었다. 또한 그것은 접주들의 자발성을 끌어내고 책임 의식을 갖게 했다. 영해에서 이필제가 교조 신원을 설득할 때에도 최시형은 강수와 같은 제자들과 의견을 나누며 봉기 여부를 결정했다. 그러자 봉기에 실패한 뒤에 제자 중에서 그 누구도 지도부 탓을 하지 못했다. 의견 수렴 과정을 충실히 이행했기에 그것은 모두 제자들 자신의 문제가 되었고, 또 어리석어 벌어진 일이라고 하더라도 그것을 수습할 책무 또한 자신에게 있었다.

집강소는 우두머리(도집강)와 접주들이 서로 논의하며 책임지는 구조였다. 그 속에 속한 사람은 조직의 운영과 책임을 함께 져야 했다. 동학교도로서 포와 접에서 활동한 사람들은 거기서 행한 것들을 그대로 실행하면 되었지만, 교도가 아닌 사람들은 집강소의 민주적 절차를 파악해야 했다. 이미 동학은 그런 정도로 사람들을 끌어당길 요소들을 갖추었다. 1892년 공주에서 대중집회를 열었고, 1893년 광화문 앞에 나아가 임금께 직접 고하는 복합상소를 벌였다. 그래도 조정에서 동학교도들을 역모로 몰지 못한 것은 그들의 논리에 빈 틈이 없었기 때문이다.

1893년 보은에서 집회가 열리자 3만여 명의 동학교도가 모였다. 영남과 호남의 땅 끝, 영동과 영서의 산악지대, 그리고 기호와 해서 지역에서도 사람들이 몰려왔다. 시간을 대지 못해 그 주변까지 왔다가 돌아간 사람도 부지기수였다. 전봉준도 실제 그랬다. 그래도 전봉준은 보은에 참가하지 못한 사람들을 모아 금구에서 집회를 열었다. 이미 혁명은 시작되고 있었다. 전봉준은 그해 겨울 고부에서 사발통문을 돌리고 서울로 치고 올라갈 전략까지 세웠다. 그리고 이듬해 고부에서 봉기했다.

전봉준은 유교적 교양으로 농민들을 설득했고 나라의 문제를 날카롭게 파고들어 대안을 제시했다. 그가 붙인 남원의 궤서로부터 시작해 그가 쓴 통문과 방문은 언제나 인기였다. 말하자면 그는 대자보를 쓰는 데 천재였다. 광화문 복합상소가 벌어질 때 그가 외국인 거리에 붙인 궤서는 외국인들의 간담을 서늘하게 만들었고, 외국인들이 호들갑을 떨자 조정은 동학의 위력을 더 크게 받아들여야만 했다. 그러면서 동학은 점점 더 존재감을 드러냈다. 교주인 최시형이 공주에서 집회를 열면 전봉준이 삼례에서 받았고, 보은에서 집회를 열면 금구에서 열었다. 그 전부터 이미 포와 접의 스타들이 발언하면 손화중과 김덕명, 김개남의 접에서는 수천 명의 농민들이 모였다. 그런데 전봉준은 무엇보다 그들을 엮을 줄 알았다. 그랬으니 전봉준의 영향력은 이미 많은 수의 접주에게 전달되었고, 그로 인해 수만 명이 농민군을 장악하기에 이르렀다. 농민들은 조직된 군대가 아니었고, 무기는 보잘 것 없었지만, 의지 하나만은 어떤 군대에 못지않았다. 농민군은 황토현 전투에서 언덕을 쌓아 관군을 무찔렀고, 황룡촌 전투에서는 이방언의 아이디어로 장태를 만들어 대승을 거두었다.

전봉준은 뛰어난 전략가였다. 그는 황토현에서 승리한 뒤에 곧바로 전주로 치고 올라가지 않고 남쪽으로 진로를 돌려 정읍에서 고창, 영광, 무안까지 남도를 휘돈 뒤에 장성에서 관군과 맞섰다. 그로 인해 호남의 민중은 전봉준과 그의 무리가 봉기한 사실을 알았고 호남 전체가 열광하면서 그들 모두가 단번에 혁명군이 되었다. 그래서 장성 황룡 전투에서 승리한 뒤에 그대로 치고 올라가 전주성을 점령할 수 있었다. 그 결과로 전봉준은 전라감사 김학진과 전주화약을 맺었고 호남 전역에 53개소 '집강소'를 설치할 수 있게 되었다. 세계의 어떤 혁명가가 그런 전술로 대안을 준비했을까. 나라는 비록 작을망정 그것은 철저하게 준비된 혁명이었고, 폐정개혁을 통해 농민들이 원하는 세상을 실현해볼 수 있게 만들었다. 그러자 그것을 넉 달 이상 지켜본 다른 지역의 사람들이 더 열광했고, 더 사무치게 동학장수들이 도래하기를 기다렸다. 그랬으니 전봉준이 삼례에 제2차 기포를 하자 전국에서 지원병이 공주로 모여들었다.

혁명 세력은 가야 할 길을 갔고 그것도 끝까지 갔다. 죽을 줄 알면서도 21자 주문을 외며 우금티고개를 치고 올라갔고, 죽으면서도 자신의 행위에 대해 후회가 없었다. 그럴 정도로 동학농민군은 자발적으로 깃발 아래 모였고, 자신이 좋아서 농민군이 되었고, 자신의 행위에 스스로 책임을 졌다. 전봉준이 심문관이나 판관 앞에서 보인 기개는 그들에게도 이어졌다. 누구나 당당하게 죽음을 받아들였다. 그것이 의병과 독립운동가에게 이어졌고, 광복 후 반독재 투쟁을 하는 민주화 운동가들에게 전해졌다. 판관 앞에서 '전봉준처럼' 호통을 치며 정의를 말하는 이들이 늘어났다. 그런 목숨 걸고 말하는 파레시아의 전통은 3·1운동과 4·19혁명에서 폭발했고, 5·18광주민주화운동 이후로 6·10항쟁과 촛불항쟁에서는 결실을 거두었다. 지도자가 계엄령을 선포해도 시민들은 그 공포를 뚫고 그것을 막아냈다. 결국 시민들이 손에 쥔 촛불은 그 자체로 시민 자신의 내부에 모신 하느님이 되어 독재자를 탄핵시켰다.

그것은 '지기至氣'의 하느님을 모셨기에 가능한 일이었다. 우리 민중은 외세가 침략하고 독재자가 등장할 때마다 목숨 걸고 광장에 모였다. 동학농민혁명에서 싹튼 그 정신은 우리나라가 현재 지구상 가장 위험스러운 분단국가이면서도 세계 대다수의 나라의 부러움을 받는, 말하자면 모범적 시민국가가 된 이유다.

4. 부활하는 동학

동학농민혁명은 프랑스대혁명이나 러시아혁명 못지않은 위대한 혁명이다. 그것은 민중을 단숨에 양반 사대부와 대등한 존재로 만들었다. 신분의 해방은 민중이 자체적으로 이루어냈고, 그리하여 망국의 위기 속에서는 신분 고하를 막론하고 모든 계층이 민족이라는 개념으로 뭉쳐 침략자들과 맞설 수 있게 만들었다. 아무리 일본이 양반 위주로 귀족 제도를 만들어 민중을 지배하게 하려고 했으나, 오히려 농민들이 친일파 귀족들을 공격함으로써 신계급을 통한 지배를 포기하게 했다. 민중은 스스로 지도자를 찾아냈고 사람들과 힘을 합해 나라에 보탬을 줄 일을 찾았다. 민주주의를 경험해본 사람이라면 누구나 똑같이 권리를 누리는 세상을 원했고, 정부가 수립된 이후에는 우여곡절을 거치면서도 그런 정신을 토대로 산업화와 과학화에 박차를 가했다. 침략자와 독재자에게 고개 숙이지 않는 정신, 불의에 항거하며 정의를 지키는 정신은 우리나라를 단기일 내로 세계를 선도하는 국가로 만든 것이다.

최제우에서 시작되고 전봉준에 이르러 폭발한 우리의 근대성은 그 뒤로 교육을 통해 강화되고 근면함으로 무르익었다. 특히 오래 살아남은 최시형은 동학을 더 세련된 것으로 만들었다. 그는 여주, 이천, 원주 등지를 떠돌면서 '천지부모' '이천식천' '향아설위'와 같은 중요한 설법을 했다. 1897년 최시형이 설파한 '향아설위向我設位'라는 개념은 '나'를 세상의 중심에 두자는 말인데, 사실 밖의 귀신들보다 내 안에 계신 하느님을 잘 섬기라는 말이다. 그것을 달리 말하자면, 남 눈치 보지 말고 제 할 일이나 하자는 말이 되는데, 최시형은 그런 '주체 선언'으로 사람들을 세계에 당당하게 서게 만들었을 뿐만 아니라, 더욱 겸손하게 자신을 돌아보면서 천지자연과도 조화를 이루며 살게 만들었다. 최시형의 '경물敬物'이라는 법설은 사물 속에 들어 있는 하느님까지도 강조한 것으로서 자연을 도구화하며 문명에 지친 현대인에게 구원의 방법을 제시하고 생태환경과 조화를 이루며 살게 만든다. 그럴 정도로 그것은 미래의 대안적인 주체의 모습이다.

동학의 하느님은 아래서 사람들과 어울리며 천지만물 속에서 기쁨을 찾게 한다. 기후 위기의 시대에 인간은 천지만물과 공존하는 방법을 알아야 했다. 자칫 대책 없이 살다가는 인류의 시대가 끝날 수도 있는 상황이 된 것이다. 그러니 이제는 인간과 동식물만 생명을 가진 게 아니라 산이나 바다, 들판, 지구 자체까지도 생명체로 인식하고, 혹은 하이브리드와도 대화하면서, 모든 것이 상호주체성으로 소통해야 이 지구상에서 버틸 수 있게 되었다. 그런 점에서 최시형의 '경물敬物' 사상은 생태학적 주체의 기본적 태도를 일깨워준 것이라 할 만하다.

한편, 손병희는 최시형의 사인여천을 '사람=하느님'으로 바꿔 '인내천人乃天'을 선언했는데, 얼핏 볼 때 그것은 매력적으로 보이지만 사실 최시형의 겸손한 개념과는 많이 다르다. '인내천'은 인간의 권리를 신적인 것으로 올리지만, 그것이 진화론과 연결될 때 인간을 만물의 영장으로 떠받드는 것 같아도, 인간 이외의 생명체를 도구화하고 그것들이 인간만을 위해 존재하게 만들면서, 심지어 코흘리개 어린아이나 교육받지 못한 원주민을 타자화시킨다. 그런 식으로 약자들을 타자화하고 소외시킨다면, 그런 강자 위주로 짜인 인간중심주의는 약자를 공격하고 지구를 망가뜨리게 된다.

우리가 '시천주 주체'가 되고, 최시형의 모심과 키움, 살림의 정신을 제대로 받아들일 때, 어쩌면 우리 시대에 빛을 준 장일순이나 김장하와 같은 인물들이 출현할 수 있을 것이다. 실제로 장일순은 최시형의 정신으로 자기만의 사상을 이뤄낸 사람이다. 그런 이가 많이 생기고, 사람들이 그런 이들을 표상으로 삼아 살아갈 때 사회는 건전해지고 바람직한 방향성을 갖게 된다. 동학은 더 높이 날고 더 멀리 달려 새로운 시대를 맞이하고 싶어 한다. 우리가 끊임없이 동학의 정신을 환기한다면 살 만한 세상을 만들고 생태공동체를 만들 수 있을 것이다.

동학을 제재로 삼은 작품들을 읽어보며 최제우의 유언대로 최시형이 '고비원주高飛遠走'를 어디까지 행했는지를 살펴보는 일은 '진짜' 동학과 문학을 발견하고, 그 땅을 밟아보는 참으로 행복한 시간을 제공했다.

부록

■ 동학 연표

1801년	공노비 해방
1811년 음력 12월 18일	홍경래의 난(관서농민전쟁)
1812년	신재효 출생
1817년	정약용 『목민심서』 12편, 『경세유표』 8편 집필
1824년 12월 18일	최제우 탄생
1827년 3월 21일	최시형 탄생
1833년	김성수의 조부 김요협 장성에서 출생
1837년	최제우, 박씨와 혼인
1838년	이방언 출생
1839년	기해박해. 앵베르, 모방, 샤스탕 신부, 정하상 바오로 등 70명 순교
1840~1842년	제1차 아편전쟁. 최제우 부친 최옥 별세
1844~1854년	최제우 10년간 세상을 유랑하며 장사

1846년	병오박해가 벌어지고 김대건 신부 순교
1850년	신재효가 판소리 연구를 시작
1850~1864년	태평천국의 난
1855년 1월 10일	전봉준 탄생
1856년	최제우 양산 천성산 내원암에 입산
1856~1860년	제2차 아편전쟁
1860년 5월 25일	최제우 상제(하느님)와 대면해 무극대도를 이루고 동학을 창도
1861년 6월 17일	손화중 정읍 출생
1861년 7월	최제우 동학을 가르치고 포덕하기 시작함.
1861년 12월	최제우 남원 교룡산성에 은거해 『동경대전』『용담유사』집필
1862년	임술민란. 삼남 지역 70여 곳에서 민란이 일어남
1862년 10월	최제우 경주부 관아에 최초로 체포되었으나 풀려남
1863년 8월	최시형에게 도통을 전함
1864년 1월 12일	고종이 12세로 보위에 오름
1864년 1월 18일	최제우 관군에게 체포
1864년 4월 15일	최제우 대구에서 순교
1866년	병인양요
1868년	일본 메이지유신
1871년	최시형과 이필제, 최제우의 신원을 요구하며 영해동학농민혁명을 일으킴
1873년	대원군 실각
1876년 2월 27일	강화도 조약(병자수호조약)
1880년 6월	인제 갑둔리에서 『동경대전』 간행
1881년 6월	단양 남면 천동에서 『용담유사』 간행

1882년 5월 22일	조미수호 통상조약
1882년 7월 23일	임오군란
1882년 8월 30일	제물포조약(조일강화조약), 손병희 입도
1883년 2월	목천 장내리에서 『동경대전』 간행
1883년 6월	『동경대전』 경주판 '공주'에서 간행
1884년	갑신정변. 최시형 익산 사자암에서 4개월간 머뭄. 손화중 입도, 김개남 입도함. 최시형 가섭사에서 육임제 구상
1886년 6월 4일	조불수호조약(서학 포교권 인정). 김덕명 입도함
1888년 1월	최시형 전주 서문 밖 방공일 집 방문. 최시형이 손병희의 누이와 혼인함. 이방언 전라감영을 찾아가 용산면의 민의를 전하고 진결세를 감면받음
1889년	최시형 남원, 임실 방문함. 1월 장흥의 이방언, 이인환, 문남택 입도
1891년	최시형 남계천을 호남좌우도 편의장 및 도접주로 승격시킴
1891년 10월 11일	김성수 고창 출생
1892년 10월 20일~25일	공주집회. 손화중 선운산 마애불의 비결을 풀어냄
1892년 12월 21일	삼례 교조신원운동, 전봉준 등장
1893년 1월 10일	전봉준 남원 아문에 괘서를 붙임. 2월 7일 서학 교두에게 경고함, 2월 14일 길포드 학당, 2월 18일 미국인 존스의 집 교회당, 2월 20일 프랑스공사관, 2월 24일 일본인 집, 3월 2일 일본 상여관商旅館에 괘서를 붙임
1893년 3월 25일	왕세자 탄신일
1893년 3월 28일~4월 2일	광화문복합상소

1893년 4월 26일	보은 집회
5월 1일	충청감사 조병식 파직
1893년 5월 초	금구집회
1893년 11월	전봉준, 김도삼, 정익서와 40여 명 조병갑 고부군수에게 진정서 제출
1893년 12월 4일	송두호 집에서 사발통문 작성
1894년 1월 6일	조병갑 익산군수로 발령
1894년 3월 20일	조병갑 익산에서 고부로 복귀
1894년 3월 21일	고부 봉기
1894년 4월 12일	장흥부사 이용태 벽사역졸 800명 거느리고 안핵사로 취임해 박원명 고부군수를 쫓아냄
1894년 4월 25일	무장에서 동학농민혁명 일어남
1894년 4월 29일	백산 기포, 호남창의소 설치함
1894년 5월 12일	황토현전투 승리
1894년 5월 28일	황룡촌전투 승리
1894년 5월 31일	전주성 점령
1894년 6월 1일	민씨 일가 청에 군사개입 요청
1894년 6월 7일	호남 전역에 53개 집강소 설치
1894년 6월 8일	청군 2천 명 아산에 상륙
1894년 6월 9일	일본군 420명 인천 상륙
1894년 7월 23일	일본군 경복궁 급습, 왕실근위대 무장 해제
1894년 7월 25일	청일전쟁. 일본군 아산에서 중국 군함에 포격을 가함
1894년 7월 27일	대원군이 김홍집을 수반으로 하는 친일정권 세움
1894년 9월 3일	영호도회소 김인배 하동, 진주 점령
1894년 9월 15~16일	일본군 평양 전투에서 청에 승리
1894년 10월	동학농민군 하동 고성산 전투

1894년 10월 12일	전봉준 삼례 기포
10월 16일	최시형 청산에서 기포령
1894년 10월 26일	가와카미 소로쿠 병참총감의 살육 명령
1894년 11월 20일~12월 7일	우금티 전투
1894년 12월 7일	김개남 농민군 청주성 공략
1894년 12월 10일	이방언 강진 병영성 접수
1894년 12월 25일	이방언 석대들전투에서 패함
1894년 12월 27일	김개남 태인 종성리에서 체포
1894년 12월 28일	전봉준 순창 피로리에서 체포
1894년 12월 29일	김개남 전주 초록바위에서 처형
1895년 1월 6일	손화중 질마재 재실에서 체포
1895년 1월 12~13일	최시형 보은 북실과 음성 되자니에서 전투를 벌임
1895년 4월 23일	전봉준, 손화중, 김덕명 처형
1895년 5월 19일	이방언 처형
1896년	최시형 의암 손병희, 손천민 송암, 김연국 구암에게 교단 관리를 맡김
1897년 2월	음죽 앵산동(이천 설송면 수산1리) '향아설위' 설파. 여주 전거론(강천면 도전2리)에서 12월 24일 손병희에게 법통 물려줌. 박경리 『토지』 스토리의 출발점.
1898년 5월 24일	최시형 원주 송골에서 피체됨
1898년 7월 18일	최시형 순교. 광주 송파 이상하의 산에 가매장
1901년	여주 금사면 주록리 원적산(천덕산)으로 최시형 묘소 이장
1910년 8월 29일	경술국치
1915년 5월 18일	서정주 고창 출생
1919년	3·1운동

1921년 3월 16일	이병주 하동 출생
1926년 10월 28일	박경리 통영 출생
1928년 10월 16일	장일순 원주 출생
1931년	이돈화 『동학당』 간행
1939년 8월 9일	이청준 장흥 출생
1940년	오지영 『동학사』 간행
1941년 3월 1일	김지하 전남 목포 출생
1945년	일제강점기로부터 해방. 박경리 『토지』 스토리의 종착점
1954년	김지하 원주로 이사함
1955년	장일순 원주 대성중·고등학교 설립
1960년	4·19혁명
1965년	제2차 바티칸공의회 기념 교구로 원주교구 설정
1967년	신동엽 『금강』 간행
1969~1994년	박경리 25년간 『토지』 집필
1973년	김지하 박경리의 딸 김영주와 결혼
1974년	김지하 민청학련 사건으로 사형선고 받음
1975년	서정주 『질마재신화』 간행
1977년	이병주 『지리산』 간행
1980년	박경리 원주로 이사감
1985년	이청준 『비화밀교』 간행
1987년	박태원 『갑오농민전쟁』 간행. 6·10항쟁.
1988년	김지하 『이 가문날에 비구름』 간행
1990년	장일순, 김지하 한살림 운동 시작
1991년	김지하 「죽음의 굿판을 당장 걷어치워라」(『조선일보』, 5월 5일자) 발표
1992년 4월 3일	이병주 별세

1994년 5월 22일	장일순 별세. 송기숙 『녹두장군』 간행
2000년 12월 24일	서정주 별세
2008년 5월 5일	박경리 별세
2008년 7월 31일	이청준 별세
2022년 5월 8일	김지하 별세

1860, 근대의 시작:
동학의 길을 걸으며 한국사를 성찰하다

초판인쇄 2025년 7월 24일
초판발행 2025년 8월 4일

지은이 김인호
펴낸이 강성민
편집장 이은혜
마케팅 정민호 박치우 한민아 이민경 박진희 황승현 김경언
브랜딩 함유지 함근아 박민재 김희숙 이송이 김하연 박다솔 조다현 배진성 이준희
제작 강신은 김동욱 이순호

펴낸곳 (주)글항아리 | 출판등록 2009년 1월 19일 제406-2009-000002호

주소 경기도 파주시 문발로 214-12, 4층
전자우편 bookpot@hanmail.net
전화번호 031-955-2689(마케팅) 031-941-5161(편집부)

ISBN 979-11-6909-409-2 03910

잘못된 책은 구입하신 서점에서 교환해드립니다.
기타 교환 문의 031-955-2661, 3580

www.geulhangari.com